A Casa Eterna

Albert Paul Dahoui

A Casa Eterna

A Saga dos Capelinos

Série 2

Volume 4

Copyright © 2012

Programação visual da capa:
Andrei Polessi

Revisão
Cristina da Costa Pereira

Instituto Lachâtre
Caixa Postal 164 – CEP 12914-970
Bragança Paulista – SP
Telefone: 11 3181-6676
Site: www.lachatre.com.br
E-mail: editora@lachatre.org.br

2ª edição – Novembro de 2016

A reprodução parcial ou total desta obra, por qualquer meio, somente será permitida com a autorização por escrito do autor.
(Lei 9.610, de 19.2.1998)

Impresso no Brasil
Presita en Brazilo

CIP-Brasil. Catalogação na fonte

D139t Dahoui, Albert Paul, 1947 – 2008
    A casa eterna / Albert Paul Dahoui. Bragança Paulista, SP : Heresis, 2016.

    ISBN: 978-85-65518-64-2
    272 p.

    1.Espiritismo. 2.Drama Épico. 3.Orixás. I.Título. II.Coleção Saga dos Capelinos. III.Série 2

CDD 133.9   CDU 133.7

Prólogo

Por volta do ano 3.700 a.C. quase 40 milhões de espíritos foram trazidos de um planeta distante 42 anos-luz. Esses espíritos foram exilados devido a desvios de ordem espiritual só recuperável em longo prazo. Eram pessoas provenientes de um planeta tecnologicamente evoluído, num estágio similar ao da Terra no final do século XX, chamado Ahtilantê.

Um processo de expurgo espiritual em massa é um evento natural, longamente planejado e conhecido da alta espiritualidade. Trata-se de um processo pelos quais os planetas atravessam rotineiramente quando alcançam determinado estágio. Enquanto a sociedade de um planeta se situa em níveis primitivos ou medianos, os habitantes são equivalentes. Os processos de evolução social-econômicos se reproduzem de modo similar em todos os planetas habitáveis, apenas variando os personagens e suas motivações pessoais.

Ao alcançar níveis tecnológicos superiores, possibilitando uma aceleração da evolução espiritual, há um grupo minoritário tão díspar dos demais os quais não podem permanecer no mesmo planeta. É nesse momento, quando uma minoria põe em risco a vida da maioria, o expurgo é encetado.

Uma parte desses expurgáveis convive fisicamente com os espíritos de boa vontade, mas há uma quantidade significativa chafurdando nos planos mais baixos da espiritualidade. O expurgo contemplou a possibilidade de redenção por meio de reencarnações em condições severas. Alguns optaram por esse processo, contudo a maioria preferiu renunciar a essa possibilidade, receando as agruras a serem vivenciadas.

Entre os espíritos de vibração densa, homiziado nas trevas, dimensão espiritual caracterizada por um aspecto lúgubre, havia os alambaques – grande dragões. Esses espíritos de inegável poder mental dominavam extensas legiões de seguidores tão tenebrosos quanto eles próprios, mas com menos domínio mental sobre os elementos do plano.

Houve uma cisão entre os alambaques. Mais de dois terços, vendo no expurgo uma determinação inelutável dos espíritos superiores, comandantes do planeta, não resistiram e aliaram-se a Varuna, o coordenador espiritual do expurgo. Tornaram-se artífices de um processo de mudança, tanto no planeta de origem como principalmente no planeta Terra. Houve, entretanto, um grupo de alambaques reticentes.

Esses revoltosos foram derrotados por armas psicotrônicas próprias do plano espiritual. Venderam caro sua derrota. Provocaram uma guerra mundial de proporções catastróficas. O final da guerra foi determinado por artefatos de poder destrutivo nunca visto. Por seu lado, os últimos revoltosos foram capturados por meio de uma gigantesca nave semelhante a uma lua negra. Nesse aparelho havia um dispositivo denominado raio-trator. Essa arma arrastava os espíritos para dentro da lua negra, mas as consequências sobre o corpo espiritual eram terríveis, pois o dilacerava, obrigando o espírito a um processo de recuperação de séculos.

Durante os anos negros do expurgo, destacaram-se como principais ajudantes de Varuna, o comandante das forças de segurança chamado Indra Vartraghan e seus assistentes Vayu e Rudra, dois titânicos guardiões. Além desses importantes membros da equipe, outros foram de importância capital, entre eles Uriel, a segundo-em-comando, uma especialista em espíritos ensandecidos e um casal muito amigo de Varuna, Sraosa e sua esposa Mkara. Não só se destacavam pela nobreza de espírito, mas por algo terrível acontecido em remoto passado envolvendo outros espíritos expurgados.

Entre as várias funções de um expurgo dessa magnitude reside uma de superior importância para o desenvolvimento dos espíritos. Essa função passa a ser bem compreendida quando se entende a importância da evolução social e econômica em conjunção com a própria evolução espiritual. Para não se delongar sobre este importante ponto, é suficiente mencionar o fato das duas evoluções acontecerem simultaneamente. Não é cabível a espíritos altamente evoluídos em conhecimento e em sentimentos depurados conviver em sociedades primitivas semelhantes as dos indígenas. Pode-se até imaginar uma missão de sacrifício a fim de ajudar uma tribo a evoluir, todavia espíritos esclarecidos necessitam de sociedades igualmente evoluídas a fim de manifestarem todo o potencial do qual já são possuidores.

Desse modo, a vinda desses verdadeiros depravados significou um salto evolutivo para a Terra. Naqueles tempos, o planeta era povoado por uma humanidade primitiva, repetindo incessantemente o modo de vida dos antepassados como se tudo fosse imutável. A chegada dos exilados revolucionou os costumes, possibilitando a introdução de uma tecnologia inexistente. Essas novas técnicas modificaram a face do planeta, alterando as relações sociais. A matemática, a escrita, a invenção da roda, do arado e outros utensílios alteraram a agricultura, concentraram as pessoas em cidades, originando a civilização propriamente dita. Como era de se esperar, esses espíritos também introduziram práticas estranhas e perturbadoras, tais como sacrifícios humanos, parte do ritual de uma religião de deuses sanguinários e atemorizantes. A divisão de atividades propiciou o aparecimento de uma elite dominante. Esses elementos usaram a religião para dominar os menos favorecidos e viviam à larga em detrimento dos seus semelhantes. Mas, mesmo tendo introduzido a escravidão, as guerras de conquista, os massacres de populações inteiras, houve um salto qualitativo impossível de existir sem a presença desses expurgados.

Após a vinda de Magver, o grande hierofante espiritual, cerca de quatrocentos anos da era cristã, e de ele ter introduzido um novo avanço na região nigeriana, a civilização Nok foi se deteriorando aos poucos por falta de avanços tecnológicos. Foi por volta de quinto século após Cristo que os administradores espirituais resolveram dar um novo choque cultural na região. Um grupo de espíritos foi selecionado para levar uma nova forma de civilização. Para tanto era preciso fazê-los migrar do Leste até o planalto de Jos, na atual Nigéria e, a partir de uma série de eventos, levá-los a formar um novo povo, mais culto, mais adiantado tecnologicamente e com a introdução de cidades, o que caracteriza a civilização.

A Casa Eterna

1

490 d.C. – África

Em 490 d.C., Meca tornara-se a encruzilhada da Arábia. Todas as caravanas que saíam de Aden, no Yemen, com mirra, passavam por ali. Mas também era um centro de peregrinação: todos os árabes da região vinham ver a famosa pedra negra, um meteorito caído dos céus. Mas não fora a pedra negra que atraíra Setilu, um dos muitos príncipes da casa de Aksum. Ele viera acompanhando seu irmão mais velho, Olunwi, que recebera a incumbência do próprio pai, o rei Ezana, de proteger as rotas das caravanas contra o ataque das tribos árabes. Mas também não foram as aventuras guerreiras que atraíram Setilu, mas um famoso árabe judeu, habitante de Meca, que tinha um jogo de adivinhações que usava números.

Desde os quinze anos Setilu se metia em todos os lugares que ouvia falar que tivesse um adivinho famoso. Mesmo morando em Aksum, uma das quatro mais belas cidades do mundo daquela época, Setilu fora até as montanhas do Norte para aprender as técnicas dos feiticeiros etíopes.

Fora também a Meroé, a antiga capital da Núbia, isso sem falar em centenas de lugares na própria Aksum, que, mesmo sendo cristã, era famosa por ter adivinhos os mais variados.

Aos dezoito anos, partira para Meca com seu irmão e durante dois anos conseguira aprender o jogo complexo do velho árabe. Todos os dias, ele chegava de manhã, sentava-se à mesa de jogo e observava o velho fazer suas predições. Era espantoso como, por meio de uma numerologia relativamente simples, ele conseguia saber passado, presente e futuro do consulente. O velho árabe o aceitara como aprendiz mediante um excelente pagamento e lhe ensinara tudo, até porque Setilu não deixava passar nada em brancas nuvens, questionando exaustivamente o mestre. Logo no início, o adivinho de Meca viu que Setilu era dotado de excepcionais qualidades e, mesmo sem jogar o curto cordão com dezesseis pelotas, era capaz de adivinhar certeiramente o problema do consulente.

Normalmente, no final da tarde, Setilu voltava da casa do árabe até a sua residência. Por mais que Olunwi, seu irmão, o avisasse de que Meca era uma cidade perigosa, ele não se preocupava com nada e gostava de se aventurar sozinho pelas estreitas alamedas da cidade. Sempre muito bem-vestido, com joias de puro ouro, Setilu desfilava seu corpo magro e levemente curvado de um metro e oitenta e cinco centímetros, sua pele morena-clara quase branca, seu pescoço de gazela e seu sorriso simpático. Os lojistas acabaram se acostumando com aquele homem de vinte anos, de longos cabelos negros levemente cacheados, que sempre tinha uma palavra de gentileza para com eles. Isto sem contar a sua natural generosidade, pois sempre comprava algo e sem regatear, o que o fazia passar por um bobo; só um tolo não regateia, na opinião dos comerciantes árabes.

Já o seu irmão Olunwi, de mesma estatura e cor que Setilu, porém um pouco mais forte devido aos intensos treinamentos militares, era um homem calmo e de fala mansa. Quando se aborrecia, passava a falar tão baixo que seus comandados sabiam que seu chefe guerreiro não estava de bom humor. Ultimamente, Olunwi só tinha motivos para sussurrar. A toda hora, as caravanas eram atacadas e ele era obrigado a montar seu alazão por horas a fio, caçando os pequenos clãs devidamente instigados e pagos pelos persas sassânidas, inimigos dos aksumitas. Uma trabalheira insana, já que eles tinham a estranha propriedade de sumir nas areias do deserto, onde o vento apagava suas pegadas.

Naquela noite, Olunwi voltou de mais uma patrulha. Perdera as pegadas de alguns bandidos no meio de uma tormenta de areia. Sentia-se cansado e irritado com essa missão; já fazia dois anos que estava naquelas paragens, longe de sua adorada Aksum. Além do que odiava essa atividade; não se considerava um guerreiro, mesmo que fosse muito bom como tal. Gostava do comércio. Comprar e vender, gerando lucros, era o que o atraía; e não assar as nádegas sobre uma sela de um cavalo no meio do nada.

Apeou e entregou o cavalo para um dos soldados cuidar dele e adentrou sua residência. Passava das sete horas e o sol começara a se deitar. O frio intenso da noite iria cair em breve.

– A comida está pronta? – perguntou Olunwi ao soldado que cuidava de sua casa. O homem respondeu que sim.

– Então chame Setilu que estou morto de fome.

– Ele ainda não chegou, meu príncipe. Quer que eu lhe sirva assim mesmo?

Olunwi estranhou a demora, mas a fome era grande; não comera nada durante o dia.

– Sirva-me, mas chame um estafeta e mande-o ver onde está Setilu – ordenou Olunwi, sentando à mesa, após ter jogado sua capa negra sobre uma poltrona.

O serviçal trouxe a comida e depois saiu rapidamente para dar ordens a um estafeta que conhecia Setilu e sabia onde era a casa do adivinho.

O cheiro do guisado de cabrito tomou conta da pequena sala de jantar e Olunwi, mesmo estando sozinho, serviu-se como se estivesse na corte, no meio de seus trinta e tantos outros meio-irmãos. Degustou lentamente a comida, mastigando-a com calma, bebendo água misturada com um pouco de limão, o que ajudava a cortar a sede. Assim que terminou, o estafeta entrou na sala, seguido do serviçal.

– Príncipe Olunwi, uma desgraça, meu senhor. O príncipe Setilu foi raptado!

Com uma série de ordens, Olunwi botou sua tropa em alerta e, a partir de informações colhidas com os habitantes de Meca que viram quando Setilu fora atacado e levado por um grupo de cinco árabes, foi atrás deles. Estavam se dirigindo para o norte e, pela hora em que assaltaram o seu irmão, não deviam estar a mais de cinco quilômetros de Meca.

Não foi preciso muito tempo para que os cavaleiros aksumitas descobrissem um acampamento de nômades. Silenciosos, eles os cercaram por volta das três horas da manhã e aguardaram ordens.

– Atacaremos na hora do chacal. Até lá, eliminem as sentinelas.

Seus quatro chefes de esquadrão acataram a decisão do príncipe e movimentaram-se para executar a ordem. Uma noite sem lua é propícia para matar os guardas, que vigiavam o acampamento, mas inadequada para um ataque. Por isso, ele ordenara que seus homens iriam atacar nos primeiros raios do sol. Ele tinha ainda quatro horas até o raiar do dia e a espera era sempre a pior parte.

Desceu do seu alazão persa, sentou-se na areia fria com as pernas dobradas e enrolou-se em sua capa. Sua guarda pessoal fez o mesmo e se sentaram na areia, cobriram-se com suas capas negras, segurando as rédeas dos cavalos e cochilaram. Todavia, Olunwi estava por demais tenso para dormir.

O sol começou a despontar e um dos seus chefes de esquadrão voltou para lhe dizer que as sentinelas haviam sido neutralizadas. Ele gostou desse eufemismo: *neutralizadas*. Muito melhor do que dizer que haviam sido degoladas na calada da noite, ou que uma adaga lhes havia perfurado as costas. Neutralizadas era uma palavra muito mais elegante, e Olunwi se considerava um homem polido. Mas a guerra enrijece os nervos, dizia seu pai, e ele considerava que já tivera toda cota de enrijecimento que um homem poderia ter nestes últimos dois anos.

Montaram nos cavalos e lentamente foram se aproximando do acampamento. Quando o sol começou a sair, ele deu a ordem de ataque. Os aksumitas atacaram de todos os lados e pegaram o acampamento de surpresa. Seiscentos bons cavaleiros, bem armados, não tiveram dificuldade em dominar um agrupamento de árabes, que não devia ter mais do que duzentos guerreiros, sendo que o restante do clã era composto de velhos, mulheres e crianças. O combate foi rápido e os árabes quase não ofereceram resistência.

Vinte minutos depois, com as tendas reviradas, os guerreiros árabes mortos ou aprisionados e os demais integrantes da grei acuados num canto sob a mira de flechas, lanças e espadas, Olunwi começou a procurar, nas tendas reviradas, por seu irmão. Alguns de seus soldados faziam o mesmo à procura do príncipe Setilu. Olunwi, além de adorar seu irmão, pensava na mãe; ela jamais o perdoaria por não ter protegido o seu caçula.

– Ele está aqui, príncipe Olunwi.

Que alegria! O irmão vivo. Ele correu até a tenda onde um dos soldados lhe haviam chamado, entrou abaixando a cabeça e viu quando dois soldados soltavam as cordas que prendiam Setilu.

— Olunwi, meu irmão. Esses bárbaros iam me sacrificar aos seus *djins*. Chegou bem na hora.

Olunwi não respondeu; era o costume desses insanos, pensou. Abraçou o irmão ainda no chão, atrapalhando os soldados que tinham dificuldade em soltar as cordas. A soltura devia ser feita aos poucos para que o sangue pudesse refluir para os pés lentamente, senão poderia ter um derrame e nunca mais andar direito.

Após desamarrarem Setilu, os soldados o levantaram e o ajudaram a andar. Suas pernas não atendiam, pois a circulação fora cortada por horas. Olunwi deu ordem de esfregarem os seus pés e as suas mãos com azeite para restabelecer a circulação. Mais algumas horas e seus pés teriam ficado inutilizados, se é que não gangrenassem.

Deram de comer a Setilu; não havia sido alimentado desde que fora capturado. Óbvio, pensou Olunwi, se iam sacrificá-lo para alguns de seus deuses tribais, para que desperdiçar preciosa comida e água com um quase defunto. Ainda bem que fora avisado rápido do desaparecimento do irmão e que ele não passara mais do que doze horas preso na mão desses loucos sanguinários. Deram-lhe pouca água para beber para reacostumar seu organismo à falta de líquido. Após uma meia hora, Setilu já andava e falava normalmente.

— O que vamos fazer com eles? — perguntou um dos chefes de esquadrão a Olunwi.

— A política de sempre — respondeu o príncipe.

O homem se afastou para cumprir a política de sempre, ou seja, todos os homens aptos para a luta seriam degolados, assim como todos os idosos de ambos os sexos que não servissem mais para serviço escravo. As mulheres e as crianças seriam vendidas às tribos de árabes amigas como escravas.

— Sua alteza vai querer alguma escrava? — perguntou um dos soldados de sua guarda.

Olunwi meneou a cabeça em negativa. Jamais ficara com nenhuma mulher capturada; eram víboras que podiam picá-lo sem o menor aviso.

— Meu irmão, eu nunca tive tanto medo — comentou Setilu, quando se viu a sós com o irmão mais velho.

Como se acostumara a fazer desde quando ele era garoto, Olunwi afagou sua cabeça. Dos seus trinta e poucos irmãos e irmãs, Setilu era o que mais ele amava. Talvez porque tivessem o mesmo pai e mãe, enquanto os demais eram apenas meio-irmãos. Ou porque foram criados juntos, ou porque a diferença de três anos lhe dava certa autoridade sobre ele, mesmo que fosse bastante independente para não obedecê-lo. E pode ser que fosse somente por amor.

Com um aperto no coração, Olunwi escutou os gritos dos homens sendo mortos por seus soldados e o choro estridente das mulheres e crianças que presenciavam aquele horror. Tentou colocar bons pensamentos na sua cabeça. Detestara cada dia passado no deserto da Arábia, protegendo a rota comercial das caravanas. Ainda bem que o pai já mandara ordens para que outro irmão o substituísse; não aguentava mais separar as brigas entre árabes judeus e árabes cristãos, assim como perseguir as tribos fetichistas que ainda sacrificavam seres humanos aos seus estranhos e sanguinários deuses. Olunwi se perguntava se quatrocentos e noventa anos após o nascimento do tal Jesus, que os cristãos tanto adoravam, judeus e cristãos não conseguiam chegar a algum acordo. Olunwi concluiu que ambos eram loucos por brigar justamente por um homem que dissera que amar o próximo era a maior das leis.

Ainda bem que, em dois meses, voltaria para a sua saudosa Aksum, pensava Olunwi. Levaria Setilu de volta nem que fosse a última coisa que fizesse na sua vida. Mas tinha dúvidas quanto à próxima missão que seu pai lhe confiasse. Havia se saído tão bem que provavelmente o velho e cansado rei Ezana lhe daria mais uma incumbência perigosa.

2

A cidade de Aden fora construída dentro de um vulcão extinto. Era uma visão de tirar o fôlego e, por mais que Olunwi já a tivesse visto, aquilo sempre o deixava extasiado. O vulcão tem um diâmetro de seis quilômetros e suas paredes laterais alcançam os seiscentos metros. Para ingressar na cidade, subia-se a escarpa por uma sinuosa estrada até alcançar uma estreita passagem pelas rochas. Finalmente, após passar pela brecha, descortinava-se toda a branca cidade de trinta mil habitantes, numa visão esplendorosa que jamais cansava a vista de nenhum viajante.

O lugar era seco e raramente chovia, mas os aksumitas haviam construído, junto às paredes do vulcão, uma série de reservatórios. Assim, quando chovia, a água corria pela encosta, caía dentro dos vários reservatórios, uns que se comunicavam com os outros, e o enchiam. Essa era toda a água da cidade, além de um oásis com um excelente poço, mas que ficava por demais distante e fora do vulcão para ser de alguma serventia.

Os dois irmãos cansaram de visitar a cidade, aguardando transporte para atravessarem o mar Vermelho. Haviam saído de Meca há mais de três meses e estavam há dois aguardando navios da frota real de Aksum para o porto de Adulis. Era preciso uma pequena frota de barcos, pois dois mil homens haviam sido substituídos e levavam consigo seus cavalos e apetrechos.

Finalmente, no final de uma tarde, logo após uma tempestade de areia, a frota de vinte e cinco navios fundeou na baía de Aden, mas somente quatro dias depois é que eles partiriam. A travessia se fez de modo calmo e Olunwi parecia ter o pé de marinheiro, pois foi um dos poucos a não enjoar. De qualquer forma, colocar os pés no chão do porto de Adulis foi um prazer inimaginável, especialmente para Setilu, que enjoara como uma mulher no início da gravidez.

De Adulis a Aksum foi uma rápida viagem com cavalos descansados. Os dois irmãos dirigiram-se diretamente ao palácio, onde foram banhar-se e assear-se para se tornarem apresentáveis. A mãe, após abraçá-los longamente, deu ordens ao serviçais e mandou preparar água, roupas limpas e perfumes exóticos. O rei Ezana havia solicitado que os dois viessem assim que tivessem se refrescado e, junto com o herdeiro, Ilsharah, os aguardava para um jantar íntimo.

A recepção foi calorosa e os cumprimentos foram todos para Olunwi. Ele se comportou com modéstia, mas os relatórios anteriores demonstravam que ele fizera um excelente trabalho. Ilsharah, o primogênito do rei, o legítimo herdeiro, sempre demonstrara para com os dois irmãos uma certa doçura. Afinal de contas, havia mais de vinte anos de diferença entre ele e Olunwi. Por sua vez, o jovem príncipe sempre o viu como o futuro rei e o amava como a um irmão e um protetor. Durante o jantar, o assunto acabou sendo a situação de Meroé, e Ilsharah, que não tolerava as barbáries que seu tio Arkhamani fazia, irritou-se com a passividade do pai.

– Meroé está a ponto de sublevar-se com o tratamento asqueroso que Arkhamani lhe dispensa.

— E você quer que eu faça o quê? Mande prender e matar meu irmão? — respondeu Ezana num tom irritado.

— Meu pai, eu sei que você lhe é grato e...

— Grato só não, gratíssimo — atalhou o rei, elevando a voz. — Ele me salvou das garras de um leão quando eu já estava praticamente morto.

— Sem querer ser indelicado, meu pai, mas não se trata de prendê-lo e matá-lo. Basta trazê-lo aqui para a corte...

— Prefiro que ele fique roubando em Meroé a articular complôs contra mim, aqui na corte — interrompeu mais uma vez o idoso. — Houve uma época em que ele vivia entre nós. Por pouco não me destronou. Mandei-o para o norte, mas ele não conseguiu acabar com a revolta que grassava por lá. Acabei enviando-o para Meroé. Pelo menos, lá, ele não tem acesso aos meus principais generais.

Visivelmente amuado, Ilsharah calou-se por alguns instantes. Ele se convenceu de que o pai jamais agiria contra nenhum dos seus irmãos. E olha, pensou Ilsharah, que ele teve motivos. Irmãos — continuou pensando — são um bando de víboras. Nessa hora, olhou para Olunwi e perguntou-se se aquele homem teria coragem de destroná-lo.

— E você, Olunwi, o que acha dessa história de Ilsharah? Como você agiria? — perguntou-lhe Ezana.

— Concordo com o rei, meu pai. A gratidão é uma atitude louvável. Se ele não o tivesse salvo, na sua juventude, meu pai não teria sobrevivido e nenhum de seus filhos existiria. Acho, no entanto, que, por uma questão de bondade, meu pai deveria dar ao seu irmão uma velhice mais tranquila. Meroé exige muito esforço e disciplina para ser administrado. Como é de seu conhecimento, os meroítas são orgulhosos e é difícil lidar com eles; é preciso ter muito tato e delicadeza. Seria preferível que meu pai mandasse nosso tio Ilsharah para um posto diplomático na Índia ou lhe desse o comando de uma flotilha de navios mercantes, ou ainda algo que o mantivesse ocupado, mas que não lhe permitisse entrar em choque com Meroé. Afinal de contas, os meroítas, mesmo tendo sido conquistados por nós, merecem nossa consideração. Eles fabricam o melhor ferro da região e a maioria das nossas armas vem daquela cidade — e, fazendo uma pequena pausa, prosseguiu, mudando para um tom inquisitorial: — Qual é a sua opinião, meu pai?

Com um rosto sério, Ezana o escutara com atenção, assim como vários dos outros irmãos do rei, seus ministros. A pergunta tinha o objetivo de testá-lo e sua resposta satisfez Ilsharah e os ministros, que detestavam

Arkhamani. Ezana, contudo, colocou no semblante uma expressão de dúvida quanto às sugestões de Olunwi.

– Após a minha morte, Ilsharah poderá fazer isso. Por enquanto, vamos deixar tudo como está.

– E esses persas? Como devermos agir com eles? – perguntou um dos ministros, com o intuito de mudar de assunto. Arkhamani era um espinho, mas existiam assuntos muito mais graves a serem tratados.

Com sua altivez característica, Ezana deu sua opinião e vários outros ministros também expressaram suas ideias, mas Ilsharah estava meditabundo; o assunto meroíta não lhe saía da cabeça. Por outro lado, Olunwi havia lhe provocado certos pensamentos difusos. Gostara das ideias do moço, ele demonstrara com sua alocução que tinha estofo para ser rei. Ele tinha horror a irmãos; ele vira vários de seus tios tentarem usurpar o poder. Ezana é que tinha um coração compassivo e apenas os exilara com rendas nababescas, que os permitiam viver às largas. Contudo, estava em dúvida se Olunwi tentaria depô-lo e como ele reagiria se descobrisse algum complô contra sua real figura. Por outro lado, Olunwi era de fato eficiente e bem que poderia resolver o problema meroíta.

Um brinde o tirou de seus pensamentos.

– Vamos beber ao nosso sucesso nas Arábias – brindou Ezana, fazendo força para falar alto.

Todos levantaram o copo e brindaram, mas sabiam que o problema árabe estava longe de ser resolvido.

– Pois vocês de tanto falarem do problema meroíta me deram algumas ideias, senão para resolvê-lo, pelo menos amenizá-lo – expressou-se o rei e, virando-se para Olunwi, disse: – Meu filho, está na hora de se casar. Adiei este instante até que eu pudesse encontrar uma noiva digna de você. Após muito procurar, eu encontrei uma moça de família nobre da cidade de Meroé. Aliás, uma conjunção muito feliz, pois ela tem uma irmã mais nova, também em idade nubente, que poderá casar-se com Setilu. Estabeleci, portanto, para vocês dois, um casamento duplo.

Os dois irmãos entreolharam-se e apenas menearam a cabeça em assentimento, procurando sorrir. Tanto Olunwi como Setilu sabiam que tal dia haveria de chegar. Haviam sido criados sob esta expectativa e reconheciam que um dos preços a pagar para ser um príncipe era saber que aspectos românticos da questão não eram para os príncipes da casa de Aksum. Isso poderia ser decorrência de algum caso fortuito entre eles e alguma mulher, mas casamento era um assunto de Estado e, como tal, deveria ser encarado com seriedade.

– Não se preocupem, meus filhos, pois não os estou casando com mulheres feias. Muito pelo contrário, são duas belezas negras, da tradicional família das Candace. Portanto, são mulheres de estirpe e que também foram preparadas para ser princesas.

– Só podemos agradecer a sua generosidade, meu pai, e tudo faremos para que sua aliança política seja plenamente realizada – respondeu Olunwi.

– Excelente. Já conversei com o pai das moças e ele se mostrou radiante em casar suas duas filhas com vocês. Só temos que marcar a data do casamento. O quanto mais rápido, melhor.

– Moraremos em Méroe, meu pai? – perguntou Setilu, já antegozando a possibilidade de aprender mais sobre as artes mágicas dos núbios.

– Por enquanto, não – respondeu Ezana. – Não os quero muito perto de Arkhamani. Tenho certeza de que ele iria enfernizar as suas vidas. Além do quê, tenho outros planos para Olunwi. Vocês morarão em Adulis, num belo conjunto de mansões. Como presente de casamento, vocês receberão uma flotilha de navios, contudo vocês terão que abrir novos mercados para nossos produtos. Conversaremos os detalhes depois.

Um presente régio que lhes traria fortuna e o ensejo de conhecerem lugares fascinantes. Tanto um como o outro viram nisto motivo de júbilo. Setilu logo imaginou os lugares fantásticos que poderia desenvolver sua arte, enquanto Olunwi pensou em assuntos eminentemente práticos, como, por exemplo, ganhar muito dinheiro.

– Dentro de três meses está bom? – questionou-os Ezana, tirando-os de seus devaneios. Eles aquiesceram de pronto. Feliz com os acertos, Ezana ordenou: – Então providenciem tudo, pois a festa será em Meroé.

3

Morar em Meroé não era bem o desejo de Olunwi: ainda bem que o pai determinara que eles viveriam em Adulis. Não há dúvida de que era uma bela cidade e ele se lembrava de que, quando lá estivera, o que mais lhe chamara atenção foram as inúmeras pirâmides da cidade. Uma influência egípcia do tempo que aquele povo antiquíssimo governara a região. Quanto às noivas, deviam ser tipicamente núbias; mulheres negras, grandes, um tanto gordas, já que a obesidade era sinal de riqueza. Nada tinha contra tais padrões de beleza; até mesmo gostava de mulheres cheias, que, sem dúvida, iriam lhe dar filhos grandes e fortes.

Assim que chegaram, os dois irmãos notaram que o calor em Meroé era pior do que em Aksum. O ar estava cheio de fuligem, já que havia centenas de forjas na cidade e todas queimavam carvão vegetal para alimentar seus fornos. Foram direto para a casa das noivas, onde os dois irmãos foram recebidos pelo futuro sogro com a pompa que eles mereciam. A visita fora marcada com a devida antecedência e toda a família engalanada os esperava. A casa fora limpa e decorada com flores exóticas da região. A grande sala recendia a incenso indiano e a mistura com o cheiro das flores era agradável.

Um touro em forma de gente chamado Niritá, o futuro sogro, recebeu Olunwi e Setilu com deferência e um sorriso encantador. Os dois jovens foram apresentados a uma dezena de pessoas, todos aparentados com as noivas. Era um desfile de irmãos, tios, tias, irmãs e primos que parecia não ter fim, mas ambos os aksumitas estavam acostumados a esse tipo de apresentação e conseguiam manter um sorriso impecável por horas a fio.

– Tragam as meninas – ordenou Niritá para uma das mulheres, que saiu rapidamente da sala para trazer as noivas.

Em minutos chegaram duas moças extremamente parecidas. Uma tinha dezesseis anos e a outra, quinze anos recém-completados. Olunwi observou-as com cuidado. Ambas eram levemente gordinhas, não excessivamente, mas demonstravam que, em futuro breve, tornar-se-iam matronais. Tinham os rostos arredondados, mas agradáveis à vista. Uma pele negra imaculada. Olhos brilhantes de um negro profundo. Olunwi olhou para as duas que vinham vestidas ricamente com brocados vindos da Índia, além de joias, adornos e o cabelo bem penteado. Em suma, eram realmente duas princesas. A mais velha tinha um busto bastante pronunciado, mesmo que estivesse bem coberto e, provavelmente, imaginou Olunwi, amarrado com um grosso pano. Ambas tinham os quadris largos. Boas parideiras, logo pensaram os dois rapazes.

– Príncipe Olunwi da casa de Aksum, tenho o orgulho de lhe apresentar a sua noiva. Seu nome é Asessu.

A moça fez uma reverência cerimoniosa, enquanto Olunwi também respondeu ao seu cumprimento e lhe deu o seu mais belo sorriso.

– Príncipe Setilu da casa de Aksum, tenho o orgulho de lhe apresentar a sua noiva. Seu nome é Asabá.

A mocinha deu um risinho nervoso enquanto fitava Setilu e ele correspondeu rindo também. Fizeram as reverências de praxe, mas de um modo muito menos formal do que Olunwi e Asessu.

– Caro e nobre Niritá, somos os homens mais felizes do mundo em conhecer suas filhas. Homem nenhum no mundo poderia ser mais afortunado do que nós em poder consorciar-nos com moças tão belas e prendadas, assim como passar a fazer parte de sua nobilíssima família – disse Olunwi, falando bastante alto e lentamente, pois não dominava bem a língua núbia.

– Acredite-me, caro Olunwi e amado Setilu, que eu, como pai de Asessu e Asabá, jamais poderia imaginar melhor casamento para minhas filhas. Casá-las com a nobre casa de Aksum é um privilégio e uma honra. Considerem-se desde já como meus filhos, assim como sei que seu pai, Sua Majestade Real Ezana, já considera minhas meninas como sendo suas diletas filhas.

Após esses arroubos de gentileza de ambas as partes, foi servido o almoço e os futuros nubentes foram colocados em mesas separadas, pois os homens almoçavam juntos, enquanto as mulheres ficavam afastadas em outra mesa para não interromper a conversa dos cavalheiros com suas sandices, de acordo com os hábitos e costumes núbios.

Após uma tarde agradável em que o principal assunto foi o preparativo para o casamento, a conversa descambou para o inevitável: as atividades espoliativas de Arkhamani. Nesse ponto, Olunwi comportou-se a contento, escutando as queixas que já conhecia, mas sem nada dizer que pudesse comprometê-lo. Substituir Arkhamani era uma impossibilidade, enquanto Ezana estivesse vivo e, apesar de doente, ninguém podia prever quanto tempo de vida o rei ainda tinha. Teriam que, portanto, limitar-se a escutar, sorrir e não entrar em choque com o tio. Tanto Olunwi como Setilu sabiam que sua função ali se limitava a ser príncipes que nada mandavam.

Após a partida dos noivos, a família continuou reunida para avaliar os dois. A impressão fora boa, pois os dois haviam se comportado com aprumo, sem ofender os costumes diferentes de Meroé e sem se dar ares de grande importância.

– Então Asessu, o que achou de Olunwi, seu noivo? – perguntou Niritá, o pai.

– Horrível. Um homem amarelado, magro como um palito e cheio de mesuras – respondeu Asessu com destemor. – Preferia casar com alguém de nosso povo, um homem mais parecido com o senhor.

O pai soltou uma gargalhada. Conhecia o temperamento terrível da filha, que era capaz de explodir em ira pelo menor dos motivos. Ele se disse que ainda bem que Olunwi não conhecia esta faceta abominável da filha, senão, provavelmente, não aceitaria se casar com ela.

– Pois eu discordo – redarguiu Asabá. – Achei Setilu muito bonito.

Todos riram da franqueza de Asabá.

– E se eu não quiser mais ficar casado com ele? – perguntou Asessu.

– Minha filha, eu estou casando você com um príncipe da casa de Aksum. Não é um vagabundo. Trata-se de um homem rico, que há de lhe tratar como uma princesa e deverá satisfazer seus menores desejos.

– Mas mesmo assim, se eu não o suportar mais? – insistiu Asessu, botando as duas mãos nas cadeiras; sinal inequívoco que antecedia algum ataque de fúria, em que os objetos mais próximos da moça ganhavam vida e voavam em todas as direções, impulsionados por suas vigorosas mãos.

– Aí você o larga e volta para casa – respondeu o pai, amedrontado com a simples possibilidade de isso ocorrer.

– E se ele me mantiver prisioneira em sua casa? O que farei, meu pai?

Aproximando-se da filha, ele a abraçou e, enquanto retirava de seu dedo um anel belíssimo, com uma esmeralda incrustada, foi lhe dizendo com firmeza:

– Tome este anel. Se ele a mantiver prisioneira, mande-o por algum portador que eu irei buscá-la, mesmo que seja a última coisa que farei.

E, tendo retirado o anel, enfiou-o no dedo da filha.

– Assim é melhor – afirmou a moça, sorrindo. – Assim eu caso com ele.

Todos respiraram aliviados. A balbúrdia voltou à sala que ficara estranhamente silente enquanto Asessu não tomara a decisão de se casar com Olunwi. Niritá chegou a sentir o peso de um elefante ser retirado de suas costas: não era nada bom que ela se recusasse a se casar com o moço após tê-lo conhecido e as núpcias terem sido anunciadas.

Enquanto Asessu se assegurava de que poderia se libertar de um casamento que lhe fora impingido, Setilu perguntava a Olunwi, enquanto caminhavam para descansar em sua residência provisória:

– O que você achou delas?
– Darão boas mães.
– Olunwi, não foi isso que lhe perguntei. Quero saber se você gostou delas.
– O que importa? Nosso pai mandou casar, então casemos – respondeu Olunwi, retirando o sobretudo de veludo, que se lhe dava elegância, mas o fazia morrer de calor. Um dos guardas que o seguiam, encarregou-se de carregá-lo.
– Eu achei Asabá linda. Você não achou? E Asessu? Você acha que mandará nela? – perguntou Setilu, querendo arrancar uma resposta de Olunwi.
– Desde quando alguém domina um vulcão?

4

O casamento foi considerado a maior festa que Meroé presenciara. Ezana não pôde comparecer; piorara muito de sua fraqueza; qualquer esforço tornara-se uma proeza fantástica para seu organismo combalido. Ilsharah, no entanto, fez questão de comparecer, não só para prestigiar seus irmãos, mas, principalmente, para ofender seu tio Arkhamani.

Os dois noivos casaram-se, simultaneamente, numa cerimônia meio cristã, meio núbia. Havia padres cristãos monofisistas e feiticeiros núbios. Pareciam se entender bem e não houve problemas entre as duas crenças. A festa congregou mais de duas mil pessoas, entre elas Arkhamani e Shabwa, que foram tratados com a deferência que p cargo de mandatário de Meroé exigia.

Após a cerimônia, os convivas passaram para um grande jardim, onde bebidas e comidas foram servidas. Alguns músicos tocaram melodias variadas, alegrando os convidados. Durante a recepção, Ilsharah fez questão de que o tio lhe beijasse o anel, como se fosse um bispo da igreja cristã, o que o irritou, mas engoliu seu orgulho e o fez com elegância em meio aos olhares irônicos de todos.

No dia seguinte à festa, sem que os noivos tivessem tido maiores contatos com suas noivas, partiram até suas respectivas residências em Adulis, a mais de quatrocentos quilômetros de distância. Levaram dois dias de viagem com escolta militar a protegê-los contra eventuais bandidos de estrada.

Assim que chegaram, cada casal foi para sua respectiva residência. Após se instalarem, Setilu foi procurar por Asabá e, devido à boa compatibilidade de gênios entre eles, tudo correu a contento. A atração física entre os dois também ajudou bastante no sentido de que o relacionamento fosse o mais agradável possível.

Olunwi e Asessu chegaram a sua residência e imediatamente os serviçais vieram atendê-los. Asessu levara suas criadas; eram as únicas que sabiam exatamente do que a moça gostava. Deram-lhe um banho e vestiram-lhe roupas novas, especiais para a primeira noite. Após isso, mandaram um dos guardas avisar ao noivo que Asessu o aguardava.

Sendo um homem experiente, Olunwi havia se preparado para aquele evento sabendo que a primeira noite é importante, mas não é crucial. Era normal que fosse um processo um pouco complicado, já que não houve nenhum contato mais íntimo anterior entre os noivos e eles não deixavam de ser perfeitos estranhos. Haviam se encontrado cerca de dez vezes, mas sempre acompanhados de um pequeno *entourage*. Munido desse espírito, o jovem dirigiu-se à câmara nupcial sem pressa e sem maiores expectativas.

Ao entrar no amplo quarto, Olunwi viu Asessu na varanda, recostada, observando a bela vista. A casa tinha dois andares e os quartos ficavam no segundo piso. Como toda a propriedade ficava num patamar mais elevado do que a cidade, a vista da sacada era bonita; era possível se ver o mar Vermelho estender-se por vários quilômetros. Asessu parecia estar apreciando a vista que, realçada pelo plenilúnio, possibilitava um amplo panorama.

Olunwi aproximou-se dela e ficou ao seu lado.

– Temos uma vista e tanto, não acha, minha bela? – perguntou Olunwi a sua esposa, com o intuito de entabular assunto. A falta de intimidade era uma barreira que teria que ser transposta aos poucos. Mas a tradição demandava a defloração da moça na primeira noite possível para que o casamento fosse consumado. Ambos sabiam de tal fato e precisavam chegar a um entendimento. Olunwi pretendia fazê-lo com calma e doçura.

– Vem! – ordenou secamente Asessu. Ela pegou sua mão e dirigiu-se à cama, com passos decididos. Ela retirou sua túnica e deitou-se, nua, no escuro. Apenas a luz do luar entrava na câmara através da larga varanda. Olunwi observou o corpo de sua mulher e o apreciou. A mulher era cheia, mas com curvas voluptuosas. Seus seios eram imensos, mas firmes ainda. Seu estômago não era protuberante, mas tinha leves ondulações, pequenos morros denotando o padrão de beleza típico das mulheres meroítas.

Já excitado pela visão do corpo de sua prometida, Olunwi tirou sua roupa. Ela deitara-se despida, com os braços ao lado do corpo e as pernas juntas. Olunwi encostou seu corpo nu ao dela e passou a mão no seu rosto. Disse-lhe palavras doces de elogio à sua beleza, cheirou-a discretamente e gostou de seu odor. Beijou-lhe o rosto e depois, dirigiu-se à sua boca. Beijou-lhe os lábios levemente e sentiu uma pequena reação por parte de Asessu. Depois de beijá-la, desceu lentamente em direção aos seus seios e beijou-os delicadamente. Nesse momento, sentiu uma reação um pouco mais viva por parte da donzela. Passou a mão em seu ventre, sempre com calma e suavidade. Aos poucos, enquanto beijava os seus mamilos e tirava pequenos suspiros da deusa de ébano, sua mão desceu lentamente em direção ao pequeno tufo de pelos pubianos.

Durante mais de vinte minutos, Olunwi ficou acariciando sua esposa, com gentileza, procurando deixá-la à vontade e excitando-a. Aos poucos, a moça foi correspondendo, pois, se no início o fazia por obrigação, posteriormente o fez por desejo. Quando Olunwi sentiu que ela estava pronta, ele se colocou entre suas coxas fortes e bem torneadas. Teve que forçar a entrada, mas, em nenhum momento, foi brusco ou agiu sob a égide da paixão. Reconhecia-se um homem experiente com mulheres e sabia que a docilidade era o melhor caminho nessas horas. Após introduzir-se, continuou calmo e seus movimentos foram lentos e cadenciados. Era preciso acostumá-la ao ato do amor e ele tinha todo o tempo do mundo para torná-la uma grande amante.

À medida que sentiu que a moça estava apreciando as novas sensações, não demonstrando dor ou mal-estar, ele foi acelerando seus movimentos, sempre perfeitamente no controle de suas emoções e desejos. Dessa forma, aos poucos, ele foi conduzindo-a ao prazer. Ele sabia que era difícil que a mulher atingisse o orgasmo na primeira vez, e não se importou que ela não pudesse chegar ao clímax. Foi agradavelmente surpreso que ele começou a notar que a moça estava correspondendo plenamente ao ato. Chegaram ao clímax juntos e ficaram abraçados, trocando carícias e suaves beijos.

Deitados lado a lado, olhando-se nos olhos, Olunwi sussurrou em seu ouvido:

– Estou muito feliz de ter me casado com você. Nada me poderia dar mais satisfação do que tê-la como minha esposa. Sei que não tivemos nenhum contato anterior e que tudo isso é muito estranho, mas tenho a convicção de que amar você será fácil.

Asessu sorriu, mas nada respondeu.

Ficaram assim juntos por alguns minutos quando Olunwi recomeçou seus jogos de amor. Asessu correspondeu dentro das limitações de sua falta de experiência, mas demonstrou que não teria nenhuma dificuldade em aprender a arte do amor.

Naquela noite, já após o segundo ato, deitados lado a lado e de mãos dadas, Olunwi fez um comentário sobre a beleza de sua mulher.

– Você tem os seios mais lindos que eu já vi.

Subitamente, a moça mudou de atitude e fechou os cenhos. Sentou-se na cama e cobriu os seios com seus braços.

– Sou muito sensível quanto ao tamanho dos meus seios. Não gosto que comentem sobre eles.

– Não falei nada que os denegrisse. Só disse que são lindos.

– Saiba que no dia em que você escarnecer de seu volume, eu o largarei na mesma hora. Este é assunto que me enfurece e, para nosso bem comum, evite mencionar novamente meus seios, seja para elogiá-los ou por outro motivo qualquer.

Vendo a mulher levantar-se da cama e vestir-se, Olunwi meneou a cabeça preocupado. A mudança de humor da mulher azedara o resto da noite. Era, todavia, um homem vivido e tinha mandado investigar o temperamento da noiva. Os relatórios lhe disseram que era geniosa, passível de um mau humor súbito e de explosões coléricas. Mas também lhe deram boas notícias, pois era franca, inteligente e leal. Cabia a ele extrair o melhor de sua mulher e ele estava disposto a isso.

5

O tempo foi se escoando e Ezana conseguia durar mais do que se podia imaginar para um homem em suas condições. Agarrara-se à vida e seis anos se passaram antes que o rei falecesse. Após as exéquias reais, o reino de Aksum engalanou-se para a festa com a ascensão de seu novo rei, Ilsharah. Olunwi e Setilu deslocaram-se para Aksum para as festas da coroação do novo monarca, que, com quarenta e oito anos, estava ansioso por fazer grandes mudanças.

Após as festas que duraram dois dias, Ilsharah reuniu seu ministério. A maioria era composta de irmãos, primos e tios, com exceção de Imraha, o chefe do exército, que era casado com uma prima distante, mas querida de Ilsharah.

– Estou disposto a fazer uma aliança com Abkarib Assad – afirmou Ilsharah. – Não estou mais disposto a ver nossos soldados morrerem na Arábia. As últimas escaramuças nas areias do deserto nos custaram mais de cinquenta homens. Pode parecer pouco, mas, somando os vários combates, já perdemos mais de dois mil soldados somente neste último ano. Já chega de despesas que sangram nossos cofres.

– É absolutamente correto – concordou o principal tesoureiro. – Temos tido uma despesa altíssima para manter as rotas das nossas caravanas abertas contra esses bandidos do deserto. Precisamos levar a mirra de Yamanat[1] para os portos dos bizantinos, mas, a cada ano, eles compram menos e a operação toda está saindo mais cara.

– Pessoalmente não gosto de Abkarib – disse um dos irmãos de Ilsharah.

– Só porque ele gosta de rapazes? – atalhou Ilsharah. – Isso não importa. Se nós pagarmos o que nos pede, o trabalho de manter a ordem será todo dele.

– Não, meu irmão, não se trata de suas preferências sexuais. É pelo fato de que ele é um cristão arianista e persegue cruelmente os árabes judeus. Isso tem criado um clima de guerra – respondeu sorrindo o irmão que havia falado que não gostava de Abkarib.

– Nesse ponto você tem razão. Temos que aplacar um pouco o seu furor religioso – respondeu Ilsharah.

– Meu rei que me perdoe a intromissão – voltou a falar o tesoureiro –, mas o furor de Abkarib não é religioso, e sim material. Ele ataca os árabes judeus, assim como os árabes pagãos e arranca tudo o que eles têm.

Ilsharah deu uma gargalhada e, decidido, respondeu:

– Então estamos de acordo. Façamos aliança com Abkarib.

Todos murmuraram um sim tácito. Era uma felicidade ter que acabar com o envio de tropas para fiscalizar um mar de deserto, onde os árabes se escondiam e atacavam as caravanas de mirra e especiarias.

---

[1] Yamanat – Yemen.

– Passemos a outro assunto: Arkhamani.

A satisfação de fazerem um acordo com Abkarib Assad, que gostava de se intitular de rei de Sabá, de Dhu-Raydan, do Hamadraut, do Yamanat e dos árabes transformou-se num silêncio pesado. O assunto agora era mais complexo, pois todos conheciam a reputação de Arkhamani.

– Não preciso dizer que temos que retirar Arkhamani de Meroé, imediatamente.

– E o que faremos com ele? Não podemos deixá-lo na corte. Todos se lembram que aquela víbora – que o rei me perdoe a ousadia de falar deste modo do seu tio – vivia articulando complôs para derrubar o rei – comentou um dos tios de Ilsharah.

– Meu tio, você pode falar o que quiser daquela pústula. Afinal de contas, ele é seu irmão – respondeu-lhe Ilsharah, com um tom irritado. – Se há alguém que eu deteste é esse meu tio. Por mim, eu mandaria matá-lo imediatamente, mas acontece que meu pai – que o Cristo o mantenha em sua santa paz –, no leito de morte, me fez jurar que eu não tocaria num fio de cabelo daquele miserável.

– Então, o que faremos? – perguntou um dos irmãos de Ilsharah.

– Vou desterrá-lo. Ele irá para Adulis. Ficará em prisão domiciliar com todo o conforto que sua imensa fortuna lhe permitirá ter.

– Para retirá-lo sem problemas, teremos que mandar uma tropa armada. Imagino que os nossos soldados em Meroé já foram corrompidos por Arkhamani – interveio Imraha, o chefe do exército.

– Prepare uma força de três mil homens e tragam-me Arkhamani. Mande os soldados que serviram sob suas ordens lutarem contra os revoltosos do norte. Há muito que os gallas[2] têm nos importunado. Está na hora de acabar com essas incursões que esses pagãos fazem contra nossas aldeias.

– E quem você pretende empossar no lugar de Arkhamani? – perguntou o tesoureiro.

– Só vejo uma única pessoa que possa aplacar os meroítas e tratá-los com decência.

O rei, propositalmente, fez uma pausa como quem desejasse criar um suspense. Pelo seu sorriso, os demais notaram que ele já definira o sucessor de Arkhamani.

– A pessoa que tenho em mente já se desincumbiu bem de outras missões que meu falecido pai lhe dera. Aplacou uma revolta dos árabes

---

[2] Galla – tribo primitiva de etíopes.

em Meca com um mínimo de derramamento de sangue. Liderou uma missão diplomática em Alexandria e Cairo. Abriu rotas comerciais nas costas de Malabar,[3] conquistando novos mercados para nossa frota de navios. E, finalmente, tanto ele como o seu irmão são casados com mulheres meroítas da alta nobreza, descendentes das rainhas Candace.

— Olunwi! — exclamaram todos, quase uníssonos.

— Boa escolha, meu rei. Se há alguém com tino político, conhecimento militar e comercial é Olunwi. Além de ser seu irmão por parte de pai, é também fidelíssimo, o que é raro hoje em dia — comentou Imraha, o general dos exércitos, ao qual Olunwi já fora subordinado.

— O melhor é que seu irmão Setilu estará com ele — afirmou um dos presentes.

O rei olhou-o expressando não ter entendido o comentário.

— Ora, meu rei, Setilu é de longe o maior adivinho de Aksum. Ele estudou com os maiores mestres de Meca, Cairo e Jurfattan[4] e da própria Meroé.

— E daí?

— Para governar Meroé é preciso mais do que tirocínio político e sabedoria; é fundamental que haja magia. E nisso Setilu é mestre.

Todos menearam a cabeça em assentimento. Meroé era realmente a terra dos núbios, dos feiticeiros e das magias. Muitos dos presentes imaginavam que Arkhamani sustentara-se contra os feitiços, usando magia negra de alguns de seus bruxos contratados a peso de ouro.

— Tem razão — concordou Ilsharah. — Por isso mesmo que acho que esses meus dois irmãos hão de desincumbir-se magistralmente de sua difícil missão. — e, virando-se para um dos guardas, ordenou-lhe: — Façam entrar os dois príncipes.

— Olunwi já sabe o que o aguarda? — perguntou Imraha.

Com um sorriso, Ilsharah meneou a cabeça em assentimento, dando a entender que já combinara tudo com eles previamente. A porta se abriu e os dois irmãos entraram. Deram três passos e pararam. Fizeram uma longa reverência ao rei e, depois, uma reverência um pouco menor aos demais membros do ministério.

— Venham, meus irmãos, sentem-se aqui.

---

[3] Malabar — Índia.
[4] Jurfattan — atual Mangalore, na Índia.

Duas cadeiras foram providenciadas, ladeando o rei. Os dois irmãos se aproximaram e beijaram a mão de Ilsharah, que afagou a cabeça de Setilu em sinal de nítida preferência pelo irmão mais novo.

– Conforme nossas conversas preliminares, vocês irão com Imraha até Meroé. Destronarão Arkhamani, mas o farão com o máximo de elegância. Digam-lhe que eu o estou transferindo para Adulis a fim de tomar conta de parte da frota. Aliás, você, Olunwi, já sabe como proceder.

Com o rosto sério, Olunwi meneou a cabeça. Desde o momento em que fora chamado por Ilsharah e que lhe fora dada a missão de substituir Arkhamani, ficara com o coração opresso e a cabeça completamente em polvorosa. Recuperar a economia combalida de Meroé, vencer ódios seculares dos núbios para com os aksumitas e levar a justiça aos que foram sempre espoliados era, sem dúvida, uma tarefa para um gigante. Mas, por pior que sejam as circunstâncias, não se recusa jamais uma missão dada pelo rei.

– Estamos acertados. Partirão dentro de dois dias – concluiu Ilsharah, olhando para Imraha e depois para Olunwi. Ambos menearam a cabeça vigorosamente em expressa concordância.

Olunwi iria se tornar em breve príncipe e governador de Meroé e Napata.

6

A tropa de Aksum chegou em poucos dias, liderada por Imraha. Foram diretos ao palácio de Arkhamani, adentraram com pompa e mandaram chamá-lo. Em minutos, o governador veio vestido luxuosamente, acompanhado de seu filho, de um secretário e do chefe do destacamento militar aksumita, que tinha a função de polícia e segurança contra invasores externos.

– A que devo a presença de meu primo Imraha, general do poderoso exército de Aksum? – questionou Arkhamani num tom melífluo e irônico.

– Meu tio e príncipe Arkhamani – atalhou Olunwi, antes que Imraha pudesse falar algum impropério, já que era sabido que os dois se odiavam visceralmente – , nosso rei, o magnífico Ilsharah, com toda a sabedoria do mundo, resolveu, num rasgo de grande generosidade, livrá-lo de seu terrível fardo de governador de Meroé. Ele, em sua bondade, decidiu lhe dar uma mansão de grande beleza na cidade de Adulis. Além disso, para garantir-lhe uma velhice tranquila e segura, oito navios mercantes lhe foram concedidos em comodato, sem nenhum custo, até o último dia de sua morte.

Arkhamani respirou fundo. Então, finalmente, o fatídico dia chegara. Para não perder a compostura, sem dizer uma palavra, com um gesto largo e elegante, mandou que todos entrassem num amplo salão contíguo. Havia uma mesa de reunião grande e oval, e cadeiras estofadas de veludo vermelho e de espaldar alto proporcionavam luxo e conforto. Todos se acomodaram. Os serviçais acorreram e trouxeram sucos de frutas, já que era ainda muito cedo para beberem vinho ou cerveja. Algumas frutas foram trazidas numa bandeja. Ninguém tocou nem nas bebidas nem nas frutas. Nem mesmo as moscas ousaram voar, já que a tensão do ambiente era extrema.

– Então serei descartado como um trapo velho imprestável – lastimou-se Arkhamani, tentando manter um ar de soberba.

– Ora, meu tio, tomara que todos os trapos velhos e imprestáveis recebessem a condescendência de uma mansão principesca com vista para o mar Vermelho, podendo levar todos os seus serviçais e sua fortuna amealhada tão diligentemente – redarguiu Olunwi, com um sorriso encantador.

– Como poderei levar minha fortuna, se tudo que tenho são propriedades?

– Nós as compraremos de meu tio por um preço justo.

– Preço justo! Preço justo! – exclamou Arkhamani, indignado. – Como saber qual o preço justo?

– Ora, o mercado estabelecerá o preço – afirmou Olunwi, sabendo que agora viria a pior parte: negociar com uma raposa de sagacidade que não tivera o escrúpulo de se apossar, sem nada gastar, das melhores propriedades de Meroé.

– Ora, o mercado ao saber que preciso vender com pressa, oferecerá uma miséria. Ó pelo grande Cristo, estou arruinado! Logo eu que dei os melhores anos de minha vida para administrar esta cidade infernal para maior grandeza de meu irmão Ezana. Ah, se ele estivesse vivo, jamais permitiria essa iniquidade com seu único irmão de pai e mãe.

Ciente de que seu tio era um grande ator, Olunwi fez cara de triste, enquanto o homem prosseguia em sua ladainha.

– Ó grande Cristo, por que não me fulminou quando meu doce irmão Ezana ainda era vivo? Poderia ter evitado essa ignomínia contra um homem que sempre foi de uma lealdade irreprochável. Por que não me cortam os pulsos? Ou me decepam a cabeça? Por que devo me submeter a esse roubo descarado?

Até mesmo Arkhamani sentiu que estava exagerando em sua interpretação, mas o que fazer, dizia-se, estava no seu sangue; sentia-se um ator de tragédias gregas em pleno palco.

– Se é isso que você deseja, podemos providenciar.

A voz grossa e tonitruante de Imraha terminou com as lamúrias de Arkhamani.

– Naturalmente, nosso primo Imraha está apenas brincando – interveio Olunwi antes que o ambiente descambasse para uma discussão interminável. – Façamos assim: você fará uma relação de seus bens e nos dará uma avaliação de cada propriedade.

Arkhamani suspirou profundamente e fez um sinal para um dos seus secretários.

– Dê-me a relação.

O homem mexeu numa sacola que trouxera e entregou a Arkhamani um maço de papéis com uma extensa relação de propriedades. Olunwi sorriu; então a velha raposa estava preparada. Arkhamani entregou a relação a Olunwi num gesto de desprezo.

– Está tudo aí, inclusive com os preços avaliados por um especialista. Não aceitarei uma peça de moeda a menos.

Assim que entregou a relação, levantou-se e retirou-se. Os demais se levantaram e se curvaram à sua saída; afinal ainda era um príncipe da casa real de Aksum, irmão do falecido rei Ezana.

– Será melhor mandar matá-lo imediatamente. Evitaria uma despesa enorme apenas para satisfazer a vontade do falecido rei – disse Imraha, cheio de ódio.

– Não é a vontade do nosso atual rei que ele seja morto – afirmou Olunwi, demonstrando pelo cenho fechado que não aceitaria tal atitude.

– Pois eu lhe digo que, se dependesse de minha vontade, eu o mataria, pois o acho extremamente perigoso – comentou Imraha.

– Ele é apenas um fanfarrão – interrompeu Setilu. – O perigo maior reside no seu filho Shabwa.

7

Finalmente, Arkhamani fora embora. Seis longos meses de discussão e negociações intermináveis. Olunwi quase dera razão a Imraha; deviam ter matado o miserável e seu filho, e teriam se livrado de todos os problemas.

– Estamos completamente arruinados – comentou, rindo, Setilu. – Quando você for fazer um negócio, pelo amor dos grandes *neters*,[5] consulte-me. Se continuarmos assim, estaremos pedindo esmolas nas ruas de Meroé.

Sentados confortavelmente numa sala reservada do palácio, Olunwi acabara de relatar o final das negociações com Arkhamani. Haviam perdido a renda dos oito navios que o pai Ezana lhes dera, pois, Ilsharah, num rasgo de generosidade com o dinheiro dos outros, transferira a herança paterna para Arkhamani e seu filho Shabwa. Para complicar, tiveram que adquirir a preços escorchantes todas as propriedades que Arkhamani arrestara dos meroítas nos últimos vinte anos. Utilizara seus últimos recursos e ainda tivera que pedir uma fortuna emprestada a Ilsharah, que o irmão e rei lhe fornecera a juros anuais acima do tolerável. Como compensação pelos danos causados por Arkhamani, todas as mansões, fazendas, escravos, móveis e outras riquezas foram devolvidos aos seus legítimos proprietários meroítas, o que lhe valera a estima de Meroé. Mas era uma fortuna que Olunwi levaria dez vidas para pagar, de acordo com seus cálculos mais otimistas.

– Um preço alto para ser o governador de Meroé – disse Setilu.

– Vamos ver as coisas pelo seu lado brilhante – retrucou Olunwi. – Meroé é o maior fornecedor de ferro desta região. Nos últimos anos, devido à pressão de Arkhamani, todas as forjas tiveram que fazer armas para o exército de Aksum. Para isso, ele fechou mais da metade das forjas. O que temos que fazer é reabrir as forjas e ampliar o comércio de ferro.

– Esse plano levará anos para dar resultados. Precisamos de dinheiro já. Como manteremos nossas mulheres e nossos filhos?

– Quanto a isso, não se preocupe, Setilu. Ainda tenho os dotes das duas mulheres que desposamos. Isso nós sustentará por alguns meses, até que o comércio do ferro seja reativado.

---

[5] Neter – deus em copta (egípcio antigo).

— Eu também posso usar minha arte adivinhatória para ganhar dinheiro. Quem não há de querer saber o futuro com o grande Setilu e pagar por isso?
— Defenda-se como puder que eu vou incentivar o comércio do ferro.
— E onde você venderá o ferro?
— Nosso mundo é vasto. Há muitos lugares em que o ferro haverá de ser vendido. Tenho ideias de como conseguir isso.
— Ah, isso eu sei! Quem melhor do que Olunwi que tem o dom de transformar areia em ouro? Mas, cuidado, pois já vi que você também tem o poder de transformar ouro em poeira do deserto — respondeu-lhe Setilu, jocosamente.

Olunwi refletiu sobre as palavras de seu irmão. Ele não deixava de ter razão; por enquanto ele transformara uma imensa riqueza numa dívida gigantesca com Ilsharah. Agora era hora de modificar esse panorama; era preciso transformar o ferro em ouro.

8

Havia mais de duas dúzias de forjas em Meroé que trabalhavam o ferro para fazer armas para o exército aksumita. Com a retirada das forças de Aksum da Arábia, as necessidades se reduziram a praticamente nada. Olunwi tinha interesse de reativar uma centena de forjas menores e com isso gerar mais empregos e riquezas para os meroítas. Ele juntou os ferreiros que estavam ativos e também convocou os que haviam sido proibidos de confeccionar material de ferro por Arkhamani. Entre eles, vieram vários chefes de pequenas tribos que, no passado, confeccionavam utensílios de ferro, mas que haviam sido obrigados a fechar suas forjas.

Naquela tarde, Olunwi convidou mais de oitenta homens, sendo que alguns eram ricos e não estavam envolvidos diretamente com o ferro, mas pela sua fortuna podiam investir em empreitadas que pudessem auferir bons resultados. Após as devidas saudações, Olunwi reuniu todos confortavelmente sentados no jardim de sua residência para explicar seu plano.

— Meroé sempre se destacou pelo seu ferro. Por razões que todos conhecemos e que não vale a pena repisar, vocês ficaram limitados à fabricação de armas. Agora, até mesmo elas vão decrescer, pois nosso magnânimo rei Ilsharah não deseja mandar seus súditos e filhos para o horror da guerra. Desse modo, proponho que nós nos unamos numa empreitada comercial de grande vulto.

As pessoas o escutavam com atenção e os olhos nem sequer piscavam tal o interesse nas palavras do jovem príncipe. Havia, no entanto, um ar de suspeição contra ele; era da família real que destruíra o poder de Meroé.

— Temos que formar grupos de exploração. Imagino que deverão ser constituídos de quinze a vinte homens para mútua proteção. Irão para o interior de nosso vasto continente, levando amostras de utensílios tais como panelas, trincos, e tudo que o ferro possa fazer. Visitarão tribos primitivas para oferecer nossas mercadorias e ver que tipo de produto poderão trazer.

— Quem é que vai financiar essa empreitada, nobre governador? — perguntou um dos mais ricos.

— Há várias formas. Cada um pode financiar sua própria incursão, mas o resultado será pequeno e provavelmente insuficiente. No entanto, podemos nos fundir numa associação, na qual cada um investirá um pouco.

Houve um murmúrio entre os presentes. Pelo meneio das cabeças, Olunwi viu que sua ideia fora ousada demais. Esses homens não estavam acostumados a este tipo de empreendimento e, pela forma como meneavam a cabeça, percebeu que sua ideia não encontraria eco.

— Sei que isso é estranho, mas sugiro uma experiência. Vamos organizar três pequenas incursões e ver quais os resultados que podem advir disso. Se for um sucesso, poderemos organizar outras excursões e, assim, os investimentos serão graduais.

— Qual a vantagem desse esforço todo? — questionou um dos presentes.

— Temos que aumentar nosso mercado. Meroé está combalida, sem dinheiro e não absorverá tudo o que nossas forjas podem fabricar. Ao vendermos nossos produtos para o interior, descobriremos riquezas das quais nem suspeitamos. Tudo é válido: ouro, prata, animais selvagens vivos, peles de animais e sei lá mais o quê.

— Eu aceito fazer uma incursão — disse uma voz forte no meio da sala.

— Adiante-se, amigo, e diga-me quem é — expressou-se Olunwi sorrindo e com um gesto de mão chamando o interlocutor para frente.

– Sou Meri, chefe dos nobas – respondeu um homenzarrão com um sorriso nos lábios, levantando-se e indo até onde estava Olunwi.

– Seja bem-vindo, amigo Meri. Organizaremos juntos a primeira incursão – disse Olunwi, enquanto apertava a mão do taurino chefe dos nobas. – Quem mais gostaria de também fazer uma experiência?

Mais ninguém se manifestou e Olunwi não se deu por vencido.

– Não importa. Comecemos com uma excursão ao sul de nosso vasto país. Em três meses, teremos os primeiros resultados e os divulgaremos para todos. Nessa hora, vocês poderão fazer sua própria escolha baseada nos resultados de nossa experiência.

E alegre como se tivesse tido um retumbante sucesso, Olunwi encerrou a reunião convidando todos a beber e comer. Deu ordem então para que os serviçais passassem as bandejas de quitutes e bebidas, deixando que todos se refestelassem. Enquanto os demais comiam e bebiam, Olunwi levou Meri para o interior de sua residência, onde lhe foram servidos o melhor vinho e as melhores comidas e lhe deu pessoal atenção. Era o seu primeiro aliado numa terra estranha, que odiava tudo o que fosse aksumita.

9

A areia escorria pela ampulheta do tempo e já haviam se passado quatro anos desde que Arkhamani fora levado para sua gaiola dourada, onde, de frente para o mar Vermelho, passou seus últimos anos. Após uma doença estranha e fulminante, Arkhamani pereceu. Logo após as exéquias, Shabwa solicitou uma audiência com seu primo e rei Ilsharah. Após esperar por três meses, ele foi atendido. Levado por escolta militar de sua casa em Adulis até Aksum, ele foi introduzido na corte onde estavam reunidos o rei e alguns de seus principais ministros. Ilsharah estabelecera um ambiente em que Shabwa teria que submeter-se publicamente a alguns protocolos que eram normalmente impostos aos mais baixos serviçais ou escravos.

Escoltado por quatro soldados, como se fosse um criminoso, Shabwa adentrou o vasto salão. Levaram-no até vinte metros do monarca, onde então teve que se estender no chão, prostrando-se. Ficou ali por quase dois minutos, enquanto Ilsharah e os demais ministros o olhavam ironicamente e conversavam assuntos corriqueiros, como se ele não estivesse ali com o rosto enfiado no chão.

Após um tempo que lhe pareceu eterno, ele escutou quando o chefe do cerimonial bateu com uma vara no chão: era o toque combinado previamente para que Shabwa se levantasse. Ele sabia que teria que passar por isso e parecia não se incomodar, como se dissesse para si mesmo: calma, Shabwa, seu dia chegará.

Levantou-se e andou acompanhado dos guardas por mais dez metros e, novamente ao comando do mestre-de-cerimônia, prosternou-se no chão e lá permaneceu estirado como um defunto por mais dois minutos, enquanto Ilsharah tratava à voz alta com seus ministros de assuntos completamente banais.

Mais um toque do cerimonial, e mais cinco metros foram percorridos, e, mais uma vez, viu-se forçado a uma nova prosternação. Ah, como era gostoso humilhar aquele jactante filho de seu inimigo, satisfazia-se Ilsharah. Novo toque, e foi permitido a Shabwa que ficasse de joelhos, de cabeça baixa, as mãos unidas na frente das pernas, em atitude suplicante.

– O que o traz à minha presença, filho de Arkhamani? – perguntou o monarca com um rosto onde imperava o desdém.

– Ó grande Ilsharah, venho mui humildemente pleitear o relaxamento de minha prisão domiciliar.

Isto tudo era puro teatro: Ilsharah sabia de sua pretensão, pois tal assunto já fora discutido entre ele e os ministros. Desde o primeiro instante em que Shabwa solicitara a audiência, ele tivera que declarar o motivo de sua solicitação.

– E o que o leva a crer que receberá tal beneplácito?

– Majestade, eu sou apenas o filho sem importância de um homem que, de fato, abusou da confiança de seu irmão e monarca. No entanto, nunca tive parte ativa nas atividades ilícitas do meu pai.

– Não é o que me relataram. Dizem que você também achacou pessoas, maltratou-as e as roubou.

– A mais pura verdade, Majestade. Jamais negarei meus crimes. No entanto, solicito que me seja creditado o fato de que, na época, era apenas um jovem que, sob a influência – admito com pesar – nefasta do meu pai, não tinha alternativa a não ser de acatar suas ordens – e sentindo que Ilsharah iria retrucar, Shabwa prontamente prosseguiu, não lhe dando ensejo de interrompê-lo. – Sei que Sua Majestade dirá que tinha idade bastante para julgar por mim mesmo, mas confesso que, mesmo achando errado, o fiz com prazer. Era a satisfação de atender a um pai que tudo fez por mim. Quem negaria um pedido paterno?

Pelos relatórios que o rei recebera da morte de Arkhamani, havia sérias suspeitas de que fora envenenado e todos achavam que poderia ter sido Shabwa. O monarca se perguntou se valeria o trabalho de perguntar se o filho envenenara o pai, já que a negativa seria a óbvia resposta. Mas, mesmo assim, tentado a ver a reação de Shabwa, o rei perguntou-lhe:

– Shabwa, há suspeitas de que seu pai tenha sido envenenado. Qual é a sua opinião?

– Se ele ainda fosse o príncipe de Meroé, poder-se-ia suspeitar de tal fato, mas, no ostracismo de Adulis, quem iria querer envenenar um homem que não representava mais nenhum perigo? Além disso, meu pai sempre foi um homem prevenido; tinha um provador real. Não, Majestade, a verdade é muito mais prosaica. Desde o instante em que meu pai não teve mais nada a fazer, vendo seus sonhos de grandeza diluírem-se e, apenas vivendo como um pássaro ornamental preso numa gaiola, passou a se dedicar aos prazeres da boa mesa e dos vinhos importados e caros, passou a abusar da gastronomia, chegando a fazer seis refeições ao dia, e uma barrica de vinho era a sua quota diária. Creio que foram os excessos da boa mesa que sobrecarregaram o seu já entristecido coração.

O homem é convincente, pensou Ilsharah, e não havia provas de que houvera envenenamento; apenas a suspeita devido a uma morte rápida. Por outro lado, os relatos dizem que Shabwa ficou ao pé da cama do moribundo, aparentemente sofrendo com os estertores paternos, os olhos cheios de lágrimas enquanto rezava fervorosamente. Ilsharah achava que, no fundo, se Shabwa tivesse realmente matado o pai, fizera-lhe um favor.

Por um longo tempo, Ilsharah passou a fitar Shabwa. O que faria com este homem? Sua vontade era de mandar matá-lo. Após aquele incômodo silêncio, o rei o questionou:

– Se eu lhe desse a liberdade, o que faria de sua vida?

– Inicialmente, eu me mudaria para Aksum, deixando Adulis. Procuraria uma noiva para constituir família e me dedicaria aos negócios.

– Que tipo de negócio?

– Tenho amealhado alguns recursos financeiros e me dedicaria ao financiamento e aos empréstimos.

– Agiotagem é crime! – exclamou Ilsharah, aparentemente indignado.

– Se Sua Graça me permite um comentário: agiotagem é quando exploramos as pessoas necessitadas com juros extorsivos. O que pretendo fazer é financiar pequenos comerciantes a juros abaixo dos praticados pelo Estado. Um negócio pequeno, sem grandes consequências, apenas para manter-me ocupado.

– Então devo libertá-lo para que se torne meu concorrente?

O sorriso irônico de Ilsharah quase irritou Shabwa, mas ele manteve-se calmo à custa de muita força de vontade.

– Sua Majestade empresta quantias vultosas aos comerciantes, a outros reis e a impérios distantes. Eu só desejo emprestar a juros módicos aos pequenos comerciantes, àqueles que se encontram fora das linhas dos grandes negócios. São pequenas somas que nada representam perante as imensas fortunas que Sua Majestade empresta de forma tão benevolente. Não seria seu concorrente, mas apenas um pequeno negociante de um produto chamado dinheiro. Ao facilitar a vida dos pequenos, sem dúvida, o Estado ficaria aliviado em receber seus tributos com presteza.

Tudo isso já era de conhecimento de Ilsharah e o destino de Shabwa já havia sido decidido em reuniões anteriores. Shabwa também sabia que tudo aquilo tinha o propósito de humilhá-lo, de colocá-lo no devido lugar. Calou-se e aguardou a decisão real.

Virando-se para um dos serviçais presentes, Ilsharah expressou desejo de um suco de manga trazida das Índias; uma iguaria cara que só os reis podiam se dar o luxo. Aguardaram que o serviçal voltasse e, após ser servido, o monarca sorveu-o calmamente, deliciando-se visivelmente, lambendo os lábios. A posição em que Shabwa ficara estava começando a lhe dar cãibras, mas aguentou as dores estoicamente.

– Shabwa, pela nossa magnanimidade, nós o estamos libertando de sua prisão domiciliar. Poderá morar em Aksum e praticar agiotagem sob o nosso controle. Para custear sua libertação, você nos pagará cem mil moedas de prata, perderá o direito aos navios e a mansão de Adulis. Não poderá sair de Aksum sem nossa expressa permissão. Se acharmos que estiver metido em insídias, o executaremos no rito sumário de nossos antepassados. Agora retire-se de nossa presença e esteja pronto para comparecer sempre que solicitado. Não poderá usar nenhum título de nobreza, mas seus filhos – se você for digno de nossa aprovação – receberão os títulos e a nossa proteção quando atingirem os quinze anos, para os homens, e os treze, para as mulheres. Assim tendo decidido, retire-se de pé como homem livre.

10

Enquanto Olunwi lutava para reconstruir as forjas de Meroé, ele ia fazendo amigos e alianças. Asessu era a primeira a saber que ele precisava se casar com outras mulheres para consubstanciar novas e permanentes alianças. Mui sabiamente ela é que escolhia as noivas para seu marido e, devido aos seus inúmeros contatos na cidade, negociava com os pais – quase sempre seus parentes – as inúmeras concubinas, tanto para Olunwi como para Setilu.

A sagaz mulher avaliava sempre a pretendente. Se a achasse muito bela, ela a enviava para Setilu, para desespero de Asabá. Todavia, quando se tratava de uma casa importante, um dote magnífico e uma aliança poderosa e, naturalmente, uma moça que jamais rivalizaria com ela, seja em beleza ou em personalidade, ela a enfiava na cama de seu marido, não sem antes colocar a recém-chegada em seu devido lugar. Assim, ela mantinha a primazia completa e sua liderança na casa como primeira esposa e principal amante de seu marido jamais foi contestada.

No decorrer dos anos, Olunwi foi tendo outros filhos além dos filhos com Asessu. A sua primeira esposa lhe deu três meninos – Abalaju, Oassin e Erinlê – e uma menina chamada Isidalê. Já as demais lhe deram vários filhos e filhas, alguns que vingaram e outros que não foram tão afortunados. Todavia, os homens que mais se destacaram no decorrer de suas vidas foram Olabisi, Olowu, Sabé, Orangun e Ajerô. Sem sentir e até mesmo sem procurar sê-lo, Olunwi estava se tornando um patriarca.

11

A cidade de Zhafar, na península arábica, era a capital de Abkarib Assad, o monarca que havia feito um trato com os aksumitas. Abkarib havia amealhado uma fortuna nos últimos anos e vivia num palácio que teria poucos rivais em sua época. Suas concubinas viviam tendo seus filhos, mas a sua grande paixão era um primo distante que todos chamavam de Dunowas, o homem dos cachos.

Os dois viviam, ultimamente, às turras, e Abkarib chamara-o para seus aposentos íntimos. O monarca estava furioso, mas quando viu aquele homem de pele bronze-escura, de porte atlético com um metro e oitenta e sete centímetros e, especialmente, com cachos bastos e negros, que lhe caíam sobre os ombros, um rosto anguloso realçado por uma barba bem aparada e uns olhos negros grandes emoldurados por longos cílios entrar com imponência, a sua fúria arrefeceu-se.

– Sinto-me traído por você, Dunowas.

– Ora, meu rei, a que traição você se refere? Não há outra pessoa em minha vida.

– Antes existisse!

O rei levantou-se de suas almofadas e andou até o terraço, sendo acompanhado de seu amante. Quando chegou à mureta, virou-se e disparou uma pergunta à queima-roupa:

– Você nega que se converteu ao judaísmo?

– Não nego nada. O judaísmo é a verdadeira fé – respondeu o efebo com insolência.

– Que verdadeira fé? Como você pode adorar o deus de uma pequena tribo primitiva de escravos, se foram eles que mataram nosso senhor Jesus Cristo, o filho de Deus? – asseverou Abkarib, indignado e visivelmente alterado.

– Você desconhece a história. Saiba que os judeus foram um grande povo. Saíram libertos do Egito após derrotarem as forças do faraó, vagaram pelo deserto, multiplicaram-se como formigas e tomaram a terra de Canaã. Lutaram contra os filisteus, os babilônios, os persas, os gregos e os romanos. Mesmo sendo superados em números, nunca baixaram a cerviz a ninguém. Agora, você quer que eu adore um homem que ordene que amemos nossos inimigos, que manda dar a outra face após ter sido esbofeteado numa delas e que acabou morrendo como um bandido insidioso? Só um louco aceitaria uma doutrina de amor e brandura quando nossa terra pede força e determinação.

– Você me espanta, Dunowas. Jamais imaginei que um homem tão terno, um amante tão afetuoso e um ser tão educado como você pudesse se bandear para o lado dos nossos inimigos judeus. Você não sabe que estamos no poder graças à bondade dos aksumitas, que são cristãos? Se eles soubessem que os judeus dominam o governo, enviariam suas tropas aqui e nos deporiam.

Neste instante, o rei voltou para o interior do seu quarto e jogou-se entre as almofadas de sua cama, enquanto seu amante respondia-lhe:

– Os aksumitas não representam perigo algum. Quando estiveram aqui foram surrados pelas tribos árabes, e foi por isso que preferiram fazer um tratado de aliança com você. Você crê que eles iriam mobilizar seu exército e atravessar o mar Vermelho apenas para destroná-lo, porque eu sou judeu? Então você é mais fraco do que imaginei que fosse.

Abkarib pulou sobre seus pés. Como ousava dizer que ele era fraco? Logo ele, que era rei de Sabá, Dhu-Raydan, Hamadraut, Yamanat e dos árabes.

– Fraco? Pois eu lhe mostrarei quem é fraco – vociferou Abkarib.

Em questão de segundos, Abkarib avançou rapidamente sobre Dunowas e, mesmo sendo vinte anos mais velho do que ele, aplicou-lhe uns pares de tapas no rosto. O jovem tentou se desvencilhar do ataque, mas Abkarib era bem mais pesado do que ele e agarrou-o pela cintura e, num golpe, levou-o ao chão, onde o montou e deu-lhe mais dois socos. Quando os dois se acalmaram, Abkarib, bufando pelo esforço, passou ternamente a mão no rosto avermelhado pelos potentes tapas que desferira em Dunowas.

– Você vai deixar essa história de judaísmo de lado, não vai, meu amor? Você não vai querer deixar de ser meu favorito apenas por causa de uma religião de usuras e velhos hipócritas, não é, meu adorado?

Dunowas sorriu timidamente e com uma das mãos livres passou-a carinhosamente no rosto de Abkarib.

– Claro que não, meu amor. Você tem razão. Deixemos essa história de religião para outra hora.

Ambos sabiam que o homossexualismo era apenas um divertimento entre homens; nada tinha a ver com masculinidade. Um homem podia ser macho na acepção do termo, ser um guerreiro, um bravo e mesmo assim desfrutar dos prazeres da cama com outro homem, seja uma hora adotando uma postura e na outra procurando dar prazer em outra posição. Para eles, sexo nada tinha a ver com masculinidade, assim como sabiam que, nos haréns, as mulheres também faziam seus jogos sexuais entre elas. Para eles, isso não era nada demais, todavia a religião já era um assunto perigoso e comburente.

Assim como qualquer casal após uma briga, os dois iniciaram uma série de carícias e troca de beijos e juras de amor, que pareceu selar o problema com Dunowas. Abkarib, no entanto, ficara preocupado com a reação insolente de Dunowas e se perguntava, enquanto o beijava, se esse assunto ficaria de fato sepultado.

Para Dunowas, essa seria a primeira e última vez que Abkarib levantaria a mão para surrá-lo. Ah! Isso ele jurava por Yahveh, o deus da vingança dos judeus.

12

Muitos anos haviam se passado e, em Meroé, Olunwi estava festejando com seus associados, agora mais de duzentos homens, a sua reunião anual de congraçamento.

– Amigos, nunca posso esquecer que há quase doze anos começamos nossas rotas de comércio. Se no início enfrentamos dificuldades, agora estamos todos saboreando o sucesso da empreitada.

Todos bateram palmas. De fato, pensavam, no início ninguém acreditou muito no príncipe Olunwi; somente aquele noba. Ele fora o primeiro e a primeira excursão fora levada a efeito com ele, à testa da expedição. Voltara após três meses com ouro e prata; rico além da conta. Isso abrira novas rotas e agora Meroé e a sua cidade vizinha de Napata haviam se tornado grandes pólos de comércio de ferro, gado, animais selvagens, peles exóticas, plumas raras, ouro e prata. A riqueza batera na porta de todos e Olunwi, o estranho príncipe de Aksum, tornara-se o bem-amado de Meroé.

Nem tudo fora, contudo, um mar de rosas, lembravam-se bem alguns. Muitas excursões foram dizimadas por doenças ou por ataques de tribos hostis e nunca voltaram. Muita mercadoria fora roubada e saqueada nos caminhos inseguros, mas, sempre que isso acontecia, lá estava ele, o príncipe Olunwi, a comandar uma tropa de soldados disciplinados, que ia atrás dos criminosos e, na maioria das vezes, os trazia para a justiça.

Nos últimos anos, o príncipe Olunwi, já um homem de quase quarenta anos, não saía mais à caça de criminosos, mas todos sabiam que ele fora substituído nessa função por três rapazes que em nada lhe deviam em matéria de eficiência e de sagacidade. Eram os três filhos de Olunwi e todos tinham por eles apreço, pois os consideravam mais meroítas do que aksumitas, especialmente devido à negra e forte compleição física.

– Hoje, quando comemoramos o início de nossa caminhada, quero apresentar Abalaju, meu primogênito, que a maioria conhece, pois ele vai liderar pessoalmente uma expedição de oitenta homens ao oeste, atravessando as grandes savanas. Temos que descobrir que novo mercado se abre nesse lugar.

Meneando a cabeça, Olunwi chamou seu filho para perto dele. Os presentes puderam ver que Olunwi pareceu ficar subitamente raquítico e mirrado perto daquele homem negro de dois metros de altura, forte como um rinoceronte, com um rosto quadrado iluminado por um sorriso franco. Os presentes haviam observado como o jovem de dezoito anos movimentava-se de uma forma um tanto pesada. Não parecia um homem ágil, mas quem já o vira em combate dizia que tinha uma grande explosão física e uma força muscular poderosa. Um guerreiro; era essa a imagem que Abalaju passava aos demais.

– Sempre foi meu sonho fazer a mesma viagem que nossos ancestrais fizeram na Antiguidade – expressou-se Abalaju, e os presentes puderam apreciar um timbre de voz grossa e melodiosa. – Irei com meu irmão mais jovem – e procurando com os olhos o seu irmão, ao encontrá-lo entre os demais, convidou-o: – Vem, Erinlê.

Os olhos se voltaram para uma cópia mais jovem de Olunwi. Esse pelo menos puxara ao pai, disseram-se os presentes, já que Abalaju havia saído ao avô materno, o ursino Niritá. Erinlê estava com quase dezesseis anos, e demonstrava pela sua musculatura estriada e bem definida que era um adepto dos esportes. Aliás, os que o conheciam tinham-no como um dos melhores arqueiros, não só certeiro, mas também ligeiro como a sua própria seta. O rapaz aproximou-se de seu gigantesco irmão e timidamente quedou-se quieto.

Olunwi aproveitou para chamar os seus dois sobrinhos, filhos de Setilu, do meio da multidão.

– Elesijê Oloxê, vem. Teko, venha cá você também.

Eles eram belos como os núbios o são, negros como a noite, fortes como touros, mesmo que não fossem gigantescos como Abalaju. Os dois aproximaram-se e foram abraçados por Erinlê. Todos regulavam a mesma idade e iriam nessa jornada de aventura e de reconhecimento para novos mercados.

— Esses são filhos de meu irmão Setilu — apresentou os rapazes aos demais.

Olunwi, no entanto, para não criar problemas com seu outro filho, chamou-o com um aceno. Era um homem de um metro e noventa centímetros, negro como Abalaju, mas era mais esbelto e muitos que o conheciam sorriram; conheciam-lhe os dois principais atributos: a extrema sagacidade e um membro sexual avantajado, que lhe trouxera fama entre as mulheres de Meroé e respeito entre os homens.

— Todos conhecem Oassin, meu filho do meio. Ele irá ficar para me ajudar nos negócios da família.

— Melhor escolha você não podia ter feito! — exclamou um dos presentes, conhecedores da fama do rapaz.

Todos deram uma gostosa gargalhada, inclusive Oassin, que abriu o seu mais belo sorriso. Um homem de uma simpatia irradiante, embora as pessoas sentissem que escondia algo indecifrável em seu sorriso matreiro.

Após a festa, Abalaju dirigiu-se a cavalo até a aldeia dos nobas, acompanhado de Meri, o chefe.

— E quando você vai propor casamento à minha filha? — questionou-o Meri.

— Estou indo agora para falar-lhe. Quero me casar com ela assim que voltar dessa viagem.

— Sem antes me pedir o consentimento? — perguntou Meri, aparentemente aborrecido.

— Ora, meu amigo, você sabe que eu adoro sua filha desde quando comecei a frequentar sua aldeia para aprender o ofício do ferro. Já a conheço há cinco anos e a cada dia gosto mais dela.

— Mesmo assim, é preciso seguir a tradição. Você não pode falar com ela, sem antes parlamentar comigo. Aliás, você já falou com Olunwi sobre sua vontade de se casar com Ikimini?

— O que é que meu pai tem a ver com isso? — respondeu Abalaju, e depois prosseguiu após pensar por uns instantes. — Mas está bem, que seja! Não vamos discutir por causa disso. Você me aceita como seu genro?

— Mas que coisa, Abalaju. Não é assim que a gente propõe casamento ao pai de uma donzela. Seu pai nunca lhe ensinou boas maneiras? Existe todo um ritual a ser seguido — disse Meri, enquanto cavalgavam lentamente um ao lado do outro, seguidos de oito nobas, que estavam mais para trás, mas escutavam a conversa e achavam graça de toda aquela situação.

– Ora, que coisa, Meri. Não sou homem de rapapés e frescuras da corte. Aceita ou não, cacete? – interrompeu Abalaju levantando a voz e com o rosto já congestionado de súbita fúria.

Os nobas riram e Meri também não pôde deixar de dar uma estrepitosa gargalhada. Ele havia conseguido o que queria: tirar Abalaju do sério. O mercurial gigante logo entendeu que estava sendo alvo de um chiste; era óbvio que Meri o aceitaria, pois Ikimini também o adorava. Deu uma gargalhada e, completamente sem modos para um fidalgo filho de um príncipe aksumita, cuspiu na mão e a estendeu ao futuro sogro. Meri apertou a mão do homem e sentiu que aquele ser não só era um poderoso guerreiro, mas, principalmente, um destemperado. Sentiu, pela primeira vez na vida, medo; nem tanto por ele, mas pela sua filha. Tomara que Ikimini soubesse levá-lo pelo nariz como se leva um touro ou ela seria atropelada por um homem que parecia não ter medo de nada.

13

Se houvesse alguém com mais fama de grande adivinho do que Setilu, Meroé jamais conheceria. Vinham potentados do Egito, de Aksum, da Arábia e até mesmo da Pérsia e Índia. Seu jogo adivinhatório era maravilhoso, e ele, além de ganhar muito dinheiro com isso, divertia-se a valer. Certo dia, apareceu-lhe um grego, um tal de Epifanes, um bizantino que fugira por razões obscuras de sua terra e se instalara em Napata, onde comercializava um pouco de tudo, especialmente objetos roubados. Tornara-se rico e acuado por temores, Epifanes resolveu consultar o jogo de Setilu. Esperara por uma vaga durante três meses e, finalmente, chegara a sua vez.

Setilu mandou que entrasse e observou o homem. Um fuinha com olhos pequenos que pareciam fuçar tudo, sem perder nenhum detalhe. Sentaram-se frente a frente na mesa de jogo e Setilu perguntou-lhe o nome e a sua procedência. Epifanes tinha um sorriso dissimulado e Setilu observou que sua pele muito amarelada, esticada como se fosse um papiro novo, brilhava intensamente. Acostumara-se a ver todo tipo de gente e evitava tirar conclusões pelo exterior dos homens, porém este homem lhe dava a impressão de ser possuidor de um caráter dúbio.

– Sou Epifanes, seu criado – e Setilu pôde escutar sua voz rouca, mas ao mesmo tempo fina, quase esganiçada.

Setilu devolveu-lhe o sorriso e fez a sua prece aos deuses novos e antigos para que propiciassem o jogo. Após o ritual silencioso, ele jogou e viu que deu um número. Anotou-o num pedaço de papel. Jogou novamente e o resultado o irritou; era o único número que não podia ter dado. Essa combinação rara impedia o prosseguimento do jogo. Era como se os deuses tivessem interceptado os resultados e os escondessem num véu de mistério. Setilu odiava esses momentos de exceção; como explicar ao consulente que o jogo fechara? Teria que ser honesto.

Epifanes o olhava com um ar de apreensão; sentira na expressão do adivinho que algo estava errado. Setilu condoeu-se do homem e levantou-se, foi até um armário, onde remexeu em alguns objetos até encontrar o que desejava. Voltou com dezesseis búzios indianos, uma tolha branca de linho toda rendada e uma peneira larga.

– O jogo do destino parece não lhe favorecer no momento. No entanto, o amigo não sairá sem uma resposta às suas angústias.

Retirou o feltro da mesa, colocou a tolha branca e a peneira. Era outro tipo de jogo que exigia que diferentes espíritos pudessem manipular os resultados. Ele fez as preces para se unir a esses novos espíritos e concentrou-se. Esse jogo exigia que o espírito que fosse responder lhe desse um sinal. Esfregou os búzios entre suas mãos durante uns bons cinco minutos até que sentiu uma forte presença. Mentalmente agradeceu a ajuda daquela alma, pois raramente usava este jogo, preferindo o de números, que não exigia mais do que uma correta interpretação numerológica e suas combinações que podiam chegar a mais de quatro mil.

Jogou os búzios na mesa e anotou mentalmente a caída dos mesmos e a forma com que caíram. Fez a segunda jogada e sentiu um certo desespero. Não havia lógica entre eles; o jogo simplesmente não abria. Miséria! O jogo está fechado para esse homem. O que fazer? Dizer-lhe a verdade, concluiu rapidamente.

– Senhor Epifanes, sou obrigado a lhe dizer que o seu jogo não quer abrir. Sou impotente para ajudá-lo.

O homem o olhou e, sem menos esperar, colocou as mãos na cabeça e desandou a chorar baixinho. Havia um desespero pungente em sua expressão. Setilu apiedou-se de imediato do homem, levantou-se, foi até uma cômoda, trouxe-lhe vinho e o serviu.

– Acalme-se, senhor Epifanes. Tenho certeza de que os deuses hão de se apiedar de seu sofrimento e receberemos ajuda no momento oportuno.

O homem meneou a cabeça em assentimento. Havia esperança em seus olhos úmidos de choro, enquanto bebeu o vinho de uma única talagada. Setilu resolveu tagarelar com ele, pois, se o jogo não lhe respondia, quiçá, uma boa conversa poderia ajudá-lo. Quando ia começar a falar, a porta se abriu e Oassin, o filho de Olunwi, começou a adentrar a sala. Assim que viu o tio conversando com um estranho, estacou e pediu desculpas. Ia se virar para ir embora quando, com o rosto iluminado, Setilu mandou-o entrar.

– Meu sobrinho preferido, entre, por favor. Foram os deuses que o mandaram aqui.

Setilu apresentou o sorridente Oassin para Epifanes, que se recompôs na presença de um estranho.

– Você vai jogar os búzios para mim.

– Ora, meu tio, eu não entendo nada disso.

– Não precisa. Venha, sente-se aqui e faça o que eu lhe mandar. Venha, vai ser divertido.

Divertimento era a palavra-chave na vida de Oassin; o que não faria por algo alegre? Sentou-se numa das cadeiras e com bom humor escutou as explicações do tio. Após entendê-las, pegou os búzios, esfregou-os entre as duas mãos e, com um belo sorriso, largou-os sobre a mesa.

– De novo.

Oassin repetiu a operação sem entender o que era aquilo, mas, se o seu tio lhe pedira, ele o faria sem medo. A segunda jogada teve lógica, assim como a terceira. Por meio das mãos de Oassin, o jogo abriu de uma forma clara. No meio do jogo, Oassin começou a dar suas próprias interpretações para as caídas e tanto Setilu como Epifanes ficaram estarrecidos.

– Na sua terra, há um comerciante que o senhor burlou num negócio e, com isso, ganhou muito dinheiro numa transação comercial. Esse homem de nome Epaminondas o detesta, pois o senhor o fez de tolo perante seus amigos. Durante anos ele o procurou e agora seus enviados o encontraram, e acabam de reportar sua presença em Napata. Ele enviou dois sicários para assassiná-lo – e, fazendo uma pausa, olhou para o grego. – O jogo lhe diz que só há um meio de evitar a morte.

– Qual, mestre Oassin, qual? Diga-me, pelo amor do Cristo!

– O jogo diz que o senhor deve tomar um navio para Bizâncio, levar todo o seu ouro e lhe pagar não só o que lhe deve, como os juros e interesses. Deve fazê-lo em público, confessando seu crime perante o trono de Bizâncio, pois assim o rei daquele país o protegerá.

– Só se eu fosse louco. Ficaria pobre e desgraçado. Seria enviado à prisão – retrucou Epifanes, após pular na cadeira de tão indignado que ficara.

– O jogo diz que ficará preso por seis meses. Depois retornará a Napata e ficará rico novamente e benquisto.

O homem levantou-se furioso, juntou suas coisas e, antes de sair, jogou duas moedas de prata na mesa.

– Vim para jogar com o grande Setilu e não escutar sandices de um rapazola.

Saiu porta afora, enquanto Oassin olhava surpreso para o tio.

– Acho que fiz uma burrada – comentou Oassin, com um sorriso travesso.

– Absolutamente, meu rapaz. Você interpretou o jogo de modo belíssimo. Nem mesmo eu, com todos os anos de experiência, poderia ter me saído melhor.

– E o senhor Epifanes?

– Aguardemos para ver o que o destino lhe reserva. Epifanes é página virada. Você é que é importante. Gostaria de aprender todos os segredos desse jogo?

Oassin sorriu e abriu os braços como quem diz: é óbvio.

– Então, nos encontraremos todos os dias às sete horas?

– Conte comigo, meu tio. Será uma honra aprender este jogo com você.

14

– Fiquei muito surpreso com Abalaju – reportou Orodi, relatando a Olunwi a viagem de que ele participara em direção ao oeste com Abalaju, Erinlê e seus primos. Haviam apenas chegado e o maduro e mirrado

Orodi, um guia experiente, fora falar com o príncipe para lhe dar ciência dos fatos.

— Estava acostumado a ver um rapaz voluntarioso, destemido e impetuoso. Mas, durante toda a viagem, observei que ele é prudente, disciplinado e consciencioso de suas atribuições. Em momento algum colocou a expedição em risco. Pelo contrário, sempre que entrava em terras desconhecidas, procurava verificar se havia tribos hostis ou se havia passagens perigosas que as carroças não pudessem atravessar.

— O que você está me dizendo apenas vem confirmar o que eu sempre suspeitei. Abalaju, pelo fato de ser grande e barulhento, passa uma imagem de guerreiro sanguinário. Todavia, eu já o havia visto em ação contra bandidos. Ele é cuidadoso, quase medroso — se é que é esta a palavra certa —, nunca se arriscando e jamais colocando a vida de seus comandados em perigo.

— Isso mesmo. Outra coisa que observei é que ele só mata em última instância, quando não há outra forma de evitar. Houve um caso durante a viagem que me chamou a atenção.

Olunwi empinou-se para escutar melhor a narrativa.

— Fomos atacados por uma tribo hostil. Os combates eram do tipo ataca e foge. Na primeira leva, não houve feridos de nenhum lado. Na segunda, quando eles atacaram, Abalaju já se preparara e conseguiu prender o líder. Poderia tê-lo matado, mas não o fez. Tirou-lhe a arma, subjugou-o com sua força, mas sem machucá-lo, e, agarrado no chão com o homem, acalmou-o com palavras. Finalmente, levantou-se e, segurando o prisioneiro pelo pulso, levou-o até uma carroça e o presenteou com uma panela de ferro. O homem o olhou surpreso e depois sorriu. Em suma, fizeram amizade e a tribo hostil virou nossa amiga. Com isso, atravessamos em paz a savana até um imenso lago e sob a custódia protetora deles, pois, no caminho, encontramos oito grupos que só não foram violentos conosco porque o tal líder, que Abalaju cativara, havia ido conosco, não só mostrando o caminho, mas também parlamentando com as tribos, suas conhecidas.

— Excelente! Você não sabe como fico orgulhoso em saber que meu primogênito é um homem de bem. Sempre tive medo de que com aquele gênio violento, pudesse descambar para o crime. — E, mudando de tom, Olunwi, perguntou: — E o que encontraram no caminho?

Durante alguns minutos, Orodi historiou a viagem até que chegou depois da passagem do rio que viria a ser conhecido como Benue.

— Subimos um platô muito seco, atravessamos um rio de razoável importância e andamos dois dias até chegar a um lugar onde aquele tal líder de tribo com que Abalaju travara amizade nos disse que era um lugar santo. Era naquela aldeia que nasceram os orixás e que, até hoje, eles são cultuados.

— Orixás? O que é isso?

— São homens que se divinizaram por meio de grandes feitos — respondeu Orodi. — Chegamos a uma aldeia chamada Okeorá, que fora um lugar de importantes fundições de ferro há muito tempo. O rei deles se intitula Obatalá e...

— Espere! Já escutei falar desse nome. O que significa? — atalhou Olunwi, procurando vasculhar em sua memória onde escutara tal nome.

— Obatalá significa, na língua deles, o rei do pano branco, e realmente o rei da aldeia nos recebeu maravilhosamente, mas completamente coberto com um pano branco. Aliás, diga-se de passagem, um pano velho e roto, já remendado, pois a miséria tomara conta daquele lugar.

— E existe mercado para nossos produtos?

— Não. O lugar deve ter sido poderoso há muito tempo, mas agora é um local pobre, com poucos habitantes. No entanto, disseram-nos que, atravessando o rio que eles chamam de Odo Oyá, existe um lugar de rara beleza, com inúmeras riquezas a ponto de ser chamado de Casa dos Orixás.[6] Todavia, Abalaju, que fez grande amizade com o *alaxé*, espécie de feiticeiro-mor da aldeia, foi avisado de que eram terras de homens violentos chamados igbôs. Abalaju resolveu que não os visitaria, já que não houve ninguém em Okeorá que quisesse ir com ele.

— Prudente!

— Prudentíssimo! Os tais igbôs são conhecidos por deceparem as cabeças de seus inimigos e fazerem sacrifícios humanos. Um povo terrível!

Olunwi levantou-se, dirigiu-se até um armário, abriu um baú, retirou um pequeno saco e o deu a Orodi.

— Pelos seus valiosos serviços.

Orodi agradeceu com um leve e digno meneio de cabeça. Olunwi colocou a mão no seu ombro.

— Minha esposa Asessu resolveu fazer uma grande festa pelo retorno de seus dois filhos e dos sobrinhos. Você está convidado e não arranje desculpas para não vir.

---

[6] Casa dos orixás – Ilexá.

— Bondade sua, meu príncipe, mas sua graça sabe que não gosto de festas.

— Dessa você vai gostar, pois minha mulher quer fazer uma surpresa para Abalaju. Ela me disse que arrumou uma noiva, filha de um dos mais ricos importadores de sal da cidade, que por sinal é primo dela. Aliás, ó cidade para ter primos! Todos parecem ser relacionados com Asessu de alguma forma.

— Só os ricos, meu príncipe, só os ricos! – retrucou Orodi, com um sorriso sardônico nos lábios.

— Tem razão, meu amigo. Asessu só conhece os ricos – respondeu Olunwi, rindo discretamente do comentário do velho amigo. – Mas posso contar com sua presença na festa surpresa de amanhã à noite?

Meneando a cabeça toda branca, Orodi concordou, mas temeu que Abalaju não fosse receber bem a surpresa de ter que se casar com outra mulher que não fosse a filha de Meri, sua adorada Ikimini.

15

— Duvido muito que sua família me aceite. Eu sou uma noba e os Candace sempre nos viram como escravos – disse Ikimini, segurando as mãos de Abalaju.

— Isso é totalmente ridículo. Se minha família não a aceitar, eu virei morar aqui com você. Eles que se danem. Amo você e é com você que vou me casar.

A moça sorriu; já se acostumara ao jeito rude daquele homem. Suas amigas lhe diziam que ele não daria um bom marido; era por demais voluntarioso. Contudo ela achava que o conhecia bem e, na sua forma de vê-lo, reconhecia nele um dos homens mais doces e meigos que já vira. Não era romântico, isso ela sabia, mas era sensível. Ele já se lhe revelara várias vezes e só ela conhecia seu íntimo.

Sua segurança se devia ao fato de que Ikimini conhecia o ponto fraco de Abalaju e não teria pejo em usá-lo, se o momento assim o demandasse. Não desejava ser apenas mais uma mulher na vida de um marido cheio de concubinas e filhos das outras. Ela não aceitaria o tipo de vida que sua mãe tinha e achava que todos deviam ser monógamos. Era uma situação que nunca discutira com Abalaju, pois sabia que o gigante desejava ter um harém de mulheres — coisa que ela não permitiria e sabia como impedir tal fato.

Meri interrompeu o idílio dos dois, chamando o gigante para resolver um problema com uma peça de ferro. Abalaju levantou-se da cadeira onde estivera sentado na frente da casa de Ikimini e foi até a forja dos nobas. Desde que se metera na forja, descobrira que simplesmente adorava trabalhar o ferro e o fazia com tamanha paixão que de suas mãos saíam verdadeiras obras de arte. Seus moldes, suas misturas e a forma como trabalhava sobre a bigorna transformavam pedra bruta em arte pura. Muitas vezes, Ikimini ia até a forja e ficava ajudando no fole, enquanto eles conversavam assuntos variados.

Com ar preocupado, Meri mostrou-lhe o problema. Não conseguiam fazer uma liga para certa peça que devia ser feita em duas partes. Ele a olhou, perguntou umas duas coisas e, depois, como se aquele conhecimento fosse a coisa mais normal do mundo, deu a solução. Os nobas seguiram sua orientação e meia hora depois a peça estava feita. Abalaju, então, se afastou para rever sua amada.

— Como ele consegue saber dessas coisas em dois tempos? — perguntou um dos operários da forja.

— Acho que essa história de muitas vidas deve ser verdade. Abalaju nunca foi ensinado. Chegou aqui com quatorze anos, olhou a forja por umas duas horas, fez uma meia dúzia de perguntas e depois fez sua primeira peça: uma espada. Quando eu vi a espada que ele fez, com desenhos filigranados no corpo, um fio duplo e uma empunhadura tão perfeita, pensei que estivesse perante um mestre ferreiro e não um rapaz que acabara de tomar contato com a forja pela primeira vez.

— Incrível! Estamos trabalhando sobre este problema há dois meses e ele chega aqui e dá a solução em menos de dez minutos. Ele é um deus do ferro ou o quê? — disse admirado o operário.

— Quem é Abalaju? — perguntou-se Meri de forma enigmática. — Um deus descido à Terra ou um demônio saído dos infernos? O futuro o dirá!

16

No dia da festa, contra a vontade de Asessu, Olunwi, diplomaticamente, convidou Meri e seus filhos para participarem da ágape. Asessu, por sorte, não havia entabulado negociações no sentido de casar Abalaju com a filha do rico comerciante. Apenas havia conversado sobre a possibilidade de um dos seus filhos se casar com a moça e a receptividade do pai fora excelente.

Na festa, após a chegada dos convidados, ela se aproximou de Abalaju e entabulou uma conversação sobre a noiva que ela queria para o filho. Sabendo que o seu filho tinha um gênio comburente, aproveitou seu aparente bom humor e iniciou uma aproximação sobre o assunto.

– Meu filho, você já está um homem.

Abalaju olhou-a de soslaio. Conhecia a mãe que tinha. Sabia que, quando ela se fazia de doce e impostava uma voz melodiosa e melíflua, boa coisa a mulher não devia estar preparando. Com um meneio de cabeça, o gigantesco rapaz concordou.

– Você precisa se casar, não acha?

Abalaju ficou em dúvida. Será que alguém tinha falado de Ikimini para ela? Mais uma vez, ele meneou a cabeça em assentimento.

– Eu tenho uma pretendente maravilhosa para você. Ela é rica, pertence a uma família tradicional de nossa terra e poderá lhe dar muitos filhos. Você gostaria de conhecê-la?

Num átimo, Abalaju gelou. Ele tomou consciência de que a mãe não estava se referindo a Ikimini. Quem seria? Numa velocidade vertiginosa, sua mente concluiu que sua mãe queria lhe impor um casamento por interesse, que ela não aceitaria Ikimini por ser de classe social inferior. Ele se perguntou se ele casasse com a pretendente que a mãe queria lhe impor, será que Ikimini, mesmo assim, o desposaria? Podia ser, mas ela teria grande dificuldade em se impor como dona da casa, se o marido cassasse com uma nobre. Seu sangue ferveu e ele respondeu de forma grosseira.

– Eu não vou me casar com ninguém que você arranje.

– Mas por quê, meu filho? – questionou Asessu, assustada com a resposta brusca.

– Por que gosto de outra mulher.

— E quem é? — perguntou Asessu. Agora era o sangue dela que gelara nas veias: uma possibilidade lhe passou pela mente. Ela sabia que ele vivia nas forjas dos nobas e que, provavelmente, a sua eleita devia ser uma moça de classe inferior.

— Não lhe interessa — respondeu-lhe Abalaju de forma grosseira.

Ora, Abalaju devia ter aquilatado melhor sua resposta, pois essa não seria facilmente aceita por Asessu, que podia ser uma mulher, mas tinha um temperamento tão intenso quanto ele. Subitamente o sangue lhe subiu à cabeça e ela redarguiu com ferocidade.

— Como não me interessa, seu menino bobo que ainda cheira a leite? Quem você pensa que é para me responder desta forma? Saiba que sou sua mãe e que você fará o que eu lhe mandar e não o que lhe vai por essa sua cabeça oca.

Com as mãos nas cadeiras, Asessu havia levantado a voz a ponto de chamar a atenção para si. Abalaju logo bateu em retirada. Se havia algo que o assustava era uma mulher escandalosa, e ele sabia que a mãe era mestra nessa arte. Se ela resolvesse dar um espetáculo, ele ficaria reduzido a esterco de curral.

— Calma, mãe, calma. Está certo. Não devia ter lhe respondido assim, mas é que não gosto que decidam minha vida por mim.

— Não estou decidindo sua vida por você. Só estou lhe oferecendo uma noiva. Nada demais. Se você gosta de outra, ótimo. Case-se com as duas. Qual é o problema?

Abalaju balançava a cabeça de um lado para outro como um grande bebê, fazendo uma cara de muxoxo. Era isto que ele não queria. Casar-se com uma desconhecida e perder Ikimini. O medo de não ter a eleita do coração trazia-lhe um calafrio de medo; sua paixão por Ikimini era tão grande que ele faria qualquer coisa para tê-la.

Os dois tomaram consciência de que sua discussão era alvo dos olhares observadores e baixaram o tom de voz, e, enquanto Abalaju estava cheio de dúvidas e receios, Asessu arrematou:

— Olha para aquela linda moça que está vestida com uma túnica rosa, ali no meio, perto do seu pai. Ela se chama Iberin.

Abalaju virou-se e durante alguns segundos procurou pela moça. Após vasculhar com o olhar o enorme salão e parte dos jardins que circundavam a casa e onde a maioria dos convivas havia se espalhado, ele, finalmente, a viu. Ela era uma moça de treze anos, se muito, bem-vestida, com um traje típico do antigo Sudão, provavelmente feito com um tecido trazido do Egito, e que lhe acentuava as formas. Não era feia, mas tinha a característica típica das antigas rainhas de Meroé e Napata: era gorda. Não era ainda imensamente obesa como estava ficando Asessu, o que, aliás, era símbolo de prosperidade e de nobreza, mas sua pretensa noiva já prenunciava que seu destino, após ter os filhos, era de se tornar uma matrona imensa a arrastar seu corpanzil, bufando de calor e abanando-se com um imenso leque de penas de avestruz.

Sem sentir, Abalaju comparou as duas pretendentes ao seu leito nupcial. Ikimini era esguia, mais para magra, mas com ancas voluptuosas, seios pequenos – era o que ele presumia, pois jamais os havia visto por estarem sempre cobertos com panos rústicos – e um belo rosto que denotava certa docilidade. Já a outra, mesmo tendo um rosto também encantador, já demonstrava uma adiposidade avantajada. Ambas, no entanto, eram mulheres altas que superavam um metro e oitenta. Abalaju não desgostou da pretendente que a mãe queria lhe impingir, mas não gostava do modelo de beleza das meroítas que eram mulheres fartas, cheias de carne, gordas e um pouco indolentes, até no falar, como se vivessem eternamente cansadas.

Ele tinha que tomar uma decisão imediata. Ficar com as duas seria a solução ideal, mas será que Meri aceitaria dar sua filha para ela ser concubina na casa de outra? Provavelmente não. Será que ele podia ter tempo para investigar essa possibilidade? Ele se dera conta de que a mãe não fizera aquela festa apenas para impressionar a sociedade meroíta e festejar a sua volta, mas havia algo por trás daquilo tudo. Ele sabia que Asessu não era de perder tempo com bobagens e, se aquela festa estava acontecendo, era para selar um bom negócio.

As mulheres meroítas, ao se casarem, recebiam do pai do noivo um dote principesco, mas entre pessoas ricas havia uma contrapartida que era dada mais tarde, quando os filhos nasciam. Era costume, então, que o pai da noiva desse aos netos recém-nascidos presentes principescos que lhe dariam a chance de começar bem a vida. Asessu, todavia, não estava atrás de um dote ou algo parecido. Abalaju logo viu que a astuta mulher desejava participar do comércio do sal, dominado pelo pai da noiva. O sal era uma riqueza fabulosa, que vinha em barcaças, subindo o Nilo e parando em cada catarata. Neste ponto era descarregado e, a fim de contornar a catarata, era carregado no lombo de burros, para ser novamente levado para outra barcaça. Assim, de catarata em catarata, chegava a Meroé por um preço extraordinário.

Enquanto Abalaju pensava rapidamente em todas as possibilidades, uma voz conhecida interrompeu seus pensamentos.

– Vocês me permitem participar dessa conversa? Creio ter a solução ideal para a situação.

Os dois se viraram e se depararam com o mais charmoso sorriso que Oassin podia ter produzido em seu rosto faceiro. Asessu achou a interrupção descabida e fez uma expressão de quem não estava gostando, mas Abalaju achou a intervenção do irmão muito propícia, pois isto lhe dava mais tempo para pensar e aliviava a pressão da mãe sobre ele. Antes que qualquer um pudesse dizer qualquer coisa, Oassin arrematou:

– Não pude evitar ouvir a conversa de vocês; estão falando tão alto que metade da festa já sabe do que se trata.

– O que você quer, Oassin? Não vê que estou tratando de assuntos sérios com seu irmão!

Aproximando-se dos dois, Oassin diminuiu o tom de voz e sussurrou:

– Você não está vendo que Abalaju não quer casar com a moça? Para que forçar e depois ter um problema nas mãos? Eu tenho a solução perfeita para o caso.

Asessu amava o filho, mas achava-o excessivamente irônico e debochado, além de ser independente demais para seu gosto. No entanto, Oassin, sem esperar que a mãe o atalhasse, prosseguiu:

– Deixe Abalaju casar com quem ele quiser. Eu caso com a sua escolhida. Afinal de contas, se é uma aliança que você deseja, tanto faz com quem quer que seja. Eu sou seu filho tanto quanto Abalaju.

Esta era uma saída que Abalaju imediatamente abraçou, mas Asessu ficou indecisa. Será que aquele rapaz de dezoito anos daria conta de tratar de negócios tão vantajosos como o sal? Mas sua dúvida logo se desvaneceu numa certeza que ela possuía; se havia alguém astuto era o seu Oassin.

– Mãe, acho a ideia de Oassin esplêndida – interveio Abalaju. – Por que não consorciá-lo com aquela moça? Tenho certeza de que ele a fará extremamente feliz.

Esta última frase fora dita num tom levemente jocoso, pois Abalaju conhecia a fama sexual de seu irmão. Asessu entendeu a pilhéria e irritou-se, respondendo de forma ríspida para Abalaju:

— Aqui não se trata de prazeres. Estamos falando de negócios. Será que você — virando-se para Oassin — será capaz de se relacionar bem com o pai da moça e seus irmãos? Será capaz de entender esse negócio de sal e suas implicações para nossa família?

Antes que Oassin pudesse retrucar, Abalaju adiantou-se e falou com um tom decisivo.

— Não há ninguém mais esperto e ladino para tratar de assuntos comerciais do que Oassin. Pessoalmente, eu não tenho paciência, porém meu irmão é perfeito.

Nessa hora, Olunwi aproximou-se e falou num tom duro.

— O que é que vocês tanto cochicham aí no canto? Será que não estão vendo que todos estão olhando para vocês? Isso lá é hora de discutirem assuntos domésticos?

— Estou tentando botar algum senso na cabeça dura de Abalaju. Ele não quer casar com Iberin — respondeu-lhe Asessu no mesmo tom severo.

— E por que não?

— Porque gosto de Ikimini — respondeu-lhe de chofre Abalaju. Abrindo um sorriso de aprovação, Olunwi ficou agradavelmente surpreso. Então era por isso que o homem não saía da aldeia dos nobas. Mas que boa solução; a moça era linda e seria uma excelente aliança com Meri, seu mais fiel aliado.

— Se ele gosta de Ikimini, deixe-o casar com ela. Eu caso com Iberin. Não será nenhum sacrifício — interveio Oassin.

O último comentário tivera um tom jocoso, pois Oassin dificilmente era capaz de dizer algo que não tivesse um aspecto espirituoso. Não que fosse dado a palhaçadas, porém, com seu temperamento debochado e um pouco inescrupuloso, dificilmente levava algo a sério.

Olunwi pensou num átimo e concluiu que, no fundo, para aquilo a que o casamento se propunha, ou seja, um negócio, Oassin era até melhor do que o intempestivo Abalaju.

— Por mim está tudo bem. Tanto faz — e, parando para pensar um instante, arrematou, olhando para sua esposa: — Aliás, é até melhor, porque Oassin é mais matreiro e os negócios exigem astúcia. Por outro lado, se Abalaju casar com Ikimini, eu vou me fortalecer junto aos nobas.

Meneando a cabeça como se ainda estivesse em dúvida, Asessu perguntou-lhe, já num tom mais calmo:

— Para que você precisa dos nobas? São tão primitivos e atrasados!

— Meri foi meu primeiro aliado, quando ninguém de Meroé quis aceitar minhas ideias.

— E quem é Ikimini? — perguntou Asessu para Abalaju, com ar de desconfiança.

Sem o menor pejo, Abalaju apontou para a linda negra que estava em pé ao lado do pai e de dois irmãos a uns cinco metros deles. Ela estava vestida com uma túnica estampada onde predominava o dourado, tendo um ombro de fora da túnica longa e justa que lhe delineava o corpo esbelto.

— Quem? Aquela magrela?

Os três homens riram do comentário da mulher. Estava mais do que óbvio que eles não tinham o mesmo gosto. Asessu, como toda meroíta, achava que gordura era beleza, enquanto os três homens, com inclinação mais aksumita, gostavam de mulheres esbeltas e magras.

Asessu aproveitou o momento e determinou com seu jeito autoritário:

— Então está decidido. Abalaju casará com Ikimini e Oassin desposará Iberin. Olunwi, vá tratar dos arranjos para este casamento duplo.

Meneando a cabeça, Olunwi concordou e, antes que a sua mulher dissesse qualquer coisa que pudesse criar obstáculos a este novo acerto, retirou-se para tratar dos arranjos nupciais. Em sua mente, ele regozijava-se com os acertos: faria alianças proveitosas com os dois extremos da sociedade meroíta.

17

Nos próximos dias, Olunwi negociou com as duas famílias. Ele não teve maiores problemas com Meri, que, quando recebeu a proposta, chamou a filha em particular e lhe falou das disposições de Abalaju. A moça, usando de artimanha tipicamente feminina, respondeu ao pai que faria o que ele determinasse. Do alto de sua autoridade paterna, Meri decretou com pompa e empáfia que o casamento aconteceria. Matreira e discreta, Ikimini regozijou-se intimamente, mas demonstrou indiferença na frente do pai e do futuro sogro. Quem não soubesse que ela era apaixonada por Abalaju diria que a moça aceitou apenas para satisfazer o pai.

Com os pais de Iberin o assunto já foi mais trabalhoso e detalhista. Não era apenas uma festa em que o sacerdote iria abençoar os nubentes, pois havia muito mais por trás do simples matrimônio. Durante quinze dias, Olunwi e o pai de Iberin discutiram o dote de cada um, a participação de Oassin nos negócios da família e uma contrapartida com um dos filhos do pai de Iberin, participando também do comércio de ferro de Olunwi, tanto bruto como em peças manufaturadas. Ficou acertado também o casamento da filha de Olunwi, Isidalê, com Gedê, o irmão de Iberin.

Isidalê, com quase quatorze anos, estava pronta para casar. No entanto, Olunwi foi cauteloso. Primeiro, conseguiu o consentimento de Asessu, que era muito apegada à filha. Depois, levou Gedê para conhecer a filha e conversaram no grande jardim que rodeava a casa paterna. Não queria correr o risco de receber uma negativa por parte de Isidalê, pois ela tinha o mesmo gênio irascível da mãe. Ela havia puxado a genética do pai e era esguia, macérrima, com um pescoço longo que lhe conferia um ar de gazela e uma elegância toda própria. Todavia, mesmo sendo de magreza extrema, tinha curvas bem acentuadas nos quadris e ombros largos, demonstrando que, no futuro, quando atingisse a madureza, seria daquelas mulheres que tinham as carnes no lugar certo e seriam capazes de procriar com facilidade.

Por outro lado, Gedê era um núbio típico. Um pouco adiposo, mas escondia bem sua gordura num corpo robusto e de boa envergadura. Mesmo sendo ainda um jovem em formação, pois não tinha mais do que quinze anos, podia-se ver que daria um belo homem, imponente, garboso e muito faceiro. Todavia, sua primeira impressão sobre Isidalê não foi das melhores. Acostumado a mulheres gordas, a magreza da moça o desencantou. Por seu lado, Isidalê tinha como paradigma de homem seu próprio pai e a sua impressão sobre Gedê também não foi das melhores: achou-o muito grande e gordo.

Os dois pais tiveram trabalho para convencer seus respectivos filhos de que o aspecto físico não é a coisa mais importante no casamento, mesmo que fosse interessante haver uma atração sexual para estimular o relacionamento. Gedê sabia que poderia ter quantas mulheres quisesse e foi mais fácil de convencer do que Isidalê. A moça teve que receber severas admoestações da mãe, pois melhor partido em Meroé ela não conseguiria. Por outro lado, dentro do padrão de beleza masculina que a mãe admirava, Gedê era um homem bonito. Como recusar um rapaz taludo, com os evidentes sinais de riqueza – levemente obeso, nédio e com escarificações rituais no rosto?

Para diferenciar as várias classes sociais, os meroítas tinham o hábito de produzir escarificações no rosto, na testa ou nos braços. Asessu tinha dois belos cortes em cada braço, na altura do deltoide, demonstrando a sua alta posição como princesa meroíta. Olunwi recusara escarificar seus filhos, pois os aksumitas não tinham esse hábito. Na época, Asessu ficou indignada com a atitude do marido, mas este fora um dos poucos caprichos que Olunwi não cedeu à vontade férrea da esposa.

Os vários casamentos foram marcados para dentro de três meses. Abalaju, Oassin e Isidalê iriam se consorciar numa festa gigantesca. Olunwi não iria poupar nada para agradar aos seus convivas, no entanto seu coração sangrava com cada despesa que fazia. Ele tinha a característica de ser extremamente usurário e gastar seus recursos não era seu esporte preferido. Havia nele algo de muito profundo: um medo da pobreza, da miséria e de se tornar um pedinte. Ele tinha um sonho recorrente que o perseguia como se fosse um fantasma vingador: ele se via pobre, velho, alquebrado, cego e mendicante, dependente da caridade pública, até a morte por inanição. Nesse momento, quando se via morrer, ele acordava empapado de suor, com o coração batendo descompassado. Sentia-se subitamente feliz: era apenas um pesadelo. Esta fobia – de se ver pobre e dependente – atuava de forma subliminar, transformando-o num usurário e, a cada dia que passava, mais ele demonstrava esta característica.

A festa, finalmente, aconteceu. Meroé engalanou-se para receber príncipes vindos de todos os lugares. Ilsharah, o rei de Aksum, veio com uma grande comitiva. Olunwi, seu irmão, era o amado do rei. Também não era à toa, pois ele enchera os vazios cofres do meio-irmão com ouro e pedras preciosas a ponto de terem que fazer duas grandes salas para caber o que vinha de Meroé. No entanto, Ilsharah não tinha a característica de Olunwi: longe de ele ser avarento. O presente que ele deu para cada filho de Olunwi era mais do que principesco: foi imperial. Cada um recebeu oitocentos quilos de ouro, pérolas, brilhantes e joias. Quem poderia dar mais?

Conhecedora da usura do esposo, Asessu foi a coordenadora dos preparativos do casamento e ela não só se esmerou, como se superou. Mil e quinhentos carneiros e setecentas cabeças de gado foram abatidos para serem devorados pelos convidados, além de mil e seiscentos quilos de arroz, inhame e pães diversos foram devidamente preparados. Para gáudio de todos, foram confeccionados vários tipos de bolos, cujo açúcar foi trazido do Egito a preços escorchantes. Olunwi estava absolutamente arrependido de ter dado a ideia de fazer um casamento único, pois o fizera com o intuito de economizar, mas a esposa se desforrara de sua previdência – como ele intitulava sua usura – e gastara além da conta. Cada convidado homem recebia uma adaga de ferro, fabricada por Abalaju, com ametistas cravejadas no forro de couro. As mulheres receberam colares de sementes coloridas com ametistas e outras pedras semipreciosas que levaram Olunwi às raias da loucura quando teve que pagar pelo trabalho dos artesãos.

Ilsharah viera com um séquito gigantesco, incluindo suas mulheres e filhos, além da escolta de soldados. No cortejo real viera um homem de rara beleza que, fisicamente, lembrava Olunwi. Era seu primo Shabwa, filho do seu tio Arkhamani, aquele mesmo que fora *gentilmente* removido para Adulis. Olunwi o reconhecera; quando tratara com o tio, há cerca de dez anos, ele era um jovem de vinte e dois anos, um tanto esnobe e grosseiro. Agora, aos trinta e dois anos, ficara ainda mais bonito e tornara-se um homem de irradiante simpatia. Tinha um sorriso encantador e comportava-se com raro aprumo. Sua fala macia e sempre bem-educada enlevava as mulheres e os homens simpatizavam com ele.

Shabwa ofereceu um dos presentes mais requintados para os filhos de Olunwi: uma carroça cheia de tecidos de seda estampada, além de seda brocada em desenhos cariciosos para enfeitar o corpo de uma rainha, comprados dos persas. As três noivas ficaram encantadas com o presente, pois jamais haviam visto tais tecidos. A seda viera da China e custara uma fortuna para Shabwa, que fez questão de trazer uma costureira especializada naquele tipo de pano e ela, com rapidez incrível, fez vários vestidos e turbantes para as três moças. Durante a festa, as noivas apresentaram-se com os melhores vestidos, as joias mais finas e sapatos trazidos da Pérsia feitos de um couro tão macio que mais parecia um tecido.

O casamento e a subsequente festa foi um sucesso. Meroé, Napata, Aksum e Adulis vieram em peso. Olunwi jamais fora tão prestigiado e, nessa hora, todos comentavam que o príncipe era o irmão mais querido do rei. Isso podia representar uma grande honra, mas também um perigo inimaginável, pois o preferido de hoje pode facilmente perder a cabeça no outro dia. Para Olunwi, era preferível ser o mais desconhecido dos príncipes, mas sua atuação em Meroé e esse casamento nababesco haviam-no catapultado ao estrelato na corte de Ilsharah.

Shabwa conversou com Olunwi, informando-o de que o seu pai morrera há poucos anos. Uma doença estranha e desconhecida havia ceifado sua vida, mas ele deixara uma fortuna incalculável. Shabwa dedicara-se ao financiamento das atividades comerciais, o que o tornara ainda mais rico e, por incrível que pareça, amado pelos comerciantes devido aos seus juros módicos e suas condições sempre gentis. Olunwi e Shabwa se deram muito bem. Os dois homens trocaram presentes e, após a festa, Shabwa ainda ficou em Meroé por mais alguns dias, negociando partidas de ferro, sal e outros bens de importância, como peles de leopardo, marfim extraído dos elefantes e chifres de rinoceronte, que tinham a fama de aumentar a potência sexual dos homens.

Numa de suas visitas, sempre acompanhado de Olunwi, ele visitou a residência de Setilu, irmão de Olunwi, e foi tratado de forma principesca. Quando Setilu se ofereceu para adivinhar o seu futuro, Shabwa, estranhamente, declinou a gentil oferta, alegando que tinha medo de conhecer o futuro e preferia ser surpreendido por ele. Setilu não se importou com o fato, mas Asabá, a esposa de Setilu, com a intuição própria das mulheres, estranhou o fato. Todo mundo quer saber do futuro e seu marido era visitado por inúmeros potentados para que o seu jogo adivinhatório pudesse ajudá-los a tomar decisões de grande importância. Asabá demorou-se olhando para Shabwa, procurando perscrutar o seu íntimo e tentando ver por baixo daquele manto de perfeita polidez.

Durante todo o tempo em que Shabwa ficou em sua casa – cerca de três horas – , ela o observou, analisando cada palavra que dizia e, principalmente, a inflexão dada a cada uma delas. Examinando o exterior, ela nada notou que pudesse corroborar suas suspeitas, contudo, intuitivamente, desconfiava deste homem de maneiras fidalgas e de olhar doce como mel. Em sua opinião, havia escondido sob aquele manto de fina educação um chacal a esperar o momento certo para dar o bote.

Finalmente, após alguns dias frutíferos, Shabwa partiu, dando mostras de saudade antecipada. Mais uma vez, cumulou Olunwi e sua esposa Asessu de principescos presentes, recebeu os brindes do casal com uma expressão de imensa satisfação e expressou eterna amizade a toda a família. Olunwi estava convicto de que adquirira mais do que um amigo; ganhara um irmão. Entretanto, quando Asabá lhe contou suas desconfianças, ele ficou preocupado. Se ela estivesse certa, então ele deveria estar atento aos movimentos de Shabwa.

18

A cidade de Zhafar estava em polvorosa. A notícia percorria as ruas e os cristãos fugiam da cidade, levando consigo o que pudessem. Os aksumitas correram para se esconder na igreja cristã, mas os demônios da sanha assassina haviam sido desacorrentados das profundezas remotas do inferno e corriam soltos pela cidade. Dunowas matara Abkarib Assad e agora, com seus amigos árabes judeus, havia cercado a catedral cristã.

– Toquem fogo nela com todos aqueles malditos aksumitas. Hão de torrar no fogo do inferno.

Dunowas não era mais o gentil efebo, amante do poderoso Abkarib. Ele se sentia o dono do mundo; nada poderia resistir à limpeza religiosa e étnica que pretendia fazer nas terras das Arábias. Montado sobre o seu nervoso corcel árabe, ele observou quando seus soldados tocaram fogo na catedral. Em poucos minutos, a fumaça e o fogo engolfaram a construção que até ele, um judeu, achara bela. Os gritos de homens, mulheres e crianças aksumitas podiam ser ouvidos, mas, em sua mente, aquilo nem era motivo de prazer ou de horror. Ele sabia que eram cerca de duzentos e oitenta pessoas morrendo, mas aquilo era apenas o começo. Era um trabalho para o qual Deus o tinha escolhido e o faria com presteza e justiça. Quem mandou aqueles cristãos optarem por uma fé falsa, um deus frouxo que manda dar a outra face? Então, que morram!

Durante uma hora e pouco observou o fogo consumir a construção, até que ela ruiu e soterrou os aksumitas. Nesse período, sua mente arquitetou planos de conquista e grandeza. Ele conseguira matar seu amante enquanto dormia placidamente em seus braços depois de uma noite de paixão. Já havia planejado isso por anos e, agora que fizera aliança com os persas, sentia-se seguro. Estranha e espúria aliança com cristãos, já que os sassânidas também acreditavam no Cristo. No momento oportuno, ele varreria da face da Terra esses infiéis persas, um bando de arrogantes, mas que no momento eram úteis.

Pretendia atacar Nedjran,[7] mas atrás de seu fervor religioso existia algo que ele não confessava abertamente nem para seus seguidores; o desejo de ficar rico e de governar como monarca absoluto um grande

---

[7] Nedjeran – atual Ukhdud, na Arábia Saudita.

império. Ele sempre dependera das migalhas que caíam da mesa dos poderosos, mas agora o banquete era só dele. Em Nedjran, existia uma grande colônia de cristãos ricos, cheios de gado, ouro, joias, e tudo isso seria seu.

Uma semana depois, Dunowas e seus soldados judeus chegaram como uma nuvem de gafanhotos sobre Nedjran. O calor do deserto parece que havia piorado seu estado anímico e, quando isso acontecia, ele gostava de descarregar seu mau humor sobre os cativos.

Para ele, aquele dia foi de felicidade. Atacou um mosteiro cristão, o mais importante da região, e aprisionou sem dificuldades os quatrocentos e vinte e sete religiosos. Mais lenha para sua fogueira e os religiosos – todos, sem exceção – pereceram devorados pelas chamas da purificação religiosa, mas antes deixaram os incontáveis tesouros do mosteiro para o conquistador. Já as pessoas comuns – nem tão comuns assim, já que eram cristãos – foram mortas de forma mais rápida: no fio da espada. Quatro mil duzentos e cinquenta e dois seres humanos, entre homens, mulheres e crianças, foram mortos, mas Dunowas, atingido pela piedade de Yahveh, o deus da vingança dos judeus, poupou mil duzentas e noventa e sete crianças robustas que ele vendeu como escravas. Afinal de contas, limpeza religiosa é um assunto econômico também, concluiu o belo efebo. Matar apenas para saciar a sede de sangue do deus dos judeus era algo que precisava ser aliado a ganhos financeiros, pois como poderia manter um exército sem dinheiro?

Agora, ele tinha que atacar a catedral cristã de Meca. Um absurdo que ele precisava erradicar. Como é que aqueles bastardos cristãos tinham ousado construir um templo de adoração ao falso messias, ao egípcio maldito – os judeus pregavam que Jesus era egípcio renegado –, que viera conspurcar a verdadeira fé religiosa do povo eleito de Deus, na terra onde o patriarca Abrahão houvera feito o milagre de fazer brotar uma fonte para saciar a sede de Ismael, o seu filho primogênito, portanto o mais importante de todos os seus rebentos?

– Cavalguemos para Meca, meus adorados chacais – ordenou ele com empáfia.

Como homem prático, ele sabia que, dominando Meca, teria o controle das rotas das caravanas. Quem controla, manda! Meca, obviamente, não resistiu e os cristãos foram derrotados sem muitos combates. A catedral foi arrasada, mas a pedra negra foi colocada num lugar estratégico. Ele podia ser sanguinário, mas nada tinha de idiota. Havia muitas tribos de árabes que adoravam *djins*, pedras, deuses seculares e Dunowas precisava deles... por enquanto. Depois, com o seu jeito tranquilo, ele os faria passar para a verdadeira fé: a judia. Os que teimassem – sempre há teimosos – teriam que experimentar o fio de sua cimitarra.

Agora era preciso atacar Kaukab e Hima. Havia muito gado nessas duas localidades e muitos cristãos. Alguns não o eram, mas, quando se faz uma limpeza religiosa, é melhor matar aqueles que conviviam com os cristãos; já estavam conspurcados pela sua imundície. Dessa forma, em sua atividade religiosa, como ele alardeava, seus dez mil anjos da morte, como ele os chamava, atacaram e mataram mais cristãos, mas fizeram dez mil prisioneiros que foram bem vendidos como escravos. Todavia, as duzentas e oitenta mil cabeças de gado encheram seus olhos de prazer. Tornara-se rico a não mais poder contar sua fortuna. Agora, Dunowas era o rei das Arábias e era isso o que ele sempre quisera. Ah! Como é doce a vitória!

19

Ella-Asbéha Khaleb era um general do exército de Aksum que fora contra a retirada das forças aksumitas da Arábia. Enquanto estivera lá, conseguira amealhar pequena fortuna em carneiros e gado tomado das tribos árabes, mas há muito que sua fortuna sumira nas noites de jogatina e farras que ele gostava de se proporcionar. Aproximara-se de Shabwa por meio de um empréstimo que o financista fizera questão de nunca cobrar e tomara a iniciativa de lhe emprestar ainda mais. Tornara-se íntimo de Shabwa e compartilhava as ideias de mandar novamente o exército até a Arábia e voltar a conquistar os territórios cedidos a Abkarib Assad, pois, até aquele instante, ninguém sabia da sublevação de Dunowas.

Naquela noite, Shabwa sentiu que o momento era propício. Os anos de convívio com Khaleb lhe dera a certeza de que era a pessoa talhada para a execução de seu plano. Sem muitos rodeios, lhe propôs a derrubada do regime de Ilsharah e a sua promoção a chefe-geral do exército.

Shabwa explicou-lhe que isto só demandaria um movimento rápido, pois a corte se reunia três vezes por mês para deliberar sobre assuntos do reino. A guarda era pequena e feita pelos homens de Khaleb. Ora, colocar os homens certos na hora certa seria uma brincadeira de criança e matar todos só demandaria decisão e um pouco de coragem.

Para sua surpresa, Khaleb concordou imediatamente; parecia estar pensando na mesma coisa. Disse-lhe que para tal era preciso envolver vários oficiais do exército e disse-lhe qual seria o custo dessa insídia. Os dois homens passaram a noite trocando ideias e chegaram, ao final, a um consenso.

Após anos de reveses e vitórias, Shabwa tornara-se um homem precavido. Ele havia planejado tudo cuidadosamente, porém antecipara que Khaleb podia concordar com ele e depois denunciá-lo. Deste modo, de manhã, ele contou seu plano para Imraha, dizendo que fizera isto com o intuito de testar Khaleb e que ele concordara. Imraha ficou furioso e resolveu prendê-lo, mas Shabwa disse-lhe que não fizesse isso, pois o homem poderia negar e seria sua palavra contra a dele. Eles deviam armar uma cilada para pegá-lo em flagrante. Combinaram que fariam isso na primeira reunião da corte, dentro de uma semana.

Khaleb estava de fato disposto a levar o plano a cabo e, três dias depois da primeira conversa, ele voltou à casa de Shabwa para detalharem o plano. Nesse instante, Shabwa assegurou-se da lealdade e determinação do chefe militar, mas, como prepara uma cilada contra Khaleb no dia da reunião da corte, ele teria que se antecipar, e planejaram uma série de assassinatos para dois dias antes da reunião do rei com seus ministros. O golpe de estado foi minuciosamente articulado e seria de fácil execução, pois os soldados que iriam cometer o regicídio já vinham sendo subornados por Shabwa há alguns meses. Eles iriam ganhar uma pequena fortuna para fazerem algo que, no fundo, todos desejavam.

A chacina aconteceu de madrugada e foi de uma crueldade e atrocidade acima de qualquer expressão. Homens, mulheres, crianças e servos foram mortos. A resistência foi mínima e todos foram dominados. Shabwa, insulado em sua casa, orava ao Cristo vivo para que tudo corresse a contento.

Na manhã seguinte, Khaleb veio buscá-lo, visto que era o novo monarca. Ele iria assumir o trono da mesma forma que vivera sua vida: com aparente displicência e tranquilidade. Suas primeiras medidas seriam consolidar-se em sua nova posição. Chamou Khaleb e seus mais próximos asseclas.

– Contra minha vontade, pois sou um homem de paz, temos que ter certeza de que nenhuma resistência à nossa autoridade irá empanar o brilho de nossa ascensão. Para tal, demonstrando minha generosidade extrema, declaro que todos os participantes desta ação purificadora, que nos livrou do paganismo e do pecado, terão direito às propriedades dos que partiram.

– E as propriedades do rei? – perguntou Khaleb, quase sem acreditar no que ouvira, já que isto representava dividir uma fortuna incalculável.

– São suas e de seus leais guerreiros. Nada quero, pois o Cristo cumulou-me com riquezas além de minha necessidade. Deste modo, quero que você fique com tudo. Mas advirto-o de que a ganância é um pecado terrível. Portanto, para que os santos não lhe enviem doenças que o farão se arrastar como um verme nas estradas, divida o que você adquiriu com seus lugares-tenentes.

Esta era a ordem que Khaleb esperava. A partir deste comando, ele lançou seus cães de guerra contra todos os seus desafetos. Cada um dos seus homens arrojou-se de forma descomedida sobre a população de Aksum, vingando-se de pessoas comuns, de nobres e de todos os que pudessem ter recursos financeiros passíveis de serem transferidos para os atacantes. Shabwa aproveitou a semana de terror para também fazer desaparecer pessoas sobre as quais ele tinha algum tipo de desconfiança, além de rivais em potencial.

Após a semana de desmandos tenebrosos, Shabwa chamou Khaleb e organizou o novo reino. Os que haviam participado de forma ativa tornaram-se os novos nobres. Mas Shabwa não havia esquecido Olunwi e Meroé. Ele não tinha um ódio específico por Olunwi, mas sabia que Meroé e Napata podiam oferecer fortunas incalculáveis para seus sequazes, e era necessário dar-lhes fortuna para que ele se sentisse seguro. Chamou Khaleb e explicou-lhe as imensas possibilidades que Meroé e Napata ofereciam. Era preciso matar Olunwi e sua família, e apossar-se de sua fortuna. Quanto aos demais membros da nobreza de Meroé, que seus guerreiros ficassem com tudo, desde que jurassem fidelidade a Shabwa.

O grande perigo da insídia é que ela não impõe limites aos que a praticam. Khaleb, entretanto, tinha outras ideias. Vários de seus amigos que haviam participado do golpe sangrento eram cristãos e Khaleb também o era, e dos mais fervorosos. Com a queda dos reis aksumitas, descendentes de Ezana, abria-se um caminho novo para outros negócios.

Os persas dominavam o comércio da seda e cobravam preços exorbitantes para entregá-lo em Constantinopla. Os bizantinos, aliados dos aksumitas por serem cristãos, queriam a derrota dos persas. Deste modo, o embaixador bizantino vinha tentando, sem sucesso, convencer o monarca aksumita a conduzir uma guerra contra a Pérsia. O falecido Ilsharah não queria indispor-se contra os persas, pois comprava muitas coisas desse povo que lhe davam muito lucro. Além disso, era um dos poucos mercados em que sua mirra continuava em alta.

Quando o golpe palaciano fora dado, o embaixador bizantino veio falar com Shabwa e descobriu a mesma falta de disposição de atacar a Pérsia. Virou-se para o chefe militar da revolta e conversou com Khaleb, que logo encampou a ideia como sua. Houve alguns pontos de coincidência entre eles, o fato dos dois serem cristãos, e a luta contra os cristãos persas era apenas um pretexto.

– Como você fará para convencer o rei Shabwa? – perguntou-lhe o embaixador bizantino.

– Ora, conversarei com ele.

– É inútil. Já parlamentei com ele e não se mostra interessado em conduzir uma guerra santa contra os persas.

Khaleb, que vinha alimentando ambições especiais desde que matara Ilsharah, perguntou ao diplomata bizantino, após alguns instantes de reflexão:

– Como Bizâncio reagiria em ver um rei cristão no poder em Aksum?

– O rei de Bizâncio e o patriarca da igreja não poderiam ficar mais felizes. Enviariam régios presentes ao novo monarca e fariam alianças duradouras.

– Seja mais específico, meu caro embaixador.

O homem parou para pensar e propôs uma série de presentes, mas o mais importante era ouro em quantidades que permitisse a sua partilha entre os amigos de Khaleb. Ficaram acertados e Khaleb partiu para confidenciar o acerto com os amigos. Todos concordaram que seria uma grande vitória do cristianismo se o rei Shabwa viesse a falecer.

No final daquele dia, Shabwa convocou Khaleb para atacar Olunwi. O rei estava à mesa, degustando seu prato favorito, enquanto dava ordens a Khaleb. Shabwa nem soube o que o atingiu; um dos asseclas de Khaleb matou-o com um golpe de clava certeiro na nuca. Khaleb passava a ser o novo rei de Aksum. Shabwa não havia imaginado que o insidioso pode ser vítima de sua própria insídia.

Meroé, Napata e Olunwi estavam nos planos de Khaleb. Realmente, era preciso ir até lá e colocar pessoas de sua confiança naqueles lugares, e teria que ser rápido para impedir que eles se aproveitassem do vácuo criado pela passagem do poder para se revoltarem. Assim, ele chamou um dos seus mais estimados amigos e deu-lhe ordem para ir a Meroé para apossar-se do governo provincial. Ele poderia fazer o que quisesse com Olunwi, pois este governador lhe era indiferente. Mandou outro de seus amigos a Napata para agir da mesma forma. Cada um levaria três mil cavaleiros bem armados para dominar as duas cidades. A sorte de Olunwi estava selada; o comandante encarregado de tomar Meroé já se havia decidido: tomaria a cidade, mataria Olunwi e ficaria com toda a sua fortuna e, quiçá, com suas mulheres, se fossem bonitas.

20

Enquanto Shabwa preparava seu golpe de estado, a vida seguia placidamente em Meroé. Setilu dedicava-se aos seus estudos dos deuses e das várias formas de adivinhação. Seus instrumentos de adivinhação, que envolviam vários tipos, desde ossos de animais até búzios trazidos da Índia, eram guardados com grande cuidado. Ele tinha um ciúme quase doentio de seus objetos divinatórios, nem tanto porque eram raros, mas, principalmente, porque estavam impregnados de sua vibração e ele sabia que isto era de importância capital para o acerto do prognóstico futuro.

Sua esposa Asabá tinha uma curiosidade enorme em relação àqueles instrumentos. Por várias vezes, na ausência do marido, ela mexera neles, mas o marido descobria sempre. Havia algo de diferente na vibração e ele detectava que a energia era de sua mulher. No início, admoestara-a com gentileza, mas, à medida que ela insistia, ele foi se aborrecendo e tornando-se cada vez mais ríspido. Ele escondia seus instrumentos nos lugares mais estranhos, mas ela parecia que era guiada por algum demônio e descobria os esconderijos com facilidade.

Certo dia, após muito observar o que o marido fazia para jogar os búzios, ela, tomada de uma volúpia incontrolável, vendo que o marido se ausentara de casa, resolveu brincar com eles. Seguiu os rituais que via Setilu fazer e jogou os búzios, observando suas caídas. Contudo, se Setilu usava um intrincado sistema de adivinhação, algo quase matemático, ela usava a intuição, pois não conhecia o processo de cálculos do marido.

Subitamente, uma frase explodiu em sua mente:

– Perigo!

Ela se assustou e jogou de novo, e a frase se repetiu com maior insistência e, desta vez, com uma extensão maior:

– O perigo vem de Aksum.

Tremendo de medo, ela largou os búzios. Depois, recompondo-se, tentou guardá-los, mas fez uma terrível confusão e colocou-os fora de ordem.

De noite, ela procurou Setilu e reportou-lhe o que acontecera. O marido tomou-se de uma fúria louca. A mulher não aprendia. Por mais que ele houvesse explicado a importância da energia, da força que ele desprendia para impregnar os búzios de sua própria força, ela, como uma criança desobediente, mexia em seus importantes objetos adivinhatórios. Dessa vez fora longe demais. Não tinha mais tolerância com suas criancices. Mandou-a de volta para seu quarto. Chegou a pensar em mandá-la de volta para a casa paterna, mas era só uma raiva momentânea.

– Você não entende. Há perigo vindo de Aksum. Os búzios disseram que há perigo – repetia-lhe Asabá, quase chorando.

– Perigo é você mexendo nas minhas coisas. Saia daqui e vá para seu quarto.

– Setilu, não seja criança. Jogue os ossos. Há perigo.

Era o cúmulo do descaramento: a mulher falara-lhe de criancice, quando era ela que se comportava como uma infante mal-educada e desobediente. O que essas mulheres têm na cabeça? Todavia, com a saída da lacrimosa esposa, Setilu foi-se acalmando. Já mais senhor de suas emoções, mexeu nos búzios e apalpou-os com carinho. Sentiu que sua vibração era forte. Ainda bem que eles estavam intactos, senão, seguindo seu ritual, teria que matar um galo para alimentá-los. Como para se assegurar, ele os jogou e a mensagem foi clara.

– Cuidado! Há perigo vindo de Aksum.

Ele se assustou e jogou várias mãos a fim de confirmar se estava lendo os búzios corretamente.

– O rei vai matá-los. O perigo é iminente. Fujam imediatamente.

Depois disso, os búzios não responderam nada que tivesse significado. Setilu, preocupado, foi-se deitar com o pensamento de falar com Olunwi no outro dia.

De manhã, assim que despertou, Setilu procurou Olunwi e contou-lhe o que sucedera. O irmão escutou com atenção.

– Você tem certeza de que os búzios falaram certo?

– Você sabe que um adivinho não deve jogar para si próprio, pois normalmente as respostas são truncadas. Por isto, eu trouxe os búzios comigo e quero fazer um jogo. Mas, como no passado, nunca consegui ler o seu destino muito bem; eu preferia jogar para alguém diferente, mas que fosse de nossa família.

– Para Asessu, por exemplo?

– Sim. Poderia ser.

– Mandarei chamá-la.

A passos rápidos, Olunwi saiu da sala e, após alguns minutos, voltou acompanhado de sua mulher. Setilu e Asessu cumprimentaram-se afavelmente, já que se davam muito bem, e ela perguntou por Asabá, obtendo como resposta que passava bem.

Após estas rápidas demonstrações de amizade, Setilu retirou de sua sacola de couro um pano branco bem dobrado, abriu-o sobre uma mesa e todos se sentaram à volta dela. Ele retirou os búzios de dentro da sacola e iniciou sua cerimônia. Inicialmente, convocou os deuses antigos da adivinhação, assim como os seus prepostos, pois ele sabia que quem respondia no jogo não eram os deuses, mas sim seus enviados. Após fazer sua abertura, sendo acompanhado atentamente pelo casal, ele lançou os búzios. Fez várias jogadas, anotando cada um deles, e, finalmente, declarou:

– O jogo revela que o Ilsharah foi morto por Shabwa, mas ele também está para ser morto. O seu assassino se tornará um grande rei. No entanto, haverá perseguições terríveis em Meroé e em todas as cidades importantes. O jogo diz para partirmos e levarmos todos os nossos familiares e amigos.

Pela expressão de Setilu, lívido e trêmulo, Olunwi viu que não se tratava de uma brincadeira. Asessu, que conhecia muito bem o jogo do cunhado, já tendo recorrido a ele por várias vezes com sucesso completo, entrou em tamanho estado de nervos que teve que ser amparada por ambos. Olunwi, mesmo assim, tinha suas dúvidas. Ele não podia sair correndo para se esconder sabe-se lá em que lugar, sem ter a certeza de que tudo aquilo de fato acontecera. Por mais que ele confiasse no irmão, ele era o príncipe de Meroé, o governador da região, o preposto do rei. Em vista dessas dúvidas, ele externou a ambos seu ponto de vista.

– Sem colocar em dúvida seu jogo, meu querido irmão, mas o que ele nos informa é de imensa gravidade. Não podemos simplesmente fugir, levando nossos amigos e parentes, nos embrenhar no mato, sem ter a certeza de que tudo aquilo de que o jogo nos falou é absolutamente correto. Você não acha?

Setilu podia ser um místico, mas era um homem com os pés no chão. Realmente, a vida que eles levavam em Meroé era por demais boa para largarem tudo e saírem correndo como coelhos assustados. Alguém precisava ir a Aksum e confirmar o fato.

– Mandarei Oassin investigar tudo em Aksum – disse Olunwi. – Enquanto ele vai e volta com a resposta, planejaremos nossa partida. Deste modo, não correremos o risco de sermos apanhados de surpresa e termos que fugir sem nossos pertences.

– Mas, marido, fugir para onde? E nossas casas e propriedades? Quem irá conosco? – perguntou Asessu.

– Se tudo isto for verdade, perderemos as casas e as propriedades, mas ficaremos vivos. Temos recursos para viver em qualquer lugar do mundo, e poderemos nos estabelecer em outros lugares – respondeu-lhe Olunwi com fria tranquilidade.

– Não creio que haja muitos lugares no mundo para nós nos estabelecermos – interrompeu Setilu.

– Ora, Setilu, o mundo é vasto – respondeu-lhe Olunwi. – Se depender de minha vontade, podemos ir para Alexandria.

– Se o novo rei for um cristão, ele fará aliança com Bizâncio e não poderemos morar em nenhum lugar onde os bizantinos dominem ou tenham forte influência. Alexandria pertence aos bizantinos, assim não podemos ir ao Egito, nem para qualquer lugar perto do Mediterrâneo. Teríamos que nos associar aos persas, mas lá também corremos o risco de sermos vendidos por eles ao novo rei de Aksum para consolidar alguma aliança. Resta-nos a Índia, onde temos amigos em alguns entrepostos, mas, para chegarmos lá, teríamos que ir até o porto de Adulis e tomarmos um navio. Ora, isto seria atravessar o reino, passando perto de Aksum. Se fôssemos um ou dois, poderíamos esgueirar-nos, mas somos uma família numerosa, além de termos amigos em Meroé, e até mesmo a tribo dos nobas, que, sem dúvida, seu filho Abalaju irá querer levar consigo.

Olunwi escutou atentamente a preleção de Setilu. Ele sempre tinha boas ideias e alvitres ainda melhores. E estava coberto de razão. Havia poucos lugares para fugirem.

– Pergunte aos búzios para onde devemos ir – solicitou Olunwi.

– Isto eu já fiz, e eles me deram a direção.

– E...?

– Disseram-me para irmos para o oeste, através das savanas, que encontraremos um lugar para ficarmos.

– Você é louco! Ir para as savanas é morte certa – esbravejou Asessu. – Só os primitivos e bárbaros moram lá. Não há uma cidade sequer.

Ciente dos temores da esposa, Olunwi entendeu que ela ficara desesperada com a simples possibilidade de abandonar seu palácio em Meroé e aventurar-se nas savanas cheias de animais ferozes e tribos primitivas. Todavia, ele não lhe deu muita atenção, já que analisava friamente as várias possibilidades e sabia que ir para o sul ou sudoeste era perigoso, pois essa era a área de atuação de Aksum. O Egito, ao norte, era área bizantina e ele não podia confiar neles nem nos persas. A Índia era o lugar perfeito, mas Setilu tinha razão, teriam que ir até Adulis e tomar um navio. Como poderiam fazer isso incógnitos? Para complicar, havia as famílias de Abalaju e de Oassin. Ele tinha certeza de que Abalaju não deixaria Ikimini para trás e, com ela, iriam Meri e seus três mil nobas. Já Oassin era uma incógnita; podia largar a mulher como bem podia levá-la, agora que estava grávida do primeiro filho.

– Okeorá! – exclamou subitamente Olunwi, lembrando-se da conversa com Orodi, o guia.

Como Olunwi já havia mencionado este local com Setilu, ele entendeu de pronto e virou-se para os seus búzios. Pegou apenas quatro e falou algumas palavras incompreensíveis. Jogou-os suavemente na mesa. Os quatro búzios caíram virados para cima, numa clara confirmação de que respondera sim. Assim que viu que recebera a confirmação máxima dos búzios, Setilu disse:

– Seja lá onde isso for, os búzios me disseram que é um destino viável. Mas minha intuição me diz que lá será apenas um pouso; vôos maiores nos aguardam.

– Não vamos perder tempo. Vou mandar chamar Oassin e enviá-lo para Aksum. Enquanto isto, iremos investigar todas as possibilidades. Temos que ter um plano formulado caso tudo o que os búzios nos falaram seja verdade.

Olunwi levantou-se e saiu apressado da sala, deixando os dois a tergiversarem sobre os povos da savana. Ele encontrou o seu serviçal de maior lealdade e mandou-o buscar Oassin. Era imperativo que ele viesse, pois queria falar-lhe ainda essa manhã. O homem partiu célere e, após atravessar quase toda Meroé, adentrou a casa do jovem. Por pouco que ele não o perde, pois Oassin estava de saída para comercializar uma partida de sal no mercado local. O serviçal deu a mensagem ao homem, que atendeu imediatamente; seu pai raramente o chamava e, quando o fazia, só podia ser por um motivo muito grave.

Oassin escutou toda a história, desde quando Asabá resolvera mexer nos búzios até a necessidade de mandar alguém a Aksum para verificar o que estava acontecendo. Prontificou-se a ir incontinente. Era apenas o tempo de ir a casa, selar um alazão e partir. O pai recomendou-lhe que fosse cauteloso e que não se metesse nem em aventuras amorosas, como era de seu gosto, nem se expusesse; devia ir e voltar de forma discreta, como se isto fosse possível para Oassin!

21

Oassin partiu de Meroé no início da tarde e levou dois dias a cavalo até chegar a Aksum. Na entrada da cidade, passou pela choupana de um carvoeiro e, subitamente, parou. Desceu do cavalo, levou-o para trás da casa onde existia um relvado e propôs um negócio ao carvoeiro. Ofereceu-lhe algumas moedas de ouro para adquirir três sacos de carvão e uma roupa usada, a mais rota que tivesse.

O carvoeiro não titubeou e, mesmo achando que devia se tratar de algum louco, conseguiu-lhe tudo o que queria. Oassin retirou sua túnica negra e vestiu-se com as roupas maltrapilhas que comprara. Na entrada da casa, existia uma pequena fogueira onde o homem queimava a madeira, transformando-a em carvão. Oassin dirigiu-se para lá, e sujou-se propositalmente, até que seu rosto e seus braços ficassem imundos do pó de carvão. O carvoeiro olhou-o de modo indagador e ele respondeu-lhe com um sorriso maroto:

— Preciso entrar na casa de uma bela mulher sem que o marido me veja.

O carvoeiro, um homem velho, riu e achou-o ainda mais louco. Expor-se assim apenas por uma mulher era coisa de gente jovem, portanto, maluca por excelência.

Sem perda de tempo, Oassin dirigiu-se para a entrada da cidade e, enquanto ia da casa do carvoeiro até o portão principal, ele ensaiou vários tipos de passos. Concluiu, após algumas tentativas, que devia passar por retardado e, caso fosse interpelado, seu nome deveria ser Eledu.

Com cara de bobo e com um fio de saliva a correr-lhe no canto da boca, Oassin rumou para a entrada da cidade. Ele precisava disfarçar-se deste modo, pois era muito conhecido em Aksum, aonde já viera inúmeras vezes. Assim que chegou aos portões da cidade, observou que existia algo de muito errado. Os portões estavam guarnecidos por uma quantidade inusitada de soldados que não estavam preocupados com quem entrava, mas que impediam a saída de todo mundo. Já as ruas estavam desertas e só se viam patrulhas de soldados indo e vindo. Com seu aspecto burlesco, os soldados deixaram-no passar, pois viram nele apenas um carvoeiro leso.

Chegou à praça do mercado que, para seu espanto, estava completamente vazia. Não havia sequer uma barraca montada, nenhuma pessoa com sua esteira no chão cheia de bugigangas ou legumes e frutas para serem vendidos. Algo de muito errado, concluiu. Passaram por ele várias patrulhas de soldados armados até os dentes e ninguém o parou, até que, na última, um dos soldados dirigiu-lhe a palavra de forma ríspida e autoritária.

— O que é que você está fazendo na rua?

Com o olhar mais beócio possível, Oassin fitou-o bem nos olhos. Respondeu-lhe com um grunhido, que misturava um riso e umas palavras ininteligíveis.

— Você não sabe que não é permitido andar na cidade? — perguntou-lhe o soldado irritado.

— Por quê?

— Ora, idiota. São ordens do novo rei, Shabwa, o magnificente. Instantaneamente, Oassin lembrou-se de Shabwa. Ele estivera em seu casamento e dera-lhe um presente de rei.

— O rei não é Ilsharah? — perguntou-lhe com um ar abobado.

— Foi, seu jumento. Agora o poderoso Shabwa o destronou. O chefe da patrulha interveio, pois não queria perder tempo.

— Vamos embora. Deixe este imbecil para lá. Temos outras coisas para fazer.

O soldado ia obedecer-lhe, quando, olhando de novo para Oassin, viu o negror de sua pele.

— Como é seu nome? De onde você vem?

— Eledu, sou Eledu, patrão. Quer comprar carvão? — respondeu Oassin, abrindo um sorriso imbecil.

— Que comprar carvão, o quê, seu estúpido.

O soldado ia dando as costas, quando se lembrou de que o tal Eledu não lhe dissera de onde era e, virando-se para o homem, perguntou-lhe novamente:

— Você é de onde?

— Nasci em Meroé, mas vivo aqui com o carvoeiro na entrada da cidade — respondeu-lhe Oassin, já querendo se desvencilhar do soldado que o importunava demais.

Um dos soldados riu-se quando Oassin falou em Meroé e comentou de forma jocosa e irônica:

— Meroé, não é? Em breve não existirá mais Meroé.

Como se tivesse sido atingido por um raio, Oassin arrepiou-se da cabeça aos pés. O que é que aquele soldado queria dizer com isso? Ele precisava descobrir, mesmo que isso representasse um perigo iminente. Ele correu de forma burlesca atrás do soldado que fizera o comentário e arguiu-o de forma risonha e apatetada.

— Patrão, patrão? Por que Meroé não existe? Meroé existe sim. Meroé existe sim. Mamãe é de Meroé. Papai é de Meroé. Titio é de Meroé. Titia é de Meroé.

— Chega. Já sei. Todo mundo é de Meroé, mas quando acabarmos com os ricos daqui, iremos para Meroé e saquearemos a cidade. Vamos acabar com os nobres de Meroé.

Oassin estava tomado da mais viva repulsa, porém, dentro de sua atuação artística, protagonizando um débil mental, ele tinha que manter o seu desempenho à altura e, sem que ninguém esperasse, ele deu uma gargalhada típica de um retardado e exclamou:

– Que bom! Vamos saquear! Vamos saquear!

De repente, como se fosse atingido por uma revelação, ele questionou os soldados, com o rosto sério, mas a voz típica de um mentecapto:

– Mas quem vai comprar meu carvão? Quem vai comprar meu carvão? – E, dando as costas, saiu andando e falando alto, enquanto escutava as gargalhadas dos soldados. – Quem vai comprar meu carvão? Quem vai comprar meu carvão?

Assim que se viu distante dos soldados, dirigiu-se rapidamente para a casa de um dos sócios de seu sogro, um rico negociante com uma frota de dezoito navios aportados em Adulis, que singravam o mar da Arábia, em direção à longínqua Índia. Não foi incomodado até chegar à frente do palácio, todavia, ao chegar lá, viu que este estava tomado de soldados.

O guarda da porta barrou sua entrada, mas ele, sempre protagonizando um idiota, disse-lhe:

– Hoje é dia do senhor Sazanas comprar carvão. Hoje é dia do senhor Sazanas comprar carvão. Hoje é dia...

– Já entendi. Só que Sazanas não vai comprar mais nada – atalhou o guarda ante sua alocução repetitiva.

– E por que ele não vai comprar carvão de Eledu? Eledu vende carvão para senhor Sazanas. Eledu vende carvão para senhor Sazanas.

– Já sei. Mas o senhor Sazanas está morto e não pode mais comprar carvão.

– Sazanas morto. Por que Sazanas morto? Ele não falou nada para mim. Como é que ele morreu sem falar nada para Eledu? Por que Sazanas morto? Por que Sazanas morto?

– Ora, seu idiota. Nós o matamos e vamos matar você também se não for embora já! Entendeu, seu estúpido?

Oassin estava imbuído de seu papel. Um idiota não entenderia uma ameaça e ele tinha que representar o papel até o final.

– Eu entendi. Sazanas morto, mas quem vai comprar carvão agora? Todos precisam de carvão. O rei precisa de carvão. O dono da casa precisa de carvão. Você precisa de carvão? Eu lhe vendo três sacos por pouco dinheiro. Quer carvão? Quer carvão?

– Eu não quero, mas vá até a cozinha, porque Cohaito pode querer.

– Quem é Cohaito? Quem é Cohaito?

– É o novo dono da casa. Ele é o chefe da cavalaria. Pode ser que ele compre carvão. Pode entrar.

Oassin já tinha a informação que viera buscar. Conhecia Cohaito pessoalmente e sabia que podia ser reconhecido pelo chefe da cavalaria. Não podia entrar no covil do lobo.

– Cavalaria! Eledu tem medo de cavalo. Eledu tem medo de cavalo – respondeu Oassin, recuando, fazendo cara de amedrontado.

Repetindo a frase, ele se retirou sob o olhar do soldado que lhe dizia:

– Aqui não tem cavalo, seu burro.

– Eledu tem medo de burro também.

Assim que tomou posse das informações de que precisava, resolveu partir. Tinha agora que sair pelos portões da cidade, o que seria uma aventura. Jogou o carvão dos três sacos fora e guardou os sacos consigo. Dirigiu-se com passo firme para o portão, guarnecido por oito guardas, que logo obstaram sua passagem. Oassin começou a menear os sacos vazios, fazendo com que uma fuligem terrível começasse a tomar conta do ar, enquanto ele falava com uma voz esganiçada e desesperada.

– Carvão acabou. Preciso mais carvão. Carvão acabou. Preciso mais carvão. Carvão acabou. Preciso mais carvão. Cohaito quer carvão agora. Cohaito quer carvão agora. Cohaito quer carvão agora. Eledu tem que pegar carvão. Eledu tem que pegar carvão. Eledu tem que pegar carvão.

O pó do carvão que subia no ar, sujando os soldados, acrescido dos gritos de Oassin, estridentes e irritantes, fez com que o chefe da guarda chegasse perto dele e lhe desse uma bofetada no rosto.

– Cala a boca, seu idiota. Vá buscar seu maldito carvão.

Oassin fez cara de infeliz e começou de fato a chorar baixinho, com lágrimas e tudo, dizendo:

– Eledu vai buscar carvão. Eledu vai buscar carvão. Eledu vai buscar carvão.

– Vá logo, seu estafermo.

E, assim falando, o chefe da guarda empurrou-o portão afora, enquanto ele ia pela estrada, chorando e soluçando alto como se fosse uma criança, repetindo:

– Eledu vai buscar carvão. Eledu homem bom. Não precisa bater em Eledu. Eledu vai buscar carvão. Eledu homem bom. Eledu vai buscar carvão.

Oassin chegou à choupana do carvoeiro, dirigiu-se para um riacho que passava a pequena distância da casa do homem e tomou um banho. Esfregou-se o mais que podia, mas o carvão não saía com facilidade. Após várias tentativas, sentiu-se limpo e saiu da água. Vestiu sua túnica negra, montou seu cavalo e partiu tão rápido quanto chegara. Era preciso cavalgar dia e noite para chegar antes que todos fossem capturados e mortos.

22

Menos de dois dias depois, exausto e sujo da viagem, Oassin adentrou a casa paterna com as péssimas notícias das quais era portador. Contou o que vira e, quando o pai lhe perguntou como entrara e saíra da cidade, contou-lhe como personificara Eledu, o dono do carvão, e como enganara os soldados. Olunwi riu-se da mímica que o filho fizera para demonstrar como construíra seu personagem. Todavia não era hora de risos e mofas, e Olunwi, controlando o riso, mandou chamar os principais amigos da cidade para uma reunião de emergência.

À noite, na casa de Olunwi, juntaram-se mais de setenta homens, chefes de família, nobres e também alguns plebeus de importância na cidade. Entre eles estavam Abalaju e seu sogro Meri. Em poucas palavras, Olunwi expôs os acontecimentos ocorridos em Aksum, mas evitara falar em jogos de búzios e outras adivinhações de que Setilu era capaz de falar. Preferiu dizer que Oassin fora a negócios em Aksum e descobrira tudo e, em breve, estava para vir uma tropa de soldados para saquear Meroé, e quem sabe, Napata e outras cidades importantes do Sudão.

A reunião tornou-se tensa. Alguns duvidavam abertamente das informações de Oassin, nem tanto em relação à morte do rei, mas quanto a um possível ataque dos aksumitas a Meroé. Os que tomaram esta posição diziam que bastaria jurarem fidelidade ao novo monarca e que tudo iria ficar como antes. Outros achavam que Shabwa sempre fora um homem extremamente gentil e que não devia ser o mesmo Shabwa que eles conheciam, só podendo ser outro qualquer. Afinal, Shabwa existiam vários, pois não era um nome exclusivo de alguém.

Olunwi estava preocupado com o desenrolar da reunião e pediu para que Oassin contasse como estava Aksum. O homem detalhou o mais que pôde sem, contudo, dizer que bancou o estafermo para entrar e sair da cidade. Preferiu exagerar as informações quanto à chacina dos nobres de Aksum, sem saber que seu exagero não chegava sequer perto da realidade, pois ele mesmo não sabia que até mesmo as mulheres e crianças haviam sido mortas ou feitas prisioneiras.

Discutiram por várias horas as medidas que deviam tomar. No final, houve uma divisão em três grupos. Um queria ficar na cidade, esperar os eventos, aguardando a chegada de um novo governador, e jurar lealdade ao novo monarca, fosse quem fosse. Outro grupo decidira-se a partir, só que iria a Napata e, de lá, tentaria chegar a Alexandria que, como cidade grande, os esconderia facilmente. Finalmente, estava o grupo de Olunwi, que decidiu partir para o oeste da África e iriam até Okeorá.

Não havia muito tempo, mas o que eles não sabiam é que, no dia seguinte à reunião que havia tomado lugar na casa de Olunwi, Shabwa estava sendo assassinado pelos asseclas de Khaleb. Isto lhes daria um pouco mais de tempo, pois Khaleb não tinha tanta pressa em matar Olunwi, já que não nutria nenhum sentimento pessoal contra ele. Até ele destacar um chefe com um grupo de três mil homens, passaram-se mais alguns dias, e este tempo foi vital para os fugitivos.

Olunwi ia levar seus familiares e os parentes por afinidade que haviam decidido partir com ele. Só este grupo era composto de cerca de trezentas pessoas, já que havia os servos, os amigos dos parentes, e assim por diante. Todavia, havia poucos homens armados e muitas mulheres e crianças. Abalaju iria levar sua mulher Ikimini. Além dele, toda a tribo de Meri iria junto, pois, além da forte amizade que os ligava a Olunwi, havia o medo de voltarem a ser escravos dos aksumitas. A tribo tinha cerca de três mil pessoas e Meri ainda fez contato com mais seis tribos locais aparentadas com os nobas e quase todos resolveram partir juntos. Deste modo, eram para mais de oito mil pessoas, sendo apenas pouco mais de mil guerreiros, liderados por Meri e Olunwi.

Enquanto estavam organizando a fuga, na mente de Olunwi passava-lhe a ideia de irem para o oeste, como muitos dos antepassados de sua mulher haviam feito. O que mais preocupava Olunwi era como transportar os velhos, as mulheres e as crianças. Precisavam de carroças e a travessia dos rios sempre cria empecilhos arriscados. O próprio Nilo era um obstáculo perigoso que devia ser transposto em barcas especiais, as quais Oassin e seu sogro podiam proporcionar. Contudo, após a travessia de todos, as barcas deviam ser levadas, mesmo que tivessem que ser parcialmente desmontadas. Eles iam se aventurar em território desconhecido e podiam encontrar outros rios de difícil passagem. A fuga estava para se transformar numa operação gigantesca e eles precisavam de mais tempo.

No dia seguinte ao da reunião na casa de Olunwi, os que haviam decidido fugir com ele empacotaram suas coisas e compraram víveres, carroças e cavalos. Nesse mesmo dia, em Aksum, Khaleb dava a ordem para que uma tropa partisse para Meroé e ocupasse a cidade.

Dois dias depois da reunião, o grupo de quase oito mil pessoas juntou-se por volta de meio-dia e partiu de Meroé em direção à cidade de Kadero, às margens do Nilo, que fora um dos lugares em que houvera a maior criação de gado da região. Ali era um bom lugar para atravessar o rio. Naquele mesmo dia, em Aksum, a tropa pôs-se em movimento em direção a Meroé.

O grupo de Olunwi dormiu a meio caminho de Kadero e, quase ao pôr-do-sol do outro dia, chegou ao pequeno vilarejo. Enquanto isto acontecia, os soldados de Aksum estavam a pouco menos de meio caminho de Meroé. Já no dia seguinte ao da chegada a Kadero, Olunwi começou a atravessar seu pessoal. Levariam dois dias inteiros para passar o Nilo, já que traziam com eles também muitas cabeças de gado, ovinos e caprinos, além de galinhas e patos. A movimentação era lenta e a travessia do rio exigia habilidade e coragem dos participantes. Quando a última barcaça atravessou o Nilo, os soldados de Aksum adentravam Meroé, vendo-a quase deserta. Era noite e os homens ocuparam as casas que haviam encontrado.

Enquanto o grupo de Olunwi se deslocava para o sul, outro grupo de fugitivos partia em direção ao norte, tentando chegar a Alexandria, no Egito. Este grupo não tinha comando e cada um fugia por sua conta, tentando proteger e preservar sua família.

No dia posterior ao da travessia do Nilo, o grupo de Olunwi pôs-se em marcha em direção ao oeste. Andavam lentamente e haviam dividido os guerreiros, sendo que a metade se reuniu na retaguarda, sob o comando de Meri, para proteger de eventuais ataques. Já na frente seguiam Olunwi e seus filhos, acompanhados de Orodi, o guia, que, junto com Abalaju, conhecia o caminho para Okeorá.

Os soldados de Aksum vasculharam a cidade e encontraram os que haviam resolvido ficar. O chefe da missão era um homem ganancioso, mas não era um sanguinário enlouquecido. Só as propriedades dos que haviam fugido lhe dariam a riqueza que almejava, portanto, não havia motivo para trucidar os que juraram lealdade. Era um homem sagaz e exigiu das famílias que se mantiveram fiéis ao novo rei Khaleb donativos polpudos e uma pessoa da família como refém. Ele preferia homens jovens para serem usados como soldados, mas, se a família leal não tivesse ninguém em idade de combate, aceitava qualquer um, especialmente mulheres que pudessem trabalhar como servas.

No mesmo dia, descobriu, por meio dos que haviam remanescido, a fuga dos dois grupos. O que o preocupava mais era Olunwi, pois fora governador e era de família real. Com o resto ele não se preocupou e deixou-os fugir. Portanto, o grupo de fugitivos que alcançou o Egito foi expressivo.

Ele descobriu com facilidade o caminho tomado por Olunwi e destacou duzentos homens para persegui-lo. Ele estava mal-informado quanto ao número de fugitivos que haviam partido com Olunwi, pois, do contrário, não mandaria tão poucos homens. Chamou um dos seus melhores guerreiros, chamado Winni, e deu-lhe o comando da tropa. Ele era um negro acostumado às savanas africanas e tinha experiência guerreira. Como seu lugar-tenente, foi destacado outro homem de porte admirável, denominado Oreluerê, que era primo afastado de Winni. Ambos haviam vivido em Meroé e, quando Arkhamani fora destituído, eles haviam perdido a oportunidade de enriquecerem. Sempre guardaram mágoa de Olunwi; para eles, ele era o responsável pela suas desgraças. Chegara a hora da vingança.

23

O embaixador bizantino trazia notícias alarmantes. Yussuf Assar, Dunowas, o homem dos cachos, estava massacrando os cristãos na Arábia. Dirigiu-se para Khaleb, o novo rei de Aksum, e reportou os fatos.

– Não estamos falando de problemas religiosos, mas de dinheiro e... dinheiro...

– Óbvio – exclamou Khaleb. – Todas as nossas rotas de comércio estão sendo dominadas por este alucinado, mas nada me daria mais satisfação do que ver seus cachos de mulher pendurados na ponta de minha lança. Todavia, temos que entender os pontos mais profundos da questão.

– As rotas nos interessam a ambos, mas a maior prejudicada é Aksum.

– Em parte, meu caro, em parte. Posso sempre navegar pelo mar Vermelho e levar a seda da Índia até os portos bizantinos.

– A seda não é problema, mas a mirra saía de Yamanat e atravessava o deserto. Como você irá levá-la até nossos mercados?

Os dois se entreolharam. Ambos queriam a mesma coisa, mas havia um custo alto. Os exércitos precisam ser contratados, municiados, alimentados e pagos. Sem isso, a guerra é um exercício inútil, e ambos sabiam que tais combates precisavam de muito ouro.

– Sejamos práticos, Bizâncio pode lhe pagar trezentas mil moedas de ouro pela cabeça de Dunowas.

– Uma bagatela ridícula!

– Em nenhum lugar do mundo, trezentas mil moedas de ouro são uma bagatela.

– Para uma guerra é!

– Mas, rei Khaleb, esse tesouro não é para a guerra, e sim para sua excelsa pessoa.

– Ah! Isso é outra coisa!

Os dois discutiram os detalhes e, após finalizarem a transação, Khaleb chamou um dos seus novos ministros.

– Convoque o exército para se concentrar em Adulis. Teremos que guerrear contra um tal de Dunowas.

– Mas, Majestade, uma parte do exército foi para Napata e outra para Meroé. Devo mandar chamá-los?

– Deixe que eles se apossem das duas cidades núbias, matem os governadores e depois, dentro de dois dias, mande um estafeta chamá-los de volta e se concentrarem no porto de Adulis.

O homem saiu para cumprir a ordem e Khaleb virou-se para o embaixador bizantino:

– Em menos de um mês, estaremos desembarcando em Aden. Creio que Dunowas será derrotado em três meses.

– Eu não seria tão descuidado. Nossos espiões nos disseram que Dunowas tem dez mil bons soldados. Creio que a guerra será mais longa do que Sua Majestade possa imaginar.

24

Winni e Oreluerê solicitaram que o chefe da tropa destacasse pelos menos mil homens. Ele estava a ponto de ceder quando chegou um estafeta vindo de Aksum. Trazia ordens para que todos os soldados se reunissem em Adulis para lutar contra Dunowas. Em face da nova situação, ele deu ordens a Winni que partisse apenas com duzentos homens, quase todos constituídos de negros sudaneses.

Os homens de Winni também atravessaram o rio em Kadero e estavam apenas três dias atrás do grupo de Olunwi. Como eram cavalarianos experientes, alcançariam os fugitivos em menos de cinco dias. Sem saber do fato, o grupo de Olunwi prosseguia em sua marcha lenta pelas savanas africanas, com um grupo de Winni e Oreluerê em seu encalço, mas Olunwi estava confiante em que uma nova etapa de sua vida estava apenas começando.

Winni, o chefe dos soldados em perseguição a Olunwi, apressava seus homens, mas estava preocupado. Chamou Oreluerê e mantiveram uma conferência enquanto trotavam pela savana.

– Winni, você constatou que eles devem ser no mínimo uns dez mil homens?

– Por aí. Os rastros dos cavalos se embaralham com o do gado, que é em grande número.

– Nós não temos força para atacá-los, mas também não podemos voltar sem a cabeça de Olunwi.

– Nem que seja a última coisa que eu faça na vida, pretendo levar a cabeça daquele crápula para nossos chefes – vociferou Oreluerê.

– Façamos o seguinte, Oreluerê. Levamos a tropa o mais perto possível dos fugitivos. Esperamos a noite e descobrimos o paradeiro de Olunwi. Rastejamos para dentro do acampamento, o matamos e voltamos rapidamente para Adulis, para nos juntarmos ao grupo que vai para a Arábia.

– Também é só isso que podemos fazer.

Enquanto o grupo de Winni se aproximava rapidamente da lenta caravana de Olunwi, Setilu, que fizera as pazes com sua mulher Asabá, estava sendo tomado de uma angústia crescente. Ele não sabia o que era, mas pressentia um perigo iminente. Numa das noites em que estava se sentindo mal, conversando com Abalaju e Oassin em torno da fogueira, ele abriu seu coração.

— Estou com uma impressão muito ruim — comentou Setilu.

— É natural — atalhou Abalaju. — Largamos tudo o que tínhamos e estamos indo para Okeorá, que, aqui para nós, que ninguém nos escute, é um buraco em comparação a Meroé e Aksum.

— Não se trata disso. Tenho certeza de que Okeorá será apenas uma parada de pouco tempo para nos recuperarmos. Nosso destino é grandioso. O que me preocupa é um sentimento indefinido de um perigo que nos ronda. É algo intangível.

— Eu sei o que meu tio está sentindo — interveio Oassin. — Não é o risco das coisas que virão à frente, mas o perigo que vem por trás.

— É muito possível. Mas o que pode vir por trás, se ele já passou? — indagou Setilu.

— Se eu fosse o comandante da tropa que veio de Aksum para Meroé para prender Olunwi, eu não voltaria de mãos vazias para casa — afirmou Abalaju. — Eu o perseguiria até o inferno e traria sua cabeça, nem que me custasse a vida.

— Agora sou obrigado a concordar com você, meu irmão — concordou Oassin. — Deve haver uma tropa atrás de nós e, cada vez que eles se aproximam mais, nosso tio sente o perigo crescendo.

Meneando a cabeça em assentimento, Setilu aquiesceu. Tinha lógica. Há dois dias que ele sentia algo de indefinido no ar.

— O que faremos? — perguntou Setilu.

— Vamos tocar o grupo como se nada tivesse acontecido, mas deixaremos os guerreiros escondidos no relvado. Se houver homens atrás de nós, poderemos surpreendê-los e matá-los — planejou Abalaju.

— Agora sim, é hora de usar a força — disse Oassin, porque sempre recriminara Abalaju por se vangloriar de resolver tudo na força bruta, mesmo que, muitas vezes, fosse apenas fanfarronice do titã.

Quando o sol raiou, os três reuniram-se com Olunwi, Meri e mais seis chefes e deliberaram. Se eles não estivessem sendo perseguidos, o grupo de guerreiros poderia reunir-se com o grupo principal em dois a três dias. Caso contrário, deveriam atacar os perseguidores e tentar desbaratá-los da melhor maneira possível.

— Se os perseguidores forem uma tropa muito grande, atacaremos e fugiremos, atraindo-os para o mais longe possível do grupo principal.

Mas, se os perseguidores forem em pequeno número, nós os liquidaremos – disse Abalaju.

– Não desejo matanças inúteis – interrompeu Olunwi. – Quero que alguns homens sejam aprisionados para que os interroguemos. Quero saber o que aconteceu em Aksum.

Abalaju e Meri reuniram todos os guerreiros e partiram de volta pelo caminho que tinham feito na véspera. Após cavalgarem algumas horas, Abalaju viu um local ideal. A trilha estava rodeada de suaves colinas e o mato era alto o suficiente para esconder sua tropa. Ele os postou em torno de uma estreita passagem onde o relvado era mais alto. Sem dúvida, os perseguidores teriam que passar por esse caminho e, dessa forma, poderiam ser abatidos com facilidade.

Não completamente satisfeito com este arranjo, Abalaju e seu irmão Erinlê tomaram dois rápidos alazões árabes, e prosseguiram um pouco mais. Oassin ficou no comando dos homens que estavam prontos para emboscarem. Abalaju não queria correr o risco de dar de cara com o grupo de perseguidores e, assim, estragar a surpresa de uma emboscada. Assim, eles afastaram-se uns quinhentos metros, onde havia suaves morros que lhes permitiriam observar de longe, sem serem vistos.

Assim que terminaram a manobra, indo para as colinas que os protegeria da vista dos demais, viram um grupo de cavalarianos a cerca de dois quilômetros, aproximando-se num suave trote. Eles haviam completado a manobra no momento preciso. Se tivessem demorado mais algumas horas, os perseguidores os teriam localizado e teriam sido emboscados.

Abalaju mandou Erinlê de volta para avisar os demais, informando-os de que se tratava de um grupo pequeno, que poderia ser facilmente desbaratado. Que preparassem os arcos e flechas para atirar no momento certo. Abalaju queria mantê-los a sua vista para que eles não se desviassem do caminho traçado.

Em menos de meia hora após serem detectados, o grupo de Winni e Oreluerê caiu na emboscada habilmente montada por Abalaju. A primeira saraivada de flechas praticamente alijou o contingente e um ataque rápido dos flancos eliminou qualquer resistência. Dos duzentos homens, trinta renderam-se e Abalaju, gritando feito um possesso, em pleno campo de batalha, dava ordens para não matá-los. Nem tanto para cumprir a ordem paterna, mas mortos não falam e eles precisavam de informações. Seriam eles apenas um grupo avançado de uma tropa maior? Quantos vinham atrás deles? O que acontecera em Aksum e por que Shabwa – eles não sabiam que ele também havia morrido e o novo monarca era Khaleb – os queria mortos?

Abalaju conseguiu capturar vinte e dois homens, pois os demais, ou foram mortos durante o combate, ou ficaram gravemente feridos e, por causa da dificuldade de tratar tais ferimentos, foram executados. Entre os vinte e dois, estavam Winni, sem um ferimento sequer, e Oreluerê, com um pequeno corte no braço esquerdo causado por uma flecha que passara raspando.

Os homens foram amarrados e levados à presença de Olunwi, que os submeteu a um interrogatório em separado. Descobriu que não existia outra tropa atrás deles e que o chefe dos soldados que haviam ido a Meroé retornara a Adulis, pois Khaleb, o novo rei, ia atravessar o mar Vermelho para lutar contra um príncipe yemenita revoltoso, que matara cristãos e se apossara de grandes rebanhos de gado.

Olunwi estava num sério dilema e o expôs aos seus pares, aos chefes de tribo, seu sogro que viera com ele, e também aos seus filhos. Os prisioneiros sabiam para onde ele estava indo, portanto, se ele os libertasse, eles voltariam a Meroé e, mais cedo ou mais tarde, Khaleb poderia mandar uma tropa maior caçá-lo. Se eles não fossem mortos e fossem levados com eles como prisioneiros, seria um perigo que ele correria sempre, pois eles podiam revoltar-se, atacá-lo à traição e sua vida estaria em constante perigo. A opção de matá-los repulsava seu coração.

Oassin era de opinião que eles deviam ser levados vivos e, no momento propício, deveriam ser vendidos como escravos a povos encontrados no caminho. Deste modo, eles se livrariam do problema, sem ter que matá-los. Abalaju já era de opinião de que deviam ser mortos, pois inimigo é inimigo em qualquer circunstância.

O grupo discutiu as várias opções e Olunwi, contra a opinião de todos, decidiu-se por uma opção misericordiosa. Mandou trazer os prisioneiros e falou-lhes, com brandura:

– Não tenho nada contra nenhum de vocês e sei que vocês também não têm nada contra minha pessoa. Até alguns instantes atrás, éramos completos estranhos e não vejo motivo para matá-los. No entanto, não posso libertá-los, pois acabarão por dizer para onde vamos e o seu monarca poderá perseguir-nos. Resta, pois, a opção de que jurem lealdade à minha pessoa, assim como a todos os meus amigos e familiares. Assim sendo, serão recebidos como iguais entre nós. Virão conosco para onde formos e lá poderão se casar, ter e criar seus filhos, viver uma vida sem guerras e violência. Os que desejarem jurar lealdade serão libertados agora. Os que não suportarem a ideia de vivermos todos em paz serão vendidos como escravos. Só não posso deixá-los partir e, com isso, colocar em risco a vida das pessoas que me foram confiadas. Pensem e decidam.

Em tais circunstâncias, todos aceitaram e juraram lealdade, sendo soltos e agregados à caravana. Por precaução, cada um dos vinte e dois homens foi distribuído entre os demais e nenhum ficou completamente livre, pois, durante a viagem, eles podiam fugir. Winni e Oreluerê, no entanto, mesmo tendo jurado fidelidade, estavam amargurados. Haviam fracassado e agora eram prisioneiros, sendo levados para um lugar desconhecido. Não era hora, entretanto, de se revoltarem, e aceitaram o fado com aparente resignação. Todavia seus corações ansiavam por vingança; e, por eles, ela viria, custasse o que custasse.

25

A viagem de Meroé a Okeorá levou oito meses para ser realizada. As savanas que haviam sido férteis e verdejantes, agora apresentavam locais onde a areia dominava. A falta de água era um problema crônico e a caça que poderia dar carne ao grupo era rara. O gado teve que ser abatido em número superior ao que seria ideal e muitas matrizes velhas foram sacrificadas para servirem de alimento ao extenso grupo.

Cada curso de água mais largo era um problema terrível a ser suplantado e os barcos que eles haviam trazido foram de importante valia, pois sem eles não poderiam ter atravessado alguns dos rios mais fundos da região. O número de pessoas acidentadas ou que morreram por velhice, ou ainda extenuados pelo esforço não foi, contudo, muito grande. Finalmente, após meses de andanças, o grupo chegou ao planalto de Jos e dirigiu-se até Okeorá.

Para todos os que vieram com Olunwi, Okeorá foi uma desagradável surpresa. O lugar era um vilarejo pequeno, que não devia ter mais de dois mil habitantes, e tudo parecia estar em franca ruína. Olunwi, no entanto, sabia por Abalaju que o local não se parecia em nada com Meroé, e muito menos com a faustosa Aksum. Ele nada dissera a ninguém, pois não era hora de trazer mais um problema à baila e criar uma atitude negativa na mente dos fugitivos. Só o fato de deixarem suas vidas para trás era por demais frustrante para, ainda por cima, imaginarem que iriam para um lugar decadente.

O local não era desprovido de beleza, mas a aldeia não era sequer a sombra do que fora há quinhentos anos, quando sua população atingira os dez mil habitantes, sendo poderosa na região. Naquele momento, para piorar a situação já deteriorada, o clima mudara, tornando o local seco e árido. Dificilmente eles poderiam criar seu gado naquele lugar.

Eles estacionaram fora da aldeia. Os habitantes de Okeorá ficaram assustados com tamanho número de pessoas e gado, e achavam que os recém-chegados eram conquistadores. Os poucos guerreiros ajuntaram-se na entrada da aldeia e demonstravam disposição de proteger suas casas, posses e familiares. Imediatamente, Olunwi, acompanhado de Orodi, aproximou-se dos guerreiros e o intérprete, que falava a língua local, começou a parlamentar. O ambiente rapidamente se desanuviou e Olunwi, Meri, Abalaju e Oassin foram levados à presença do *oba* de Okeorá.

Enquanto isso acontecia, vários guerreiros haviam ido falar com o *oba* da aldeia, indo e vindo com perguntas e respostas. Quando viram que os nobas, os meroítas e aksumitas vinham em paz, o *oba* do local mandou que fossem trazidos à sua presença. Lembrou-se de Abalaju e Orodi, e acalmou-se. O gigante demonstrara no passado ser digno de confiança. Vestiu seus melhores paramentos, mandou levar sua cadeira favorita para debaixo de uma árvore enorme e, cercado por vários chefes guerreiros, finalmente ordenou que os estrangeiros viessem à sua presença.

Olunwi observou que todos os guerreiros e demais membros da tribo vestiam-se como as tribos simples de Meroé e Napata. Estavam cobertos apenas com pequenas tangas, que lhes cobriam as partes pudendas, e ornamentavam-se com plumas de pássaros e colares de sementes coloridas ou completamente negras. Somente o rei se vestia com uma túnica branca, um tanto gasta, e um pano branco que lhe cobria a cabeça e o rosto.

– Poderoso rei, viemos em paz. Somos um povo pacífico e trouxemos nossas mulheres, nossos filhos, nossos parentes e nosso gado. É nosso desejo vivermos em paz em sua região.

– Sejam bem-vindos às minhas terras. Também somos um povo pacífico e não desejamos guerra com ninguém – respondeu o *oba* a Orodi, endereçando sua mensagem a Olunwi.

Com um gesto elegante, Olunwi ordenou que Abalaju trouxesse um baú ricamente trabalhado, cheio de joias, peças de ouro e cobre. O gigante depositou-o aos pés do rei, abrindo-o e mostrando o que tinha em seu interior. Obatalá e os guerreiros imediatamente se inclinaram para frente a fim de verem o que continha o baú e de suas bocas saíram expressões de espanto e satisfação, enquanto Orodi traduzia o que Olunwi falava.

– Grande Obatalá, receba estes presentes como dádiva de nossa amizade. Quero firmar um acordo entre nosso povo e o seu, de tal forma que os seus filhos sejam os meus e os meus sejam os seus. Que fique estabelecido uma aliança de paz entre Okeorá e nosso povo.

Levantando o pano branco que lhe cobria o rosto, Obatalá revelou-se um homem de idade próxima de Olunwi. Tinha uma expressão serena e uma cor negra. Levantou-se do seu trono, aproximou-se de Olunwi e o beijou em ambas as faces, sendo imediatamente correspondido pelo líder dos aksumitas, pois eles tinham costumes idênticos.

Após tal gesto, ele expressou-se alto para que todos o escutassem. Orodi traduziu suas palavras para Olunwi.

– Seu povo será meu povo e repartiremos tudo o que temos. Só pedimos lealdade e justiça. Se houver dúvidas que sejam julgadas de acordo com nossas leis.

26

Os primeiros dias foram de intensa movimentação. Os recém-chegados começaram a construir casas dentro do estilo a que estavam acostumados e isto, por si só, representou um grande avanço em relação às casas dos habitantes de Okeorá. No entanto, nem tudo foi tranquilidade e paz, pois a aclimatação de dois povos tão díspares não poderia ser isenta de problemas.

No início, o problema maior era a língua, pois mesmo tendo uma raiz comum, o nígero-cordofanian, os idiomas dos dois povos eram bem diferentes, dificultando a integração. Olunwi e Owerê, nome do *oba* de Okeorá, resolveram o impasse com Orodi. Como era mais fácil ensinar o gba aos nobas e aos aksumitas do que ensinar o noba, o aksumita e o meroítico aos egbas, resolveram montar uma espécie de escola, na qual Orodi ensinou o básico a dezesseis nobas. Estes passaram a ensinar o que haviam aprendido a outros dezesseis e assim por diante. No final de um ano, quase todos haviam aprendido o gba, a língua dos egbas. No entanto, o vocabulário dos egbas era muito mais restrito do que o aksumita e, aos poucos, de uma forma quase imperceptível, uma nova língua foi aparecendo. Com o decorrer de dez anos, o gba havia sido enriquecido com termos nobas, meroíticos e aksumitas, além de novos que foram criados. Com isso, nasceu o ioruba arcaico.

O segundo problema que apareceu foi de ordem econômica. Os recém-chegados não tinham trazido grãos e o gado estava em estado lastimável. A viagem só lhe havia feito mal. A savana não era o local mais apropriado para alimentá-lo. Além disto, uma seca terrível estava grassando há muitas décadas, transformando pastos em desertos. O Saara havia crescido enormemente e ocupava regiões que milênios antes haviam sido férteis pastos para animais. O gado chegara magro e começara a pastar justamente nas plantações dos egbas. Para completar, os egbas tinham que alimentar o grupo enorme de pessoas que Olunwi havia trazido. Suas dispensas e futuras safras seriam insuficientes para nutrir tanta gente. Olunwi tentou comprar com sua própria fortuna comida para todos, mas foi inútil, pois joias, ouro e outros objetos metálicos não podiam substituir os grãos como o arroz-de-guiné, os tubérculos do tipo inhame e cará, e a carne.

Erinlê montara grupos de caçadores, mas as caçadas foram inúteis, já que os animais haviam rareado de forma impressionante. Para complicar, a fome grassava no acampamento provisório dos nobas enquanto se construíam novas habitações para eles. Para conseguirem sobreviver, eles passaram a matar o gado, o que criava problemas adicionais, já que estavam eliminando as matrizes. Nada se podia fazer, pois, quando os chefes e subchefes se davam conta, o fato já estava consumado.

Na primeira semana, o gado supriu a necessidade dos recém-chegados, mas Olunwi e Meri decidiram proteger o restante do gado e cercaram-no, colocando guardas. Pouco adiantou, pois, no final da terceira semana, com a fome dominando todos, os recém-chegados atacaram o gado remanescente, mataram-no e a guarda nada pôde fazer contra a malta enfurecida.

Owerê começou a ficar preocupado e já demonstrava arrependimento por ter aceitado aqueles homens estranhos. Além da fome, a falta de entrosamento pela diferença de idioma e outros problemas mais sérios aconteceram. O primeiro é que as mulheres egbas estavam interessadas nos homens nobas, nem tanto por serem diferentes fisicamente, pois eram todos negros retintos, mas por serem estrangeiros e a curiosidade feminina ser dominante. Deste modo, elas se lançavam aos risos e cheias de maneirismos que não deixavam dúvidas quanto às suas intenções. Os jovens não titubearam e as possuíram em todos os lugares que podiam, mas geraram dois problemas. O primeiro com suas próprias mulheres e o segundo, mais grave, com os homens egbas, tendo havido alguns confrontos. O mais sério de todos redundou na morte de um noba, o que gerou um clima de insatisfação e de vingança entre os guerreiros nobas. Olunwi teve que intervir com energia e desarmar os espíritos, antes que um conflito de proporções maiores pudesse acontecer.

Owerê e Olunwi haviam se tornado grandes amigos, como se fossem velhos conhecidos. Graças a este entendimento, os problemas foram sendo solucionados. Owerê deu a ideia de comprarem comida nas aldeias vizinhas e isto ajudou em parte. Pelo menos deu tempo para que as novas plantações frutificassem e abastecessem as mesas de todos. Abalaju e Oassin visitaram as aldeias vizinhas fazendo escambos de joias e outras preciosidades por comida, porém seu sucesso foi parco. Todavia, tornaram-se conhecidos e Abalaju, pelo seu gigantesco tamanho, era respeitado e considerado um homem poderoso.

Olunwi conheceu os demais membros proeminentes da aldeia. Entre eles, havia um grande *ajé* – feiticeiro – que era chamado por todos de Alaxé, ou seja, o dono dos *axés* – da força. Este homem era extremamente jovem, não tendo mais do que quinze anos, mas demonstrara desde cedo um poder psíquico acima do normal. Setilu, o irmão de Olunwi, ficou interessado nos conhecimentos de Alaxé e os dois se tornaram grandes amigos, trocando informações sobre suas artes mágicas e adivinhações.

Alaxé, aliás, era mais conhecido como Olurogbô – dono do orobô – outro título que ele ostentava. Ele era filho de um *ajé* conhecido como Umbatakô e de Moremi, uma mulher que impressionou a todos pela beleza e sensualidade natural. Olurogbô usava o *obi* cortado em quatro para fazer suas adivinhações e ele as ensinou a Setilu. Após algumas tentativas, o irmão de Olunwi tornou-se excelente jogador de *obi*. Olurogbô também lhe ensinou a feitura da cabeça, técnica introduzida por Agbosu e pelo primeiro Alaxé, o druida Elwyd. Setilu, no entanto, não quis fazer a feitura, pois para tal também tinha que passar por tal cerimônia. Olurogbô dissera-lhe que seu *eborá* não desejava que ele se submetesse ao procedimento.

Setilu começou a desenvolver uma nova forma de jogo. Em vez de jogar o *obi* e descobrir se ele respondera sim ou não, ele passou a fazer quatro jogadas e as anotava com traços no chão. No entanto, descobriu que quatro jogadas eram insuficientes e passou a adotar oito e, depois, doze e dezesseis. Doze e dezesseis eram confusas e ele se perdia nas anotações, porque para Setilu o jogo era uma técnica e não apenas um sistema de sorte e adivinhação pura e simples. Ficou apenas com oito jogadas e passou a anotá-las no chão, fazendo riscos. Dois traços para quando a noz caía para baixo, e um sinal quando caía para cima, e deste modo, ele ia fazendo seus riscos no chão.

No final da jogada, ele passava a dar um nome e um significado àquele resultado. Ele usara um método empírico em que, por meio de acordos tácitos com os espíritos por quem sabia ser assessorado, estabelecia os aspectos do jogo. Assim, a primeira caída, ele a chamara de *ogbé*, que queria dizer corte. Depois disso, ele estabeleceu dezesseis resultados.

Para cada um desses nomes, ele explicitava uma história para poder se lembrar do significado daquela determinada jogada. Ele havia misturado a sua técnica dos números que aprendera em Meca, de seu professor árabe, com os *obis*. Aos poucos, ele pôde observar que havia variantes dentro do mesmo significado, como se aquela jogada pudesse ter seu lado positivo, negativo, neutro, positivo no passado que poderia gerar algo de positivo no futuro, ou negativo no passado que precisava ser desfeito para não continuar gerando fatos desarmônicos no futuro. Deste modo, ele precisava continuar jogando até que houvesse uma combinação entre as dezesseis jogadas, o que podia perfazer duzentos e cinquenta e seis situações. Ele denominou cada uma dessas situações de destino – *odu*. No jogo de búzios, os *odus* foram chamados de *ocarã, ejiocô, etaogundá, irossum, oxé, obará, odi, ejionlê, ossá, ofum, ouorim, ejila-xeborá, ejiologbom, icá, eguiloguibã* e *orunmilá*.

27

Enquanto Setilu ainda levaria vários anos para desenvolver sua nova técnica, os demais membros iam vivendo suas existências placidamente. Abalaju havia montado uma forja e, junto com a esposa Ikimini, ia fazendo todo tipo de artefato, dedicando-se especialmente aos instrumentos agrícolas e de carpintaria, tais como enxadas, enxós e outros. Com a sobra do ferro, ele fazia pontas de flecha e lanças. Raramente, a não ser quando solicitado por algum guerreiro importante, ele fazia espadas.

Abalaju ia tendo mais filhos com Ikimini. Seu casamento ia cada dia melhor, em parte porque jamais levantava a voz com ela, fazendo tudo o que lhe era possível para agradar à esposa, e em parte porque a intimidade desenvolvida na forja facilitava o relacionamento. Ikimini trabalhava com ele sempre que podia, esquentando o carvão em brasa, de modo ritmado, por meio dos foles árabes que o *alagbedê*[8] havia instalado.

Já Oassin dedicava-se àquilo de que mais gostava: o comércio. Porém, ele passara a dedicar-se a algo para o qual nunca tivera apetite antes: a magia. Tornara-se um exímio jogador de búzios e até mesmo Setilu o consultava quando tinha dúvidas, pois aquele jogo era excelente para comunicar-se com os espíritos, enquanto que o jogo de *odu* era mais voltado para o destino.

O comércio entre as aldeias perto de Okeorá não era nada parecido com o intenso comércio de Aksum, mas assim mesmo Oassin gostava de vender as belas peças que seu irmão produzia. Ele carregava suas carroças também com todo tipo de víveres, ferramentas fabricadas por Abalaju e ia por todas as aldeias, com um grupo de amigos que o ajudava e protegia nas viagens.

Numa das aldeias, um rei reclamou do preço das mercadorias.

– Você não passa de um ladrão safado. Você fica trazendo suas porcarias e quer nos cobrar uma troca exorbitante.

– Grande rei, essa mercadoria...

– Não quero nem ouvir falar, seu canalha – atalhou o rei. – Saia daqui com sua corja e não volte mais.

Imediatamente mais de trinta guerreiros cercaram Oassin e seus quatro amigos. Não era hora de retrucar, pensou Oassin. Abriu um belo sorriso.

---
[8] Alagbedê-ferreiro.

– Sairei agora, meu rei, e prometo não voltar mais para aborrecê-lo.
– Se voltar, vou mandar arrancar seu pênis e enfiá-lo na sua boca, seu desgraçado.

Os cinco homens saíram sob os apupos dos guerreiros, que riam dele, imitando o fato de ele estar com a boca cheia de seu próprio membro e sem poder falar. Nenhum dos cinco homens replicaram ou fizeram qualquer gesto que pudesse irritar os homens. Todavia, Oassin voltou para Okeorá sem dizer uma única palavra. Sua mente fervia de ódio e ele pensava de que maneira poderia se vingar. No longo caminho de volta, ele foi imaginando que a primeira coisa a fazer era acalmar-se; a vingança é um prato que se come frio, pensou. Por outro lado, ele sabia que não podia montar uma expedição guerreira contra aquela aldeia, proposta que seu pai vetaria imediatamente.

Oassin prosseguiu em sua atividade comercial, mas jamais esqueceu aquele rei. Deixou passar um ano, certo de que o rei já o havia esquecido. Durante este tempo, ele dedicava alguns minutos por dia a pensar de que forma iria desforrar-se do rei e de todos os seus guerreiros. Após muito meditar e consultar os seus búzios, ele arquitetou um plano astucioso.

Havia deixado a barba crescer assim como o cabelo, o que o deixaria propositalmente desgrenhado. Com uma tinta, ele pintou tanto o cabelo como a barba de branco, o que o envelheceu, dando-lhe a impressão de um ancião. Vestiu-se de trapos muito bem urdidos para que escondessem suas pernas e seus braços. Como era um jovem forte, qualquer pessoa poderia deduzir que não era tão velho quanto sua aparência demonstrava. A roupa era negra, envelhecida, e o envelopava completamente.

Partiu de Okeorá a pé, levando uma muda de roupa idêntica, além da tinta para seu cabelo e barba, e seu jogo de búzios. Não levava arma, a não ser sua astúcia e sua vontade férrea de se vingar. Em poucos dias, adentrou a aldeia de Kawu e dirigiu-se para a choupana de um conhecido *ajé*. Apresentou-se como Imojebi, um velho curandeiro, e pediu pousada. O *ajé* deu-lhe abrigo, mas disse que só poderia fazê-lo por quatro dias. Após esse prazo, ele deveria partir da aldeia; era óbvio que o homem não queria concorrência.

No quarto dia, Imojebi, ou seja, Oassin disfarçado de ancião, com um andar típico de um homem alquebrado pelo tempo, saiu da casa do *ajé* e construiu uma choupana miserável nos limites da aldeia. Escolhera com cuidado, já que era a passagem obrigatória para o córrego de água.

Instalou-se do lado de fora da choça e chamou a primeira mulher que ele viu passar.

— Minha bela senhora, venha jogar búzios com o velho Imojebi. Não me pague nada. É de graça.

A mulher olhou-o e se perguntou o que tinha a perder. Sentou-se e foi conhecer o jogo de búzios: uma completa novidade. Após alguns minutos, a mulher ficou encantada; o tal de Imojebi era capaz de desvendar segredos íntimos e era conhecedor de fórmulas mágicas extraordinárias. Ficou tão satisfeita com os resultados do jogo e da magia que o velho lhe ensinara para resolver sua questão particular que, alguns dias depois, voltou com uma galinha e deu-lhe de presente. Junto com ela vieram duas amigas que também queriam jogar búzios com o poderoso Imojebi.

As semanas se passaram e a fama dele cresceu a ponto de incomodar os demais *ajés*. Um deles resolveu fazer um feitiço e pediu para os *egun-ibu* matarem Imojebi. Oassin jogava seus búzios todas as tardes e descobriu o que o *ajé* pretendia aprontar. Imediatamente, fez um preparado, uma comida especial, e foi até a mata próxima. Entregou a oferenda aos espíritos trevosos na tentativa de comprá-los para seu lado. Conversou longamente com os *egun-ibu* e quando sentiu que os havia convencido a não mais atacá-lo, pediu que retornassem ao *ajé* e fizessem com ele o que bem entendessem.

Na mesma noite, o infeliz *ajé* teve um ataque apopléctico e morreu. Os três outros *ajés* que sabiam do fato ficaram amedrontados. No outro dia, arrumaram suas coisas e partiram; ninguém queria enfrentar Imojebi. Em menos de dois meses, ele se transformara no único feiticeiro de Kawu.

Como não podia deixar de acontecer, uma das esposas do rei veio procurá-lo. O jogo abriu facilmente e Imojebi foi lhe revelando os acontecimentos.

— O jogo me diz que você foi repudiada por uma mulher mais jovem. O rei, seu esposo, mandou-a para uma cabana longe de sua moradia e você não pode mais voltar lá.

— Realmente, meu velho — confirmou a mulher em prantos. — Destino ingrato o meu. Após ter dado todos os filhos que ele queria, ele me trocou por uma menina que podia ser sua filha. O que posso fazer?

Na sua personificação de um velho, Oassin alterou sua voz para demonstrar cansaço. Fez várias jogadas, as quais foram feitas apenas para

enganar a mulher repudiada. Após alguns instantes em que viu que a mulher ficou angustiada, ele levantou a cabeça.
— Há um modo de seu marido voltar para você.
— Diga-me, meu velho. Pagarei qualquer preço.
— Não lhe cobrarei nada para ajudá-la. Sou um homem que não tolera injustiças. Estou penalizado com sua situação e também a do seu filho, o *aladê* da tribo.
— De fato, meu velho, meu filho foi reclamar com o pai do tratamento indigno que ele estava me dando e, após uma discussão terrível, o meu filho foi expulso de casa. Agora, ele mora nos limites da aldeia com seu grupo de amigos — respondeu a mulher, ainda soluçando.
— Não me diga mais nada. Já estou bastante indignado. Vou ajudá-la, mas você terá que fazer exatamente o que eu lhe mandar.
— Farei, meu pai *ajé*. Farei qualquer coisa.
— Amanhã à noite é lua cheia. É uma época propícia para uma boa feitiçaria. Você não pode deixar de fazer o que eu determinar amanhã de noite.
— Farei! — exclamou a mulher decidida.
— Você entrará na casa do rei e, enquanto ele dorme, cortará com uma faca sete fios de sua barba e sete fios de seu cabelo. Assim que cortá-los, você deverá trazê-los para mim. Eu irei preparar um amuleto poderoso que você passará a usar dia e noite. Em quatro dias, o rei se desgostará de sua atual amante e a procurará. Dar-lhe-á presentes e fará festas para seu retorno. Você voltará a ser a dona da sua casa e de seu coração, e, enquanto você usar o amuleto, ele ficará aos seus pés e fará tudo que você desejar. Só há um problema: é você mesma que deverá cortar os fios. Não poderá enviar outra pessoa e você nunca deverá mencionar este fato a ninguém, nem antes nem depois, senão a magia perde a força e você não conseguirá o que deseja.

A mulher avaliou aflita o problema. Entrar e sair da casa do rei era um problema, mas muitas vezes os guardas dormiam e ela poderia passar. Quanto ao rei, não havia nada que acordasse aquele velho porco, pensou a mulher, arregimentando forças para fazer o que ela achava ser necessário. Não tinha intenção de ser ridicularizada pelas demais mulheres da aldeia. Logo ela, que sempre as tratara com mão-de-ferro.
— Farei o que tiver que ser feito.
— Muito bem! Mas faça tudo com muito cuidado e não se esqueça, comece pelos fios da barba, especialmente os bem perto do pescoço.

Assim que a mulher saiu, Oassin sorriu para consigo mesmo. A chance demorara a chegar, mas agora tudo iria correr a contento. Deixou passar algumas horas e saiu de sua choupana e, sempre personificando um velho cansado, dirigiu-se para a casa do príncipe. Solicitou uma audiência com o *aladê*. Após esperar por alguns minutos, um jovem negro, empertigado e cheio de empáfia veio lhe falar, acompanhado de três guerreiros da mesma idade. Imediatamente, Oassin lembrou-se do príncipe; fora um dos que haviam debochado dele e chegara a cuspir no chão quando ele passara por ele.

– O que deseja, velho?

O tom era de ameaça e desprezo.

– O que tenho para lhe dizer é somente para seus ouvidos, meu *aladê*.

– Não tenho segredos para meus amigos.

– Então o que tenho a lhe falar sobre sua mãe e seu pai ficarão somente comigo.

Ao dizer estas palavras, Oassin deu as costas.

– Espere, velho idiota – gritou o *aladê* e, com um gesto, mandou os demais embora. – Fale logo, senão eu lhe dou uma coça aqui mesmo.

– Sua mãe veio jogar búzios comigo e eu vi um grave perigo: seu pai quer matá-la. Deste modo, ele mandou chamá-la amanhã de noite quando a aldeia estiver dormindo. Com a desculpa de querer se reconciliar com ela, ele irá mandar seus guardas a matarem e jogarem seu corpo nos campos, onde as hienas e os leões irão devorá-la.

– Você viu isso no seu jogo?

Oassin meneou a cabeça em assentimento.

– Não acredito em você. Se você é tão bom assim, jogue para mim e verei se as suas adivinhações são tão confiáveis quanto você diz.

– Já imaginava que fosse me dizer isto e, por isso mesmo, eu fiz um jogo para descobrir um segredo seu que somente você e mais ninguém sabe.

– Não tenho a nada a esconder de ninguém – respondeu o jovem, olhando-o com desdém.

– Você se lembra de Alunitá, seu amigo?

– O que tem ele? – perguntou o rapaz, lívido.

– O jogo me disse que você e ele eram amantes. Era um segredo muito bem guardado. Era uma paixão de enlouquecer e seria até mesmo muito bem-aceita por todos se não fosse o fato de você ser o filho de quem é.

Seu pai sempre odiou os homens que também gostam de homens. Você jamais seria rei se ele descobrisse. Você sabe que ele mandaria matar Alunitá e, após lhe dar uma surra de quebrar os ossos, lhe mandaria embora. Você seria deserdado e perderia seu grande amor.

O jovem príncipe olhava-o aparvalhado. Mudara de expressão: já não era mais aquele ser insolente. Os ombros haviam arqueados, os braços, que antes estavam na cintura em posição de desafio, agora jaziam ao longo do corpo.

– Mas, como todos os amantes, vocês começaram a discutir e brigar, pois Alunitá também gostava de mulher e pretendia se casar. Um dia, vocês tiveram uma discussão horrível e você, no auge da fúria, matou-o a pauladas, desfigurando-o completamente. Após se dar conta de seu ato tresloucado, cheio de remorsos, chorando, você o levou para um rio, onde o banhou e o lavou o quanto pôde. Voltando a si, você viu que nem água nem banhos nem rezas podiam fazê-lo voltar à vida. Deixou que o rio o levasse, sabedor de que os crocodilos do rio iriam desaparecer com o corpo. Ninguém nunca soube o que aconteceu e todos acham que ele morreu na travessia de um rio, já que nunca foi bom nadador.

O rapaz havia se sentado e colocado a cabeça entre as mãos. Num gesto de domínio completo, Oassin passou a mão em sua cabeça.

– Meu príncipe, da minha boca ninguém saberá essas coisas. Se eu vim procurá-lo é que quero evitar um mal ainda maior. Sua mãe, dentro de sua ingenuidade e amor pelo seu pai, está se encaminhando para uma armadilha mortal. Peço-lhe que se recomponha antes que algum dos seus valorosos guerreiros o veja nesse estado lastimável e que, juntos, possamos fazer algo pela sua mãe.

O rapaz endireitou-se, passou a mão pelos olhos cobertos de lágrimas e, após fungar umas duas vezes, olhou para Oassin.

– E o que podemos fazer, meu pai?

– Amanhã de noite, você levará seus guerreiros até a casa de seu pai. Assim que ouvir gritos, precipite-se para o quarto e salve sua mãe das garras da morte.

Após certificar-se de que o príncipe iria lhe obedecer, Oassin saiu e foi para sua choupana. Com um rosto congestionado de ódio, disse para si mesmo: todos merecem o que está por vir; não passam de uns canalhas.

No meio da manhã seguinte, Oassin dirigiu-se à casa do rei. Para ser atendido, esperou por quase duas horas. Cada minuto que passava em espera, aumentou seu ódio. Um rei que não atende seu povo é um inútil, dizia-se, e merece ser substituído por alguém de valor. Finalmente, o rei o recebeu e olhou-o com desconfiança. De onde conhecia esses olhos malignos que o encaravam, mesmo que tivesse um sorriso simpático no rosto? Após prostrar-se com aparente esforço, já que estava personificando um ancião, Oassin levantou-se e aguardou que o rei o interpelasse.

– Diga logo!
– Minha vinda aqui é para evitar uma tragédia – disse Oassin.
– Tragédia? Que tragédia, ó *ajê*? – retrucou o rei desconfiado.
– Sua antiga esposa veio jogar búzios comigo ontem. Ela estava enfurecida por ter sido repudiada. As suas amigas já não falam com ela, riem-se de sua situação e fazem troça de sua desgraça. O rei sabe como ela é orgulhosa.
– De fato, a mulher é cheia de vaidades e vontades. Uma mulher insuportável – comentou o rei com a face crispada de desdém.
– No entanto, meu rei deve saber que são as mais perigosas. Estão dispostas a tudo.
– Chegue logo onde quer – irritou-se o monarca.
– Por mais que eu a tivesse aconselhado prudência e resignação, ela deseja matá-lo.
– Ela que tente. Irá conhecer o peso de meu braço.
– Foi o que eu lhe disse, mas ela me respondeu que tem um plano infalível. Irá esperar que a aldeia esteja em silêncio e virá sorrateiramente até sua casa. Irá se aproveitar do fato de todos estarem dormindo e adentrará no seu quarto com uma faca. Ela pretende cortar seu pescoço de orelha a orelha e vê-lo sangrar como um porco, conforme suas próprias palavras.
– Maldita! Vou mandar prendê-la agora mesmo.
– Não faça isso, ó justo *oba*. Agora você a prenderá sob a suspeita de querer matá-lo. Será a minha palavra contra a dela. Ela poderá alegar que falou numa hora de raiva, mas que não pretendia cometer o crime. O povo poderá falar mal do meu rei. Espere que ela o ataque e, sob o sinal inequívoco da insídia, então poderá prendê-la e julgá-la perante a comunidade. Só peço que não a mate, mas a mande embora.

O rei coçou a barba hirsuta, pensou alguns segundos e, depois, meneou a cabeça.

– Farei como você diz, meu velho. Se tudo isto acontecer, de fato, eu o recompensarei. O que você quer?

– O que eu quero, você me dará na hora certa. Aguardemos o que está por vir.

Naquela noite a guarda, de sobreaviso, deixou a mulher entrar na casa, onde canhestramente tentava passar despercebida. Ela dirigiu-se ao quarto do rei com a faca na mão a fim de retirar os fios necessários para fazer o talismã. No momento em que ela aproximou a adaga do pescoço do marido, ele levantou-se e segurou-a com força. A mulher gritou de medo e de susto, enquanto o rei vociferava feito um louco, dizendo-lhe que ela iria pagar com sua vida a tentativa de matá-lo. A mulher queria dizer-lhe que não era essa a sua intenção, mas, por mais que tentasse, os gritos do marido sobrepujavam os seus. Nesse instante, o príncipe, que estava no lado de fora com seus guerreiros, ouviu os gritos do pai e da mãe e adentrou o quarto com sua tropa. Era sua intenção de impedir que o rei matasse sua mãe, mas não lhe passara pela cabeça matar seu próprio pai. Contudo, no momento em que o rei viu o filho entrar em sua câmara, pensou que ele viera matá-lo e gritou por sua própria guarda. Eles entraram feito loucos e caíram sobre os guerreiros do príncipe. A luta que se seguiu não poderia ter desfecho melhor para Oassin, que, do lado de fora, saboreava sua vingança. O rei, o príncipe, a rainha e quase todos os guerreiros principais da aldeia chacinaram-se numa luta sem tréguas.

A aldeia acordou em polvorosa e todos acorreram para tentar ajudar os feridos, mas Oassin, com sua pomada infectada de veneno, ao fazer de conta que estava ajudando os que haviam sobrevivido ao embate, acabou de eliminar os poucos sobreviventes. De manhã, os anciões reuniram-se para deliberar quem seria o novo rei. No meio da discussão, Oassin, sempre protagonizando o ancião Imojebi, entrou na reunião e ficou escutando. Após ouvir quem eram os vários candidatos, ele levantou-se e foi até o meio do conselho.

– São todos crianças. Uma aldeia como a nossa deve ser liderada por um homem de estofo superior. São tempos difíceis e somente um homem com experiência poderá nos conduzir.

– Sim, mas quem? – perguntou um dos anciões.

– Eu mesmo me fiz esta pergunta. Consultei os meus búzios que tudo revelam aos meus olhos. Eles me deram a solução.

Todos olhavam para ele. Ninguém discutiu sobre o mérito de seus búzios; ele já era por demais conhecido.

– Dentro de oito dias chegará um homem montado num cavalo negro, seguido de vários cavaleiros, mulheres e crianças. É um valoroso guerreiro, um caçador sem igual e conhece a arte de governar. Ele será facilmente reconhecido, pois virá vestido com uma túnica vermelha como sangue, com um saiote negro brilhante. A este homem, deverão oferecer o reinado. Os meus búzios me dizem que ele os conduzirá à glória.

Os homens ficaram discutindo o fato durante alguns minutos, enquanto o ancião Imojebi saía sem ser notado. Naquele mesmo dia, o ancião Imojebi desapareceu definitivamente. Oassin voltou para Okeorá, onde tomou um banho, raspou a cabeça e a barba, vestiu sua mais bela túnica e adornou-se como um príncipe. Reuniu uma tropa de oitenta guerreiros, seus amigos, e partiram para a aldeia do falecido monarca. Chegou no dia em que ele, disfarçado de Imojebi, havia previsto. A aldeia recebeu-o como o salvador do lugar e ele, muito humildemente, aceitou, com estudada relutância, o trono vago. Em poucos meses, ele transformaria esta aldeia num dos maiores entrepostos de comércio da região. Adotou o nome de *oba* Oassin e, em breve, todos passaram a chamá-lo de Obassin.

Olurogbô soube de tudo, pois se havia algo que Obassin sabia fazer era se jactar de seus feitos. Contou tudo com ar de quem havia feito algo de notável e muitos o louvaram pela sua astúcia e sagacidade.

– Seu sobrinho é um dos nossos mais poderosos *eborás* renascido – comentou Olurogbô a Setilu.

– Ah, é? Quem?

– Exu – respondeu Olurogbô.

– É mesmo? – e, após refletir por um instante, ele arrematou – É mesmo. Você tem razão. Ele deve ser guiado por Exu.

– Guiado, não: ele é o próprio. Quem teria a sagacidade, o trabalho e a desfaçatez de se transvestir de velho para enganar todos? Ele é Exu renascido – e levantando os braços em sinal devoção, exclamou: – *Larekerekê*[9] Exu Obassin!

---

[9] Larekerekê – astucioso.

28

A seca era intermitente; havia tempos de abundância e tempos de miséria. Desde a primeira vez que viera, Abalaju ouvira falar da terra dos igbôs, mas nunca se aventurara a ir até lá conhecê-la. Todavia, num desses períodos de pouca chuva, quando os riachos quase secavam, o gado morria e tudo corria mal, ele reuniu-se com o pai para uma conferência.

– Aqui não é um lugar propício para continuarmos vivendo. Nosso povo cresce e as crianças nascem. Em alguns anos, a terra não poderá nos dar o que precisamos.

– Esse tem sido motivo de preocupação. Reuni-me com Setilu e Owerê e nada concluímos – comentou Olunwi.

– Minha sugestão é irmos visitar a terra dos igbôs – disse Abalaju.

– Um perigo, meu filho, uma temeridade – respondeu alarmado Olunwi.

– Minha ideia é eu ir sozinho, investigar o local e voltar com as informações. Um grupo grande de guerreiros pode atrair a fúria dos igbôs, mas um homem sozinho passará despercebido.

– Jamais deixarei você ir à terra de gente que corta cabeças. Seu irmão Oassin já está sumido lá pelas bandas do planalto e ninguém sabe onde ele está, nem mesmo sua mulher. A única coisa que ele disse à pobre mulher é que ele ia se fantasiar de velho para se vingar de uma afronta. Coisa de Oassin!

– Oassin está bem, eu sinto, mas, voltando ao nosso assunto, eu lhe direi que estou decidido a ir.

– Tenho muito medo de perdê-lo, meu filho. Você sabe que eu o amo e não quero que nada lhe aconteça – disse-lhe carinhosamente Olunwi.

– Ora, meu pai, acalme seu coração. Eu sou *asiwaju*.[10] Este é meu destino e nada me acontecerá. Morrerei de velho numa cama, rodeado de meus filhos, netos e bisnetos. Partirei amanhã.

– Parece que a teimosia é marca de nossa família.

Abalaju teve que enfrentar sérias resistências de Ikimini, sua esposa, além de admoestações de Asessu. Quando Erinlê soube que ele ia, também se arvorou em partir com o irmão. Abalaju nem sequer se deu o

---

[10] Asiwaju – aquele que vai à frente.

trabalho de dissuadi-lo, pois Erinlê era seu amado irmão menor, além de ótimo flecheiro, o que seria útil para se alimentarem.

– Além de se meter em aventuras sem propósito, você ainda quer levar Erinlê. Você é um inconsequente – reclamou acerbamente Asessu.

– Devo ter puxado isto de você, mamãe – retrucou Abalaju, rindo-se de Asessu.

– De mim é que não foi e nem do precavido de seu pai. Deve ser sangue ruim de Ezana que flui em seu corpo – redarguiu Asessu, quase falando sozinha, vendo seu gigantesco filho afastar-se dela, rindo e meneando as mãos como se dissesse: "Está bem, está bem, não me perturbe."

Erinlê já tinha vinte e dois anos, mas não queria se casar com nenhuma das várias pretendentes que o pai queria lhe arranjar. Na realidade, Erinlê tinha várias mulheres, com as quais mantinha contatos íntimos, mas fugia do casamento. Em parte seu receio de casar estava aliado à imagem materna. Ele não queria correr o risco de se casar com uma mulher parecida com a mãe e ter que conviver com alguém tão genioso como ela. Preferia ficar só, mas, embora tivesse um paradigma de mulher, não comentava tal ideal com ninguém.

Abalaju e Erinlê saíram juntos para uma aventura que os dois reputavam como emocionante. Iriam atravessar o rio Odô Oyá e entrar na terra dos igbôs. Os egbas haviam falado que eles eram descendentes deles e que a língua não seria problema. A travessia do rio Níger fez-se com extrema dificuldade. Abalaju não sabia nadar bem e ficou assustado com a largura do rio. Não era possível atravessar sem balsa, mas Erinlê encontrou uma forma. Ele cortou um galho de árvore e, ambos, agarrados ao galho, cruzaram o rio, batendo os pés fortemente. Entraram nas densas florestas que o margeavam e prosseguiram a marcha. Durante dois dias nada encontraram de excepcional, a não ser florestas, muitos animais e nenhuma habitação.

No terceiro dia, quase no final da tarde, Erinlê avistou um bando de gazelas e, como a fome era soberana, resolveram caçá-las. Separaram-se para cercar o bando e atirar suas flechas, alvejando um ou dois da manada. Erinlê cercou o bando, mas ficou numa posição em que o seu odor alcançou as narinas dos animais. Imediatamente, como se tivessem se comunicado uns com os outros, o pequeno grupo debandou. Erinlê não se deu por vencido e correndo como um possesso, tentou assim mesmo cercá-los. Abalaju, que o acompanhava de longe, postado que estava entre os arbustos de forma a poder atirar num dos animais assim que Erinlê os tivesse enxotado para perto dele, viu quando o irmão correu atrás do grupo e se embrenhou no mato. Aquilo o preocupou enormemente e ele gritou para que Erinlê não corresse atrás do grupo, pois haveria outros animais a serem caçados.

Erinlê não escutou os gritos do irmão e, numa atitude típica de caçador, perseguiu a caça, correndo rapidamente. Abalaju levantou-se de seu esconderijo entre os arbustos e tentou correr atrás dele. Ora, Erinlê era lépido e corria feito uma gazela. Ele logo se enfiou mata adentro de tal forma que Abalaju o perdeu de vista. O gigantesco irmão não conseguiu acompanhá-lo, não só porque o outro era mais rápido, mas também devido aos arbustos, árvores e outros empecilhos naturais que uma densa floresta apresenta. Em poucos minutos, ambos estavam separados por centenas de metros e também por uma grossa camada de vegetação.

Erinlê viu que havia se perdido do irmão e parou sua corrida desenfreada atrás dos animais. Começou a gritar por Abalaju, mas a mata era densa e abafava os ruídos e sons de ambos. Finalmente, a noite desceu e tudo ficou ainda mais difícil.

Os dias que se seguiram foram de crescente angústia para Abalaju. Ele os passou à procura do irmão, gritando exaustivamente seu nome, assim como indo e vindo pela mata. Ele mesmo se deu conta de que estava perdido. No quarto dia, tendo se alimentado de frutas que encontrou no caminho, resolveu desistir e voltar para Okeorá. Tinha certeza de que o irmão faria o mesmo, no entanto, ele também acabou por se desviar do caminho e saiu da densa floresta que margeava o rio.

Abalaju observou que havia morros suaves, com pequenas florestas num local ou noutro, assim como descobriu riachos e savanas. Aquele lugar não parecia estar sofrendo da seca que assolava o lugar onde ele vivia. Ele andou atrás de gente que pudesse abrigá-lo e norteá-lo, pois estava enfraquecido e cansado. A fome apertava e ele se sentia angustiado. Perdera o irmão e também se confundira e não conhecia o caminho de volta para casa.

No final da tarde, Abalaju encontrou uma aldeia quase escondida no meio de farta vegetação e dirigiu-se para lá. Adentrou a aldeia, sendo seguido de perto por um bando de crianças que riam e o cercavam. Nunca tinham visto um homem tão alto e gigantesco e muito menos que se vestisse com roupas tão bonitas, para seu gosto e conhecimento. Não que Abalaju estivesse vestido de forma exuberante, mas o tecido que o envolvia era colorido e com um estampado alegre, mesmo estando bem surrado e rasgado ali e acolá. Em questão de segundos, Abalaju se viu cercado de homens armados e de mulheres com rostos que pareciam indagar quem era esse gigante e quais eram as suas intenções. Naquele momento ele sentiu medo; sabia que não poderia enfrentar tantos homens assim. Desse modo, ao ver uma bela menina que devia ter por volta dos oito anos, ele a segurou docemente, colocou-a no colo e começou a fazer gracinhas com ela, arrancando sorrisos e risinhos da criança. Com isto, ele havia arranjado não só um escudo humano, mas também demonstrava aos demais que vinha em paz. Em pouco tempo apareceu a mãe da criança e, numa atitude desesperada, retirou a menina do colo de Abalaju, que sorriu e acenou para a infante.

Ele falava razoavelmente o egba e dava para se comunicar com os seus novos amigos de Okeorá, no entanto a língua igbô era um pouco diferente e não era tão fácil de ser entendida. Um dos guerreiros que parecia ser importante na aldeia levou-o até o *oni* – dono do vilarejo. Eles conversaram e os aldeões ficaram mais calmos quando souberam que Abalaju vinha de Okeorá. Deram-lhe comida e abrigo e ele ficou por mais de uma semana no pequeno vilarejo de Djambi.

Num dos dias em que Abalaju estava se entrosando melhor com os guerreiros, ele observou que eles usavam o ferro, tendo inclusive espadas feitas deste material. Como era um ferreiro experiente, ele pôde notar que se tratava de um ferro menos trabalhado, mais rústico. Ele deduziu que o ferro que ele forjava era de superior qualidade.

Abalaju aproveitou a amizade com os aldeões para tentar encontrar o irmão, mas perderam um dia inteiro de buscas infrutíferas. Nada encontraram, mas acabaram por caçar um elefante e o destrincharam no próprio campo, levando sua preciosa carne para a aldeia. Teriam alimento por uma semana e as mulheres logo agarraram a carne para defumá-la para não perderem a comida.

Após passar uma semana na aldeia, Abalaju conseguiu que o levassem até o rio Níger e atravessou o grande fluxo de água com dificuldade. Após dois dias de marcha, ele adentrou Okeorá, sendo recebido pelos amigos e sua mulher Ikimini. Sua expressão era de grande preocupação e foi logo perguntando por Erinlê, mas a resposta que todos lhe davam deixou-o ainda mais macambúzio. Ninguém sabia do paradeiro de Erinlê.

O que teria acontecido com seu irmão? Onde poderia estar? Ele era um homem feito e, mesmo perdendo-se, iria voltar à aldeia. Ele tinha muita prática de caçadas e todos o consideravam como um exímio explorador. Seria mais fácil ele, Abalaju, se perder do que Erinlê.

A conversa com Asessu, relatando o ocorrido, foi extremamente tensa, e ela culpou a todos, desde Abalaju por não cuidar do irmão, até Olunwi por não proibir que seus filhos andassem soltos pelo mundo. Os gritos e impropérios de Asessu podiam ser escutados por toda Okeorá, e Abalaju tolerou seus insultos com muita dificuldade, apenas porque o pai lhe fazia gestos para que não levasse sua mãe muito a sério. Ele tinha um gênio explosivo e ninguém lhe dizia desaforos impunemente. Ele explodia numa fúria perigosa, que podia descambar para a violência se o desafeto não se retratasse imediatamente. Adorava a mãe e tolerava seu mau humor, mas só até certo ponto, porque, quando ele explodia, até mesmo Asessu se calava, pois seu rosto se transformava num ricto medonho de meter medo a qualquer um.

Após a conversa tensa com a mãe, enquanto o pai tentava apaziguar a fúria materna, os dois homens se retiraram. Asessu estava em prantos, acreditando que seu filho estava morto e que Abalaju fora relapso. Olunwi levou o filho direto para a casa de Setilu. Se alguém sabia o destino de Erinlê, essa pessoa seria seu irmão, pensava Olunwi.

Setilu escutou a história e, apreensivo, deitou o *ifá* – jogo adivinhatório feito com *obis*. Jogou-os por várias vezes.

– O *ifá* disse que Erinlê está vivo. Está na casa de um poderoso rei, sendo bem tratado. Dentro em breve, nós o veremos novamente.

– Devemos ir buscá-lo? – perguntou aflito Abalaju.

– Não. Ele irá aparecer na hora certa.

Os dois homens ficaram mais tranquilos, mas Abalaju não se perdoava por ter deixado o irmão embrenhar-se na mata sem a sua presença.

– Abalaju, como é aquela terra? – perguntou-lhe Olunwi.

– Aquela terra é menos seca do que a nossa. É pouco habitada e o povo é bem mais simples do que nós. Seu ferro não se equipara ao nosso.

– Interessante. Então eles têm ferro? E cobre? E bronze?

– Nada. Só tem ferro. Não conhecem o cobre nem o bronze. Estranho, não é? – comentou Abalaju.

– De fato – Olunwi fez uma pequena pausa, e depois arrematou: – Temos que pensar em nos mudar. Esta terra é por demais seca. Em breve, com o aumento da população e do gado, ela não poderá nos sustentar.

Setilu e Abalaju menearam a cabeça. Concordaram que realmente os tempos eram duros.

– Há alguns anos, quando chegamos aqui, deitei os búzios e perguntei aos ancestrais deste lugar se seríamos bem-vindos. Eles responderam que ficaríamos por aqui até nos fortalecermos para irmos para outra terra.

– Ficaremos aqui por quanto tempo? – perguntou Abalaju.

– Os ancestrais nada disseram sobre tempo, mas disseram que os sinais do céu seriam inequívocos.

Abalaju, que nunca fora um homem de grande religiosidade, refletiu que nunca gostara de perguntar nada aos ancestrais, pois eles eram por demais enigmáticos. Um homem direto, objetivo e pragmático como Abalaju não gostava de coisas escondidas, do oculto, do desconhecido. Preferia atacar os problemas de frente a imaginar situações das quais não tinha domínio. Por isso gostava de trabalhar o ferro e o bronze; eles obedeciam ao seu comando sem discutir e sem tergiversações irritantes.

Os sinais de que Setilu falara realmente viriam do céu em poucos meses. Jamais alguém vira um céu tão azul, sem uma única nuvem branca sequer a povoar a imensidão anil. Entraria um período terrível, pois, além de não chover, um vento quente, abafado, vinha do norte tendo atravessado o deserto do Saara. Trazia um calor insuportável e junto com ele a pior das pragas que um agricultor podia temer: gafanhotos.

Os tempos de miséria haviam chegado.

29

Dois anos se passaram desde que Erinlê se perdera nas matas na terra dos igbôs e o clima se tornara cada vez mais inclemente. Num desses dias em que a esperança estava a caminho da morte, Obatalá chamou Olurogbô para uma conferência.

– Terão sido estes estrangeiros que trouxeram a desgraça?

– Os *eborás* dizem que eles trouxeram a salvação. Sem eles, iremos morrer aqui, ou seremos obrigados a atravessar o rio e eles nos dizem que lá, sem a ajuda deles, seremos dizimados pelos igbôs.

– Mas como seremos mortos pelos igbôs, se temos ancestrais comuns?

— Os *eborás* dizem que eles esqueceram este fato. Eles se acham filhos dos grandes *funfun* que vieram do *orun* para habitar a terra. Não nos vêem como irmãos.

— Isto é muito mau. O que dizem Olunwi e seus aliados?

— Nada. Meu amigo Agbonmiregun[11] disse que chegará o momento de nós sairmos desta terra e irmos para além do Odo Oyá.

— E quando isso irá acontecer? Estamos em situação tenebrosa. Estamos comendo gafanhotos, e eles já comeram todos os nossos campos.

Olurogbô meneou a cabeça como se dissesse: "Não sei."

— Chame meu irmão Olunwi. Precisamos fazer uma reunião com todos os chefes. Chame também os *obas* das aldeias vizinhas, pois eles devem estar em grande miséria, assim como nós.

Olurogbô saiu e obedeceu às ordens de Obatalá. Cinco dias depois, uma grande reunião tinha lugar em Okeorá, com vinte e dois chefes de aldeias vizinhas, os chefes nobas, Olunwi e seus filhos.

Desde o início da conferência, Owerê observou que o ambiente estava tenso. A situação tornara-se desesperadora. Já se tinham notícias de casos de canibalismo; a comida desaparecera. Algumas aldeias haviam chegado a um estado tão grande de caos social que o poder dos *ajés* havia se tornado ineficiente e ninguém mais lhes obedecia. Pessoas que morriam eram comidas.

Alguns chefes falavam ao mesmo tempo, cada um relatando suas dificuldades, e a reunião havia descambado para um rosário de queixumes e maldições. Obatalá, dentro de sua doçura costumeira, tentava colocar alguma ordem, até que, já irritado com o estado lastimável da situação, Abalaju deu um grito mais alto e todos foram se calando. Ninguém tinha coragem de enfrentar aquele homem colossal e sua expressão fisionômica demonstrava que ele estava irritado a um ponto extremo.

Aproveitando o silêncio que Abalaju havia conseguido, Olunwi passou a falar de forma calma.

— Amigos, estamos todos na mesma situação. É tolice perdermos tempo falando de nosso infortúnio; todos já o sentimos na pele. É hora de agir.

Um dos chefes ia perguntar algo, mas Olunwi levantou a destra para que ele aguardasse um instante e prosseguiu:

— Temos que partir desta terra. Devemos levar nossas famílias para além do Odo Oyá.

---

[11] Agbonmiregun – cognome de Setilu, dado por Olurogbô.

Um novo vozerio tomou conta da reunião; ninguém queria deixar as terras que haviam sido dos seus ancestrais.

– Ouçam, meus amigos – interrompeu Olunwi, falando mais alto. – Além do rio há terras e rios ainda cheios de água que podem nos alimentar. Se ficarmos aqui, em breve nem água teremos para beber. Os riachos estão cada vez mais secos. A terra está esturricada. O gado morreu e o que sobrou está sendo devorado. Ou nós nos mudamos, ou morreremos em pouco tempo.

Um dos chefes, o mesmo que havia desejado expressar sua opinião, dessa vez falou rápido antes que fosse interrompido.

– Escute você, Olunwi. Você é um estrangeiro nestas terras e não conhece os igbôs. Há muito que eles dominam aquelas plagas e não deixam nenhum estrangeiro entrar. Se formos para lá, com certeza morreremos.

– Se ficarmos aqui também morreremos. Pelo menos lá a terra é mais dadivosa do que aqui. Temos que ir ou morreremos de fome e sede nesta terra.

Uma algazarra se instaurou soberana. Cada um queria expressar sua opinião. Nem mesmo Abalaju com sua voz tonitruante conseguiu colocar um pouco de ordem. Após uns dez minutos de completa balbúrdia, Olunwi aproveitou um momento de menor tumulto para falar de modo autoritário.

– Cada um é livre para decidir o que fazer. Eu vou me levantar e me sentarei em frente à minha casa e lá confabularei com os que querem partir comigo.

Ele levantou-se e, de forma imponente, andou as três centenas de metros que separavam o local da reunião de sua casa. Abalaju e Obassin, como agora era chamado Oassin, seguiram-no sem titubear. Logo após, vieram Obatalá, Meri, o chefe dos nobas, e mais uma dúzia de *obas* e *onis*. Uns oito chefes de aldeia resolveram não os seguir e fizeram sua conferência à parte; tinham esperança de que a chuva voltaria e tudo retornaria ao normal.

O planejamento foi feito de forma rápida e precipitada. Eles tinham que partir em poucos dias, pois a comida em Okeorá rareava de forma perigosa. Olunwi não queria que se matasse o gado; desejava levá-lo. Tinha esperança de que, no novo local, ele se multiplicaria e voltaria a oferecer carne e leite para todos. Colocou guardas armados com ordem de afastar as pessoas, no entanto, os próprios vigilantes e suas famílias também estavam com fome e muitas cabeças preciosas de gado foram mortas, depauperando ainda mais o já reduzido plantel.

30

O grupo constituído dos habitantes de Okeorá e dos nobas partiram três dias depois da malfadada reunião e estabeleceram com as aldeias que desejassem partir com eles que deveriam se reunir na junção do rio Níger – Odo Oyá – com o rio Gunara. Como a maioria das aldeias mais afastadas de Okeorá desceria o Gunara, margeando-o, seria mais fácil se encontrarem com o grupo principal. Pelo menos lá, eles tentariam cortar árvores e fazer jangadas para atravessar o Odo Oyá.

O grupo, sob o comando formal de Obatalá, saiu de Okeorá de forma lenta e desorganizada, dirigindo-se para o ponto de encontro. Durante três longos e extremamente penosos dias, o agrupamento de mais de dez mil pessoas serpenteou pelo platô em direção ao Gunara. Ao chegarem ao primeiro destino, acamparam de forma tosca e improvisada para esperar os demais.

Se a junção do Gunara com o Níger era um local bom para encontro, por outro lado, era um lugar horrível para tentarem a travessia e isto preocupava Olunwi. Havia uma corrente natural formada pela junção dos dois rios que levaria as jangadas para mais longe. Como sempre, Olunwi confabulou com Obatalá, Meri, Makin, o filho de Obameri, como Meri era chamado por todos, seus dois filhos Abalaju e Obassin, e, especialmente, seu grande conselheiro Setilu, sempre acompanhado de Olurogbô. Setilu deitou o *ifá* e a resposta foi desalentadora. O perigo era mais do que óbvio.

Durante uma semana foram chegando os vários grupos, e Olunwi, após confabular com cada um dos reis, viu que quase todas as aldeias haviam vindo, embora muitos componentes tivessem preferido ficar. Os homens mais velhos, os mais doentes e até mesmo alguns que simplesmente não queriam se afastar das terras de seus ancestrais preferiram ficar em suas aldeias. Assim, as aldeias continuaram ainda ocupadas por pequenos contingentes de homens sem disposição para tal aventura.

Sem ter como recensear tanta gente, todavia, Olunwi estimou que deviam estar ali reunidas pouco mais de oitenta e cinco mil pessoas, além de oito mil cabeças de gado, entre ovinos, caprinos e bovinos. O acampamento provisório tinha que ser abandonado com urgência; o grande ajuntamento de pessoas em situação precária estava se tornando problemático. A sujeira acumulava-se de modo perigoso e algumas pessoas já apresentavam estados infecciosos fatais. A promiscuidade era motivo de litígios e várias brigas surgiram por causa de motivos banais. A irritação e a angústia das pessoas era crescente e os chefes decidiram partir de qualquer forma, mesmo que houvesse poucas jangadas e botes.

Para poderem atravessar com cuidado, desceram o Odo Oyá até encontrarem um lugar que não fosse muito largo e, principalmente, onde a correnteza fosse tolerável. Começaram a travessia de forma improvisada e, mais uma vez, a falta de comando era motivo de lutas; todos queriam entrar nas jangadas e não havia a menor ordem.

Com seu espírito disciplinado, Abalaju conversou com o pai e os principais chefes e reis, entre eles, Obatalá, e todos concordaram que ele devia organizar grupos de guerreiros que controlariam a travessia. A partir do terceiro dia, a travessia tornou-se mais disciplinada e ordeira, mesmo que, para isso, o próprio Abalaju tivesse que usar de energia, chegando a ferir um subchefe que queria atravessar a qualquer custo. O indisciplinado, além de não obedecer, atacou-o e Abalaju revidou com um golpe violentíssimo de espada que arrebentou o braço do homem. Após ferir gravemente o indisciplinado, os demais se tomaram de grande medo pela sua figura e entraram na fila da travessia, mesmo que o fizessem de malgrado.

As oitenta e cinco mil pessoas e todo o gado levaram quase um mês para fazer a travessia. Se os aksumitas e meroítas vieram de Meroé de forma organizada e disciplinada, quase não perdendo pessoas na longa jornada, o mesmo não aconteceu desta vez. Os habitantes do planalto de Jos eram desorganizados, desobedientes e extremamente individualistas. Desse modo, as travessias das barcas foram quase sempre um tormento para Abalaju, o responsável pela organização do projeto. Houve grupos que atravessaram e não mandaram as jangadas de volta, obrigando Abalaju a mandar gente buscá-las. Outros se tomaram de pavor durante a travessia e, no tumulto, muitos caíram na água e morreram afogados por não saber nadar.

No final do mês, quando todos haviam passado, o acampamento provisório da outra margem estava num estado pavoroso. Faltava comida, a água do rio Níger havia trazido diarreia a muitos e a sujeira das fezes humanas e dos animais haviam transformado o local num chiqueiro de proporções gigantescas. Abalaju havia instituído um grupo de caça para tentar trazer carne fresca para o acampamento, mas eles não estavam obtendo bons resultados. Por outro lado, o esperto e oportunista Obassin, que havia trazido grandes quantidades de comida, vendia-a a preços abusivos, arrancando tudo o que os imigrantes tinham. Olunwi repreendeu-o, e ele pareceu concordar com o pai, mas, possuído do mais vil dos sentimentos, aumentou ainda mais os preços de troca, valendo-se de todos os expedientes, inclusive escravizando os que não tinham como pagar.

A situação tornou-se mais perigosa e Olunwi, vendo que estava perdendo o controle sobre Obassin, chamou Abalaju e relatou-lhe o que seu irmão estava fazendo. Abalaju sentiu o perigo; a população poderia se revoltar contra Obassin, os nobas e os aksumitas. Seria uma luta imensa e os mortos contar-se-iam aos milhares. Assim, Abalaju foi conversar com Obassin. Com certa polidez, explicou-lhe que não deveria cobrar preços aviltantes e que deveria restringir sua atividade comercial ao mínimo.

– Eu quero que as pessoas se danem. Elas que fossem previdentes e tivessem trazido comida. Eu fui precavido e agora é hora de ganhar muito dinheiro. Escute bem, Abalaju, ninguém vai me impedir de vender a minha mercadoria ao preço que eu quiser.

Após escutar o tom debochado e desaforado do irmão, Abalaju concluiu que discutir com ele seria inútil. Olhou-o calmamente, aproximou-se lentamente e, num repente, precipitou-se para cima de Obassin. Deu-lhe uma saraivada de murros e pontapés muito bem articulados. Nenhum dos presentes, quer fossem guerreiros de Abalaju, quer fossem de Obassin, interveio. Eles ficaram olhando e vendo o gigante aplicar uma surra monumental em Obassin, que não apanhou sem reagir. Para eles, o rei Oassin lutou bravamente, pois era um guerreiro valente, e conseguiu aplicar bons golpes no irmão. Mas Abalaju, com seus dois metros de altura e seus cento e vinte quilos bem distribuídos, encaixou bem os golpes de Obassin que derrubariam qualquer outro, mas não seu gigantesco irmão. Por outro lado, os socos desferidos por Abalaju foram se alojar em vários lugares estratégicos do corpo de Obassin. O peito, o estômago e, principalmente, o rosto foram duramente massacrados e, quando Obassin desmaiou sob o impacto de um soco monstruoso que lhe atingiu a ponta do queixo, Abalaju levantou-o como se fosse um filho e, com um carinho extraordinário, levou-o até a beira do rio, que não ficava longe. Molhou sua cabeça, mandou trazer ervas maceradas e apalpou os ossos do irmão para ver se ele tinha algo quebrado.

Obassin despertou e viu-se nos braços do irmão. Estava ainda tonto, mas dirigiu-lhe a palavra, um pouco indignado e um pouco choroso. Nessa hora, não era mais o esperto Obassin, mas o irmão mais novo que se manifestava.

– Abalaju, como você pôde me bater?

– Meu irmão, eu o amo muito, mas não terei minha autoridade contestada por ninguém. Prefiro cortar fora meus testículos e tornar-me eunuco do que ver qualquer um dos presentes me desafiar. Recebi a missão de comandar esta travessia e vou cumpri-la, custe o que custar.

– Mas não precisava me surrar, especialmente na frente dos meus homens.

Obassin estava deitado com a cabeça repousando no colo do irmão, que passava pasta de ervas maceradas em suas feridas no rosto, e Abalaju, desajeitado, porém carinhoso, respondeu-lhe, abraçando-o:

– Ó meu irmão. Não lhe quero mal, mas você terá que obedecer às minhas ordens ou serei obrigado a coisa pior. Se eu abrir exceção para você, todos se acharão no direito de me desobedecer e este acampamento irá tornar-se uma casa de loucos.

– Tem razão. Não se preocupe mais; eu vou lhe obedecer – Obassin redarguiu, após alguns instantes de reflexão.

Algum tempo depois, já refeito, Obassin levantou-se e ambos partiram, cada um para seu lado, no entanto, o irmão de Abalaju não guardou mágoa dele. Em qualquer outra ocasião, uma surra aplicada por outro homem seria motivo de uma terrível vingança por parte de Obassin, mas, em seu peito, ele não poderia fazer nada contra o irmão, que era uma das poucas pessoas que ele amava e respeitava e, agora, temia.

A história espalhou-se pelo acampamento e houve uma reação muito positiva; se aquele gigante era capaz de massacrar seu próprio irmão, o que ele não faria com um estranho. A partir daquele momento, as coisas aquietaram-se um pouco e as disputas passaram a ser mais facilmente contornadas. Por outro lado, Obassin não perdeu a face junto aos seus seguidores; todos sabiam que ele era um guerreiro valoroso, mas que ninguém, naquele acampamento, poderia enfrentar o poderoso Abalaju.

No vigésimo dia da travessia, enquanto existiam ainda muitas pessoas na outra margem, um novo problema surgiu, exigindo certa energia por parte de Abalaju e, agora, também de Obassin, que passara a lhe dar apoio inquestionável. Um grande grupo de guerreiros igbôs apareceu, trazendo preocupação a todos. Eles começaram falando uma língua que, com certo esforço, era compreendida pela maioria. Eles queriam saber de onde vinha esse grupo e o que ele pretendia.

Abalaju respondeu às questões e o chefe dos igbôs comentou que não havia espaço para eles naquele lado do rio e que deviam voltar para onde tinham vindo. Abalaju respondeu-lhe que a seca os havia expulsado e o chefe dos igbôs, um homem fortemente armado, com uma estranha vestimenta, espada, arco e flecha, além de um capacete de palha trançada, lhe respondeu.

– A seca está em todo lugar e aqui não há lugar para vocês. Voltem ou os faremos retornar à força.

Antes que Abalaju respondesse com seu costumeiro mau humor, Obassin, profundo conhecedor da natureza humana e da do próprio irmão, adiantou-se e falou num tom melífluo, com um sorriso faceiro estampado em seu belo rosto, ainda em fase de recuperação da surra dada por Abalaju.

– Ó poderoso chefe dos igbôs, permita que eu lhe diga que suas palavras são cheias de sabedoria. Realmente a seca está em todos os lugares, no entanto, nós somos um povo rico e poderemos comprar um bom pedaço de terra, e pagaremos com bens maravilhosos, presentes dignos de um rei e muito gado, e até mesmo com mulheres de beleza além de qualquer conta.

O chefe igbô abriu um sorriso interesseiro e, antes que ele pudesse dizer qualquer coisa, Obassin virou-se para um dos seus asseclas e ordenou-lhe:

– Traga os presentes que separei para o chefe dos igbôs.

O homem saiu junto com dois outros e voltaram rapidamente com um pequeno baú, três ovelhas e um tecido de beleza incomparável que Obassin havia trazido de Aksum. Ele os entregou e, de forma muito informal, pegou o belo pano e enrolou-o em torno do chefe que, desconfiado, o olhava, enquanto ele dizia.

– Este pano é digno de um rei. Veja como você ficou elegante. E para coroar nossa amizade, tenho um presente digno de um *eborá*.

Fazendo um pequeno sinal, um dos homens de Obassin trouxe uma mulher de beleza inigualável. Ela não passava de uma adolescente de doze anos, com seios pequenos à mostra, uma tanga extremamente curta revelando quadris ainda estreitos, pernas bem torneadas e uma barriga delgada.

– Esta é uma virgem, já pronta para se tornar amante e mãe, que lhe darei como presente.

O homem ficou excitado à vista de tão linda criatura e examinou-a como se estivesse comprando uma vaca.

– É uma gostosura, não é? Como você pode ver, nossa presença também pode ser boa para todos nós – disse Obassin de modo matreiro.

O chefe dos igbôs já não estava mais interessado em lutas e discussões. Estava satisfeito com o acordo. Havia um sem-número de objetos reluzentes no baú, o tecido era digno de um rei e a adolescente enchera-o de concupiscência. Sob o comando do chefe igbô, os duzentos e tantos guerreiros afastaram-se, levando os presentes e a chorosa moça, que já estava sob as apalpadelas sensuais do chefe igbô.

– Como você tinha tudo preparado? – perguntou Abalaju a Obassin.

– Ora, meu irmão, eu conheço os homens. Não há nada que o dinheiro não compre.

– O que me preocupa é se isto virar um hábito. Imagine se, a cada grupo igbô que aparecer, nós tivermos que dar presentes e mulheres.

– O que eu fiz foi apenas para aplacar uma situação. Porém, nós temos que nos preparar para a guerra, pois os igbôs não irão nos deixar viver em suas terras. Teremos que conquistá-la.

– Você me espanta, Obassin. Você que é sempre contra a guerra agora é a favor dela!

Obassin deu uma forte risada, cheio de deboche e ironia.

– A guerra não é boa para os negócios, mas ser achacado permanentemente é pior. Eu sou pela paz quando ela me serve e adoro a guerra quando eu ganho com isso.

A gargalhada sonora de Abalaju desanuviou o ambiente tenso entre os demais guerreiros.

Olunwi soube do ocorrido e chamou seus dois filhos. Reuniu-se com eles, em particular e, com uma expressão preocupada, quis saber dos fatos em detalhes. Terminada a exposição feita pelos dois, com rápidas interrupções de Olunwi para indagar sobre certas dúvidas que iam aparecendo no decurso da conversa, ele se expressou:

– Meus filhos, vocês dois agiram de forma equivocada – e, virando-se para Abalaju, disse-lhe: – Você, Abalaju, está errado em querer resolver todas as questões com a força bruta. Se você os tivesse matado ou enxotado, você traria a ira e a vingança dos igbôs sobre nós, e nem mesmo sabemos quantos são, se são aguerridos, organizados e bem comandados.

– Depois, voltando-se para Obassin, disse-lhe: – Você também está errado. Você atiçou a cupidez desses homens e a cobiça traz uma sede insaciável. Eles voltarão com mais gente, pedindo por mais, até nos levarem tudo. Além do que, Obassin, na minha casa, mulher não é mercadoria de troca. A sua falta de moralidade me deixa extremamente preocupado.

– Mas pai, o que deveríamos ter feito? – perguntou Abalaju.

– Ter dito a verdade. Estamos fugindo da seca e não temos nada – respondeu tranquilamente Olunwi.

– Mas eu disse isso e ele nos respondeu de modo rude que não havia espaço para nós – retrucou Abalaju.

– Quando eles voltarem, tragam-nos a mim. Vamos ver o que se pode fazer – respondeu Olunwi, após refletir por alguns segundos.

Não foi preciso muito tempo para que os igbôs voltassem. Uma semana depois do ocorrido, um grupo grande, com mais de dois mil guerreiros, voltou, exigindo presentes e gado. Abalaju foi confabular com os igbôs, acompanhado de poucos guerreiros, e procurou os líderes. Entre eles estava o chefe anterior, que vinha enrolado no pano que ganhara de Obassin. Os dois homens cumprimentaram-se de modo seco e o igbô voltou a falar que queria presentes e gado para todos os igbôs presentes. Abalaju logo viu que sua solicitação era descabida e intolerável. Seguindo as recomendações paternas, ele pediu que os chefes igbôs presentes fossem conversar com o principal do acampamento.

Os igbôs recusaram-se a entrar no acampamento; temiam ser atacados. Abalaju, então, pediu que esperassem, pois o principal viria conversar com eles. Mandou um dos seus ajudantes chamar Olunwi, que apareceu após alguns minutos. Ele veio sério e sua figura impressionou os igbôs, pois nunca haviam visto um homem tão claro quanto ele. Vinha acompanhado de vários chefes, entre eles Obatalá e Obameri, o chefe dos nobas.

Olunwi convidou o chefe guerreiro dos igbôs para se sentarem debaixo do pé de uma árvore enorme, cujas raízes e copa se espalhavam por uma grande área.

– O que desejam os igbôs?

– Vocês estão em nossa terra e queremos presentes e gado como pagamento.

– Esta terra é dos igbôs?

– Sim. Pertence ao nosso povo.

– E quem é o grande rei dos igbôs?

— Os igbôs têm vários grandes reis. Eles são independentes e não respondem a nenhum em especial.

Olunwi fez, propositalmente, cara de desgosto.

— Os igbôs não têm um único grande rei? Como, então, vocês se chamam de povo, se não tem um comando? Nós temos um grande rei — e apontando para Obatalá complementou: — ele é Obatalá, descendente do grande Orixanlá.

— O rei do pano branco! Filho de Orixanlá! — admirou-se grandemente o igbô. — Sempre ouvimos falar que havia um grande orixá enviado por Olorun. Nós também temos um chefe que consideramos como Orixanlá.

— Ah! Então ele deve ser parente de Obatalá.

— Provavelmente.

— Então somos todos parentes. Como tal, também somos donos destas terras.

— Não sei. Suponho que sim — respondeu o igbô confuso.

— E quem é o seu Orixanlá?

— Adjagemo.

— Excelente. Precisamos conferenciar com Adjagemo — afirmou Olunwi.

— Mas por quê? Tudo o que precisamos conversar pode ser feito entre nós.

Olunwi sorriu e começou a murmurar. Os filhos, que já o conheciam, sabiam que, quando ele começava a sussurrar, com um rosto impassível e um leve sorriso no canto da boca, é porque havia tomado uma decisão irreversível, e que nem mesmo Setilu, que ele escutava muito por ser um grande adivinho, seria capaz de demovê-lo. Quando Olunwi entrava nesse estado, Abalaju ficava irritado, pois o pai sequer escutava o que ele dizia. Já Obassin não perdia tempo; ria-se a plenos pulmões e não discutia com o pai, deixando para voltar à carga alguns dias depois, trazendo à baila o assunto que lhe interessava, mas de um modo bem diferente, tentando enganar Olunwi. Mas o chefe igbô não sabia disso e insistiu.

Olunwi disse-lhe, num tom cada vez mais baixo, obrigando todos a prestarem ainda mais atenção:

— Obatalá só conversará com seu irmão, o Orixanlá Adjagemo.

— Mas eu o represento.

— Obatalá só conversará com seu irmão, o Orixanlá Adjagemo.

O chefe igbô ia perder a paciência, mas um dos seus amigos sussurrou-lhe algo. Ele quedou-se a pensar por um instante.

– Então está bem. Informaremos Adjagemo e marcaremos um local apropriado para a conferência.

Assim falando, levantaram-se e partiram. Todavia, Olunwi não parecia satisfeito com o arranjo e Obassin estava desconfiado de que eles iriam tentar uma emboscada. Naquela noite, Abalaju reforçou a guarda, especialmente em relação ao gado que estava nos arredores do acampamento. Era chegado o tempo de desconfiança!

31

Assim que o sol se pôs, os chefes reuniram-se e resolveram acelerar a passagem do grupo que faltava, a fim de se movimentarem para encontrar um local apropriado. Na reunião, um dos reis de uma das aldeias levantou um aspecto preocupante: a cisão completa do grupo.

– Acho que deveríamos ficar todos juntos – respondeu Olunwi. – Nossa força reside na nossa união.

– Jamais conseguiríamos viver harmoniosamente – retorquiu o chefe. – Cada um de nós tem um costume e louvamos deuses diferentes. Além do que a nossa experiência demonstra que uma aldeia muito grande torna a vida muito mais difícil. Teremos problemas de distribuição de terras e de água, e, além disso, o lugar ficará uma imundície.

Era óbvio que aqueles chefes jamais haviam vivido numa cidade grande como Aksum, que tinha mais de duzentos mil habitantes, pensou Olunwi.

– De onde venho, há cidades enormes e as pessoas vivem felizes – afirmou Olunwi. – Existem meios de se removerem a sujeira e os detritos. Podemos...

– Não é nosso estilo de vida – atalhou bruscamente o chefe de um dos vilarejos. – Só fugimos da seca, mas queremos construir aldeias iguais às que tínhamos.

Eles não deixavam de ter razão, pensou Olunwi. Cidades grandes só sobrevivem porque estão rodeadas de aldeias que lhes fornecem alimentos. Além do mais, as cidades congregavam pessoas que tinham um sem-número de ofícios, o que não era o caso ali. Todavia, se eles se espalhassem pela região, poderiam ser presas fáceis dos igbôs.

– Não discordo de vocês, mas acho que deveríamos ficar juntos pelo menos até termos certeza de que os igbôs não irão nos agredir. Se cada chefe construir seu vilarejo, os igbôs poderão nos atacar e, individualmente, seremos varridos de sua terra.

– Os igbôs não irão nos hostilizar. Não fizemos nada para atrair sua fúria.

– E desde quando é preciso se fazer algo para atrair a fúria de homens que cobiçam nossas mulheres e nosso gado? – atalhou Obatalá. Aproveitando o silêncio que reinou após suas palavras, Owerê conclui seu raciocínio: – Todos têm razão. Os chefes de aldeias sabem que não estamos acostumados a morar em grandes aglomerações como as que Olunwi mencionou, mas ele também tem razão: não podemos simplesmente nos dispersar em dezenas de aldeias que podem ser facilmente destruídas, caso os igbôs se revelem agressivos.

– Qual a solução, Obatalá?

– Creio que o melhor é nos dividirmos em três ou quatro grupos, no máximo, e assim ficaremos relativamente perto uns dos outros de forma a nos proteger contra uma possível insídia dos igbôs.

– A ideia de meu rei Obatalá é simplesmente magnífica – concordou Olunwi. – Em três grupos seríamos fortes o suficiente para nos proteger de um ataque e, ao mesmo tempo, a cidade seria pequena o suficiente para que todos mantivessem seu ritmo de vida inalterado.

A maioria dos chefes concordou. Era uma alternativa bastante viável, mesmo que alguns deles não desejassem tal opção com medo de perder seu prestígio de rei. Todavia, o perigo de um ataque igbô era uma realidade que não deveria ser desprezada. Contra a vontade desta minoria que desejava manter o poder sobre sua tribo, resolveram que dividiriam o agrupamento maior em três grupos menores.

Após deliberarem, concluíram por enviar três grupos de guerreiros para encontrarem locais apropriados para se fixarem. Abalaju iria comandar um deles, enquanto um dos filhos de Setilu, Elesijê Oloxê, iria comandar outro grupo e Obagedê, como era chamado Gedê, o marido de Isidalê, a filha de Olunwi, partiria com outra comitiva. Obassin ficaria no comando do grupo, no lugar de Abalaju, que partiria para encontrar um local apropriado. Os grupos iriam fortemente armados e montados a cavalo para poderem percorrer distâncias maiores com menos esforço.

A noite transcorreu tranquila e não houve ataques dos igbôs, porém Abalaju não dormiu; estava apreensivo, com receio de que pudesse haver problemas com aqueles homens de aparência tão rude e ameaçadora.

Os dias que se seguiram foram de grande faina. Aceleraram a passagem dos que faltavam, enquanto os vários grupos se locomoviam lentamente. Obassin comportou-se como um verdadeiro líder e não assaltou o bolso de nenhum dos infelizes que atravessavam o rio.

Obatalá tinha um modo doce e meigo de tratar as pessoas, pouco viril, mesmo não sendo afeminado, e confiava muito em Olunwi, pois os dois gostavam muito um do outro e respeitavam-se ao extremo. Eles haviam feito um pacto de que, onde um fosse, o outro também iria. Deste modo, na noite em que Abalaju partiu com seu grupo para encontrar um lugar adequado para fundarem uma cidade, os dois se encontraram e conversaram longamente. Muitos assuntos foram tratados e trocaram demoradas impressões sobre todas as pessoas, sobre quem poderia liderar a construção da cidade e qual o nome que dariam à mesma.

Obatalá tinha um respeito enorme pelo primogênito de Olunwi e, a certa altura da conversa, perguntou-lhe se Abalaju não poderia tornar-se, ele também, o rei de uma cidade a ser fundada no futuro. Olunwi sorriu graciosamente e respondeu-lhe:

– Há homens que nascem para serem reis e outros para serem desbravadores. Abalaju tem autoridade para comandar, mas não é suficiente para ser *oba*. Ele tem tudo para ser *asiwaju*. Mas para ser *oba* é preciso ter tino político, saber se curvar quando necessário, ver o que é melhor para o povo, servi-lo com denodo e, principalmente, ter tirocínio para apaziguar os ânimos exaltados das forças contrárias. Abalaju não tem habilidade política. Ele é uma carga de elefante. Ele é um tigre solto entre gazelas. Ele é magnífico e de um caráter reto, mas deve ser levado a obedecer, senão, tornar-se-á um tirano, um déspota, já que sua vontade deve prevalecer sempre.

– E Obassin?

– Este, sim, tem tudo para ser um rei, mas digo com pesar que seu caráter é duvidoso. Ele é excessivamente vingativo, traiçoeiro e sua determinação para alcançar os seus objetivos, quase sempre egoísticos, é um grave perigo para ele e seus súditos.

– E Erinlê, se ele ainda estiver vivo?

– Meu coração de pai me diz que ele está vivo – e fez uma pausa para responder à pergunta principal de Owerê: – Erinlê é um líder natural. Dará um excelente rei; pensa mais nos outros do que em si mesmo. É um pouco vaidoso, mas não chega ao excesso. Não passa por cima dos outros para obter o que deseja. Sabe escutar e sabe dialogar – e, subitamente, dando-se conta de que Owerê o estava conduzindo, perguntou, de chofre: – Mas por que você me pergunta sobre meus filhos?

Owerê meneou a cabeça, como se procurasse as palavras certas, e iniciou sua longa preleção. Falou do seu casamento com Konlá, uma bela mulher, mas que não lhe deu filhos. A lei não lhe facultava a possibilidade de ter outras mulheres, mas, mesmo se pudesse, não as teria; amava Konlá, que todos chamavam de Yemowo – todas as esposas dos Obatalás recebiam esta antonomásia. Assim, ele estava preocupado, pois já era um homem de certa idade, mesmo que sua mulher fosse bem mais jovem do que ele. Queria adotar um homem para ser seu filho e herdeiro. Pensara em Abalaju, mas Olunwi dera-lhe razões para não fazê-lo. Pensava agora em Erinlê como herdeiro, mas enquanto o moço não voltasse são e salvo, aquela possibilidade era apenas remota. Contudo, decidira-se a fazer de um dos descendentes de Olunwi seu herdeiro.

– Owerê, será motivo de honra para minha descendência receber o título de Obatalá, mas deixemos que o tempo se encarregue disso; você ainda tem muitos anos de vida. Enquanto você for vivo, você será nosso único rei.

32

Elesijê Oloxê saiu com seis homens, todos excelentes flecheiros. Elesijê Oloxê, filho mais velho de Setilu, tinha um dom raro: o da cura. Suas mãos eram verdadeiramente milagrosas, pois, se alguém tinha uma dor de cabeça e ele as pousasse sobre ela, logo depois a pessoa dormia e, quando acordava, estava curada. Seu pai notou este dom e incentivou-o, ensinando-lhe os segredos das ervas. Todavia, Elesijê Oloxê não precisava de muito estímulo para aprender sobre ervas, infusões e remédios naturais; ele tinha um pendor inato. O que ele não aprendera com os feiticeiros de Meroé, com o seu pai que conhecia algo de ervas, ele intuía, deduzia e concluía, sempre acertadamente. Afora este fato, era também um bom arqueiro e um excelente caçador, mesmo que só o fizesse por necessidade, já que amava os animais, acreditando que eles também tinham alma.

Durante cinco dias, Elesijê Oloxê embrenhou-se nas savanas até encontrar uma aldeia chamada Okê Igéti. Nada poderia ter sido mais propício para ambos os grupos do que a chegada de Elesijê Oloxê. Com cerca de oitocentos indivíduos, a pequena localidade estava atacada por uma grave moléstia. Todos estavam com diarreia, vômitos e febre alta, apresentando um quadro convulsivo nos casos mais agudos. Dir-se-ia cólera, mas, na realidade, esta doença não havia ainda frequentado tal região, naquela época.

O que produzira esta infecção era a posição da aldeia. Ela era colocada perto de um morro, que lhe dava o nome, e as pessoas iam até um determinado lugar e lá faziam suas dejeções. Estas fezes e urinas entranhavam-se na terra e, após anos, entraram num lençol freático que se ligava a um riacho pequeno, mas suficiente para dar vazão à necessidade de água da aldeia. Esta infiltração de bactérias e de coliformes fecais havia trazido uma infecção terrível aos habitantes de Okê Igéti.

Elesijê Oloxê adentrou a aldeia e logo observou que a situação era crítica. Procurou pelos chefes e eles também estavam em situação de extrema penúria física. O mais velho, o *oni* da aldeia, estava à morte; a diarreia e os vômitos o haviam desidratado a um ponto irreversível. Entrara em coma e nada poderia retirá-lo dos braços da morte.

Elesijê Oloxê observou o fato e não perdeu tempo com o velho; sabia que Brukung – a mãe da boa morte – estava se preparando para levá-lo tranquilamente para o *orun*. Mas os demais podiam ser salvos. Conversou com um dos filhos do chefe, disse-lhe a verdade sobre a morte iminente do pai e obteve informações preciosas. Procurou na mata ao lado da aldeia e, mesmo sabendo que não era a melhor hora de colher as ervas de que precisava, fê-lo, pedindo licença aos *eborás*.

Voltou à aldeia e procurou por água, quando teve a intuição de que a água era a culpada pela infecção dos habitantes da aldeia. Ele viu de onde os aldeões retiravam a água e resolveu não pegá-la naquele lugar.

Subiu a corrente por uns quatrocentos metros até se embrenhar num matagal, lá encheu um tonel de água e voltou para a aldeia, sempre ajudado prestimosamente pelos seus amigos. Macerou as ervas, fez um pó com casca de madeira que retirara de uma árvore, com ele fez uma infusão quente e, depois que esfriara a ponto de ser ingerida, mas ainda quente, mandou servi-la a todos da aldeia.

Durante três dias, ele repetiu a infusão, ajudando a servir a todos. No final deste período, as pessoas apresentaram visíveis melhoras, mas o velho *oni* havia morrido. A aldeia estava de luto, pois além dele haviam morrido também mais umas trinta pessoas, especialmente velhos e crianças de idade muito tenra. Mas Elesijê Oloxê havia se tornado o salvador do lugar e as pessoas o saudavam como a um *imolé*.

Elesijê Oloxê conversou com o filho do *oni*, que, com a morte do pai, se tornara o novo dono da aldeia. Explicou-lhe que seu grupo estava procurando um local para se instalar e reafirmou, por várias vezes, que vinha em paz. O jovem não se opôs, em parte porque estava tão enfraquecido por causa da infecção que o havia consumido e em parte porque se afeiçoara a Elesijê Oloxê. Todavia, não perguntara muito nem quantos seriam os novos habitantes que a aldeia de Okê Igéti teria que suportar. Elesijê Oloxê mandou quatro homens de volta ao destacamento principal e ordenou que viessem para aquele local. Pelo menos um local para abrigar os imigrantes havia sido escolhido.

33

Enquanto Elesijê Oloxê curava as pessoas de Okê Igéti, o grupo formado por Obagedê, o marido de Isidalê, ia com seis meroítas e cinco egbas. Os egbas não sabiam montar a cavalo, mas mesmo assim o fizeram e, no decorrer do caminho, foram aprendendo a arte da equitação. Obagedê evitava correr; sabia que os egbas poderiam cair e machucar-se. Preferia caminhar e muito raramente trotar, o que era um suplício para os que não sabiam montar, já que este tipo de andadura equina pode ser desconfortável para um neófito.

Durante alguns dias de caminhada, eles viram algumas aldeias pequenas de igbôs e evitaram-nas, pois Obagedê não gostara muito deles depois do primeiro contato, no acampamento principal. A viagem tornara-se difícil: ou bem perdiam tempo a caçar, ou bem exploravam a região. Finalmente viram uma aldeia maior, que devia ter pouco mais de três mil habitantes.

O grupo de Obagedê estava esfomeado e insistiu com o chefe para entrar na aldeia e obter comida e alojamento. Obagedê acabou cedendo aos rogos dos seus homens e adentraram a aldeia.

A recepção foi um tumulto. Os habitantes correram para se esconder e um grande grupo de guerreiros chegou correndo para defender a aldeia. Obagedê adiantou-se e num ioruba muito deficiente, acenou para os guerreiros igbôs, tentando falar que vinham em paz. Obagedê deu ordem para seus guerreiros não sacarem das armas. A confusão foi terminando com grande desconfiança de parte a parte.

Obagedê apeou-se de seu cavalo e, com as duas mãos ao alto, foi se dirigindo aos igbôs. O chefe dos guerreiros da aldeia, um homem jovem, adiantou-se e os dois líderes confabularam, com a ajuda de um egba, que falava um pouco de igbô. Ele explicou o motivo de sua visita e perguntou se podiam obter comida e água. O líder dos igbôs perguntou como eles haviam passado pelos guardas que vigiavam a aldeia e Obagedê disse-lhe que não tinha visto nenhuma sentinela.

O chefe dos igbôs ficou preocupado e mandou que dois homens fossem ver o que havia acontecido. Eles não haviam sequer andando vinte metros quando ocorreu um ataque feito por mais de cem homens que investiram contra a aldeia. Obagedê viu-se no meio de um conflito, não tendo sequer ideia do que se tratava. Mas, como ele estava dentro da aldeia, passava a fazer parte dela e também foi atacado. Ele montou seu cavalo e junto com seus cavaleiros defendeu-se, atacando violentamente os invasores. Como os igbôs não tinham cavalos e nem estavam acostumados a lutar contra cavaleiros, a atuação de Obagedê e seus cavaleiros foi decisiva. Após um renhido combate, os atacantes foram expulsos, tendo deixado no campo de batalha cerca de trinta e cinco mortos e feridos graves, que foram rapidamente executados pelos igbôs da aldeia.

Ainda sob o efeito da excitação da luta, Obagedê verificou que os seus homens estavam todos intactos, exceto um egba que caíra da montaria e fora ferido pelos atacantes. Quando as coisas serenaram, o chefe igbô veio conversar com Obagedê e não deixou de agradecer a valiosa ajuda recebida. Obagedê e seu grupo alimentaram-se, beberam água, pensaram um pequeno ferimento do homem que tinha sido ferido e descobriram que aquela pequena cidade chamava-se Okê Itaxe.

Naquela noite, já com as sentinelas postadas em lugares estratégicos, o chefe dos guerreiros igbôs apresentou o rei da aldeia, um homem forte, com certa tendência à obesidade, que se chamava Kohosu. Ele ostentava o pomposo título de rei da terra – Obaluaê.

Naquela noite, Obagedê explicou a situação de seu povo. Falou da terrível seca, da migração e da necessidade de encontrar uma terra para se implantarem. Kohosu não gostou da ideia de tantos estrangeiros em sua terra, mas ele mesmo estava sob séria ameaça de outro grupo de igbôs.

Obagedê descobriu que os atacantes daquela tarde faziam parte de um grupo de igbôs de outra aldeia, com quem estavam em guerra não--declarada há muito tempo. De tempos em tempos havia ataques e a guerra começara por um motivo de que ninguém mais se lembrava. Na realidade, se iniciara com uma disputa por território de pasto para o gado, mas ambos os lados haviam se esquecido do fato para guerrearem sempre que podiam com o intuito de se vingar de afrontas verdadeiras ou falsas.

Obagedê perguntou que grupo era aquele que vivia atazanando os igbôs de Okê Itaxe e recebeu como resposta que eram seus inimigos de Idetá-Ilê, governada por um homem terrível, na opinião de Kohosu, chamado Adjagemo. Durante mais de meia hora, ele aproveitou para falar mal do rei dos ijexás que habitava Idetá-Ilê, dizendo meias-verdades e muita coisa imaginada. Ele torcia o nariz ao citar sua alcunha, dizendo que ele se chamava Orixanlá, apenas porque dizia descender do grande Oxaguiã, o *adjagunã*. O pior, na opinião de Kohosu, é que ele se intitulava de pai dos igbôs – *babaigbô* – e ele não reconhecia a sua autoridade nem como rei, nem como grande sacerdote de Olodumarê.

Para Obagedê isto nada significava, mas era uma informação importante, pois demonstrava que os igbôs não eram um povo unido. Era apenas um nome para designar pessoas que viviam na margem ocidental do rio Níger. Se eles não eram unidos, podiam ser vencidos. Não constituíam uma força coesa tal como a dos aksumitas que haviam conquistado Meroé. Obagedê regozijou-se com tal notícia e propôs uma aliança entre eles e o povo de Okê Itaxe, que Kohosu aceitou, relutante, pois imaginava que seria 'devorado' pelos recém-chegados. Mas não tinha muita opção; os ijexás eram mais numerosos e, nos últimos confrontos, haviam levado a melhor sobre seus guerreiros. Ele bem que precisava de toda ajuda que pudesse arregimentar contra Adjagemo.

No outro dia, Obagedê enviou sua tropa menos o ferido para informar que havia encontrado um local propício. Havia água em abundância, a relva estava verde e alta, e a seca não parecia ter afetado tanto a região. Os rios fertilizavam o local, mas Obagedê sentiu no rosto os ventos quentes vindos do Saara e imaginou que, em breve, a seca os perseguiria implacavelmente.

34

Enquanto Elesijê Oloxê e Obagedê encontravam lugares propícios para se instalarem, Abalaju e seu grupo cavalgavam a pequena distância de Obagedê, entrando firmemente na terra dos ijexás. Após cavalgarem por dois dias, forçando demais os cavalos, Abalaju observou que estavam extenuados e precisavam descansar. Deu ordem para que os animais repousassem por um dia, enquanto o grosso da tropa iria caçar com ele. Deixaram uma pequena guarda vigiando os animais e partiram a pé atrás de comida.

Após algumas horas, em que viram alguns pequenos bandos de gazelas, búfalos e outros animais de grande porte que fugiam à frente deles, afugentados pelo odor indefectível do homem, avistaram uma aldeia que deveria ter mais de cinco mil habitantes. De longe, parecia ser bela e razoavelmente limpa, e, da distância que estavam, os habitantes pareciam bastante civilizados, vestindo roupas que os cobriam adequadamente. Resolveram aproximar-se cuidadosamente, mas sem se aventurarem demais. Abalaju deixou quatro homens escondidos no mato e adentrou com três homens, tentando ser o mais discreto possível. Deu ordem para que, se não voltasse até o cair da noite, os homens voltassem para onde estavam os animais e trouxessem um grupo maior de guerreiros a fim de livrá-los de algum grave perigo ou de se vingarem de suas prováveis mortes.

Um homenzarrão de dois metros, pesando cento e vinte quilos, com um rosto duro, queixo quadrado, cabelos longos encaracolados, vestido com uma túnica estampada em que predominava o vermelho e o laranja não poderia chamar mais a atenção dos habitantes daquela cidade. Em poucos minutos, eles foram cercados por guerreiros vindos de todas as direções. Abalaju deu ordem aos demais para não reagirem; não poderiam fazer face a mais de quarenta homens armados. Fizeram sinais de paz que os igbôs entenderam e deram-lhe ordem de entregar suas armas e segui-los. Era a primeira vez que Abalaju se via numa situação tão canhestra como aquela e já se arrependera de ter se metido naquela grave condição.

Os prisioneiros foram amarrados por grossas cordas e levados à presença do rei. O *oba*, que fora avisado da presença dos estranhos, apareceu acompanhado de um séquito de guerreiros, ministros e conselheiros. Eles instalaram-se no lado de fora da grande casa do monarca e Abalaju foi empurrado para frente com certa violência, o que o deixou furioso.

O *oba* começou a questionar Abalaju e, para tal, ele falava baixinho com um dos seus conselheiros que repetia a pergunta alto. Ele queria saber o que eles estavam fazendo ali, e Abalaju disse-lhe a verdade. Relatou que era parte de um grande grupo de pessoas que vinham instalar-se na margem ocidental do Odo Oyá, e assim por diante.

O interrogatório já ia adiantado, quando Abalaju escutou uma voz que lhe era cara ao coração.

– Meu irmão Abalaju.

Saindo de trás da aglomeração, tendo acabado de chegar àquele local e investigando o motivo da reunião, apareceu Erinlê, o irmão de Abalaju, que estava desaparecido há mais de dois anos. Erinlê atravessou os dez metros que o separavam do irmão, abraçou Abalaju e, com uma faca, cortou os liames que o prendiam. Os guardas iam reagir, mas o *oba* fez um gesto com a mão permitindo que Erinlê o soltasse. Tomado da mais viva surpresa, Abalaju abraçou o irmão com um amplexo tão vigoroso que o forte Erinlê sufocou e disse-lhe brincando:

– Calma, Abalaju, assim você vai me triturar os ossos.

Para Abalaju, naquela hora, não existia mais nada no mundo, somente seu doce e querido irmão. Aquele homenzarrão de expressão tão severa, olhos glaciais que transmitiam até mesmo uma certa maldade, mesmo que só fosse aparente, derramou-se em lágrimas de alegria enquanto beijava Erinlê nas faces.

Passados aqueles rápidos instantes de efusiva alegria, Erinlê, já livre do abraço do irmão, virou-se para o *oba*, que presenciava enternecido toda aquela cena, e disse-lhe:

— Pai Adjagemo, apresento-lhe meu irmão Abalaju, do qual já lhe tinha falado.

O *oba* meneou levemente a cabeça e esboçou um sorriso, apenas perceptível no canto da boca. O fato de Abalaju ser irmão de Erinlê não o fazia ser menos perigoso. Este gigante estava vindo com um grupo enorme de pessoas que iriam conturbar aquela região já tão perturbada. O fato de ser irmão de Erinlê, contudo, conferia-lhe uma posição menos humilhante do que a de um simples prisioneiro, mas, mesmo assim, Adjagemo devia ter cuidado. Ele mandou soltar os demais prisioneiros, trazer comida para eles e convidou Abalaju para confabularem. Passaram quase duas horas falando a respeito de quantos eram, onde poderiam se instalar e quando isso aconteceria.

35

Assim que Abalaju e Erinlê se viram a sós, o jovem irmão do gigante contou sua história. Ele disse que, quando ele correu atrás da caça, perdeu-se de Abalaju e pôs-se a gritar pelo irmão. Encaminhou-se mais para o oeste, enquanto o irmão se dirigia mais para o norte. Assim, separaram-se e na densa floresta não havia como se encontrarem, já que iam em direções quase opostas.

Após vários dias de marcha, ele foi apanhado de surpresa por uma forte chuva que o ensopou até os ossos. Ele procurou abrigar-se debaixo de algumas árvores, mas o vento estava muito forte e ele não conseguiu proteger-se adequadamente. No outro dia, de manhã, uma febre alta tirou-lhe as últimas forças. Ele tossia e seu nariz estava tomado por uma forte coriza. A febre aumentou e, aos poucos, com o corpo todo doído, ele resolveu parar e se restabelecer. Conseguiu colher algumas ervas, macerou-as no cantil que carregava e bebeu a infusão que produzira. Não se sentiu melhor e a febre dominou-o por completo.

Com uma febre que ultrapassava os quarenta graus, fazendo-o delirar, e com uma pneumonia dupla, ele estava a caminho da morte. Fechou os olhos, arriado debaixo de uma árvore, e, com a mente em desvario sonhando com os tempos de infância, adormeceu, acreditando que iria para o *orun*.

Acordou com um pano frio em sua testa ainda escaldante e teve imensa dificuldade em abrir os olhos. Quando o conseguiu, a imagem estava turva, sua mente confusa e a visão mal-definida e escura mostrava-lhe uma mulher que estava sobre ele. Aos poucos, com o coração aos saltos e muito agitado, conseguiu sentar-se e viu uma mulher de beleza indescritível. Era uma negra retinta, possuidora de um corpo escultural. Seu rosto parecia ter sido talhado por um artista, de tão belo que era. Para completar a figura, tinha olhos negros imensos e sua expressão, mesmo preocupada com o estado de agitação de Erinlê, era doce e maternal. Conseguiu a muito custo deitar Erinlê, que, já mais calmo, passou a escutar o que ela falava. Era uma língua que se parecia remotamente com gba, com fonemas diferentes, e ele foi deduzindo o sentido das frases.

Após trocarem alguns dedos de prosa, descobriu que fora encontrado por um grupo de caçadores e trazido para a aldeia de Idetá-Ilê. Levaram-no para a casa de Adjagemo, o chefe da aldeia, e ele estava sendo cuidado por uma das filhas adolescentes do *oba*, que se chamava Ipondá. Durante vários dias, ela cuidou dele, seguindo as instruções ministradas pelo *ajé* da aldeia, assim como de um sem-número de sugestões dadas pelas mulheres mais velhas. O *ajé* fizera uma oferenda a Arawê para que ele não morresse, e preparou uma infusão com tantas ervas e sangue de animais de oferendas, que foi um milagre ele não ter morrido envenenado. Contudo, Ipondá fora sábia quando escolheu os remédios certos, assim como quando se dedicou com afinco a salvar Erinlê. Ela ficara encantada com sua figura máscula e esguia. Jamais havia visto alguém de tão rara beleza, até porque o jovem caçador, além de belo, era também muito claro de pele, o que a atraíra.

A recuperação do combalido Erinlê levara alguns meses, mas, no final do período, ele havia recuperado as forças. Aos poucos, ele foi se movimentando pela aldeia, travando relações amistosas com um e outro.

Por fim, foi levado à presença de Adjagemo. Os dois tiveram um bom entrosamento e Erinlê contou-lhe a sua história desde a fuga de Meroé até a ida a Okeorá, que, para eles, era um lugar mítico. Dissera que ele e o irmão tinham vindo numa excursão de caça e de reconhecimento do terreno e que haviam se separado num infeliz percurso da caçada.

Adjagemo escutou sua história, mas, como homem sagaz, logo imaginou que, mais cedo ou mais tarde, Erinlê partiria para sua casa e contaria a todos a existência de sua aldeia. Isso era uma coisa que ele não desejava; temia os estrangeiros devido às lendas sobre a vinda no futuro de homens poderosos que os conquistariam, expulsando-os de suas terras.

Seus ministros, após conhecerem a história de Erinlê, condenaram-no à morte e Adjagemo só não o mandou matar por dois motivos. O primeiro é que ele fora trazido por um grupo de caça que o havia recolhido quase morto na floresta e, como convidado, não devia ser morto para que o *egun* do falecido não ficasse rondando a aldeia para sempre em busca de vingança. O segundo motivo é que ele descobrira que sua adorada filha Ipondá estava apaixonada por ele e, mais do que isso, ela esperava um filho dele.

Isto acontecera como só poderia ser entre dois seres cuja proximidade conduziria à intimidade, confidenciou Erinlê a um espantado Abalaju. No início, ele era obrigado a fazer suas necessidades num pequeno vaso e era limpo por Ipondá. À medida que se fortalecia, ela ajudava-o a ir até o bosque onde ele se aliviava, sempre amparado por ela. Duas vezes por semana, ela o conduzia até o riacho, onde o lavava, inclusive em suas partes íntimas. Quisesse ou não, essa proximidade excitava-a e, para ele, se no início o deixava envergonhado, no final era motivo de alegria. Bastou ficar forte para que o clamor do sexo retornasse e a moça pudesse observar, deliciada e, ao mesmo tempo, igualmente excitada, a sua virilidade.

O romance dos dois podia ter começado dada a proximidade entre eles e um envolvimento físico intenso que ditou as primeiras relações, mas logo descambou para o mais puro dos amores. Este envolvimento não escapou aos olhos atentos da mãe de Ipondá. Porém, quando a mãe notou que os dois se amavam profundamente e que já tinham se conhecido intimamente, ela advogou a união dos dois perante o marido. Ipondá, por ser bela e meiga, era uma das filhas favoritas de Adjagemo, que não gostou do fato de sua filha se unir a um estranho, mesmo que este contasse que era filho de um poderoso rei vindo do leste.

Adjagemo conversou com Ipondá e descobriu que, além dos dois estarem apaixonados, ela estava grávida. Sem muita paciência para escutar longas histórias, Adjagemo concordou com o matrimônio.

Após contar suas aventuras e desventuras, Erinlê aproveitou o ensejo para apresentar seu gigantesco irmão a sua mulher. Foi neste instante que Abalaju entendeu por que seu irmão não fizera o menor esforço para fugir de volta para Okeorá: Ipondá era a mulher mais linda que ele jamais vira.

36

Adjagemo retirou-se para discutir o assunto com seus ministros, enquanto Erinlê colocava em dia os dois anos de afastamento. Mesmo que ninguém soubesse, Adjagemo era um homem corroído por uma gastrite que lhe atacava o estômago, sendo dado a dores atrozes que o prostravam por dias seguidos, mas tinha uma vontade férrea e não se deixava abater com facilidade. Naquele dia, as dores o haviam incomodado a noite inteira e ele estava esgotado.

Seus ministros, a maioria guerreiros, queriam matar os imigrantes e não deixá-los se estabelecerem na região. Havia bastante espaço para todos, mas eles simplesmente não queriam que os estrangeiros, como eles os chamavam, se implantassem por aquelas plagas. Todos relembravam que, há muitos anos, um adivinho de grande reputação entre eles havia tido uma visão de que sua terra seria invadida por povos estranhos vindos de onde nasce o sol. Em sua visão, ele os viu chegar em grande número e os igbôs foram expulsos de suas terras. Assim, com esta lenda em mente, os igbôs tornaram-se extremamente xenófobos.

A reunião girou em torno dessa lenda. Seria um perigo deixar esses homens se instalarem em sua região. Eles deviam atacá-los enquanto estavam enfraquecidos e às margens do rio Odo Oyá. Se eles fossem empurrados para dentro do rio, os igbôs poderiam ficar com o gado, com as mulheres e escravizar as crianças. Eles poderiam lucrar muito com isso.

Adjagemo sabia que seria um movimento perfeito, mas existia um inconveniente: os igbôs não eram um povo, e sim um nome genérico de várias aldeias que se localizavam numa área bastante grande. Existia muita rivalidade entre eles, inclusive um estado de guerra constante entre Idetá-Ilê e Okê Itaxe. Sozinha, Idetá-Ilê não teria guerreiros para enfrentar os estrangeiros, já que pelos relatórios o seu número era incontável.

Pelo seu lado, Adjagemo não sabia que os estrangeiros eram um agrupamento de homens reunidos pela premência do tempo e pelas necessidades extremas da seca. Eles não formavam um grupo de guerreiros que poderia se chamar de exército. Eram, de fato, apenas um amontoado de homens que manejavam o arco e a flecha como caçadores. Eles não tinham a menor ideia de ordem unida, de movimentos guerreiros e não sabiam usar suas duas grandes armas: o número superior de homens e a cavalaria.

Sendo um homem racional, Adjagemo explicou aos participantes da reunião, que, pelas informações colhidas, os estrangeiros eram por demais numerosos para serem enxotados. Os guerreiros de Idetá-Ilê chegavam a quinhentos homens bem armados e treinados na arte da guerra, mas os estrangeiros tinham pelo menos dez mil guerreiros. Seria uma luta inglória e Idetá-Ilê corria o risco de ser exterminada.

Por outro lado, matar Abalaju e seu grupo poderia atrair a ira do agrupamento principal, já que ele era filho de um dos mais poderosos chefes. Ele havia sido informado pelo chefe igbô que havia recebido presentes de Obassin e sabia que o número que havia atravessado o Odo Oyá era gigantesco. Após horas de discussões intermináveis, Adjagemo decidiu: os imigrantes poderiam passar por suas terras, desde que deixassem mil cabeças de gado, e fossem se instalar bem mais a oeste, perto do grande *okun* – mar. Uma parte de sua comitiva de ministros aceitou a determinação de Adjagemo, e outra parte, contrariada, ainda queria fazer guerra, mas concordou em esperar o momento oportuno.

Por uma pequena comitiva, Abalaju foi avisado da determinação de Adjagemo e do pagamento a ser feito. Resolveu então partir com seus guerreiros para avisar Olunwi e o resto da comitiva. Convidou Erinlê a voltar com ele, mas o irmão declinou do convite e explicou-lhe o motivo; sua mulher Ipondá dera à luz e a criança de dois meses ainda precisava de extensos cuidados, além do que Ipondá estava recebendo preciosa ajuda de sua família.

Os dois irmãos abraçaram-se e Abalaju partiu feliz por tê-lo reencontrado e também por ter solucionado o problema de estada de seu extenso grupo. Desconfiava, entretanto, que esta paz não seria duradoura e ele teria que guerrear contra os terríveis igbôs.

37

Enquanto Erinlê resumia suas aventuras e desventuras para seu irmão, os guerreiros do grupo de Elesijê Oloxê chegavam ao acampamento principal. Eles informaram que Elesijê Oloxê tinha descoberto um lugar adequado para se instalarem. Naquela noite, os chefes reuniram-se e decidiram que Setilu iria ao encontro de seu filho, levando um grupo de quatorze mil pessoas. Partiriam o mais rápido que pudessem, e calcularam que levariam cerca de três dias para reunir as pessoas que quisessem ir para Okê Igéti, onde estava Elesijê Oloxê.

Quando o grupo estava se preparando para partir, chegaram os homens de Obagedê, informando que o chefe de Okê Itaxe estava disposto a receber todos os que assim desejassem viver naquele lugar. Eles contaram os combates havidos e que o rei do local, que se intitulava de Obaluaê, ficara tão agradecido pela ajuda, que estabelecera uma grande área vizinha da aldeia para a implantação de quem quisesse ir para lá.

Olunwi ficou preocupado com o fato de existir uma guerra naquela região, mas, sob a insistência de Owerê e dos demais chefes que não quiseram ir para Okê Igéti, acabou por ceder, e ficou decidido que uma parte do grupo iria para lá. No entanto, como Abalaju não dera sinal de vida, Olunwi destacou Obassin para aguardar pelo irmão e levá-lo para Okê Itaxe. Os preparativos, neste caso, seriam mais rápidos, já que não haveria que separar pessoas e gado: os que não foram para Okê Igéti, iriam para Okê Itaxe.

Durante dois dias o grupo preparou-se e partiu lentamente para Okê Itaxe. Eram quase cinquenta mil homens e incontáveis cabeças de gado. Levaram quase o dia inteiro para partir e, assim que o fizeram, foram serpenteando por entre os morros da região. Levariam cerca de uma semana para chegar a Okê Itaxe.

Três dias depois de o grupo principal ter partido, Abalaju e seus guerreiros chegaram ao antigo acampamento principal. Agora, o local estava quase vazio e só restavam Obassin e seus guerreiros. Os dois irmãos se encontraram e se abraçaram. Obassin relatou a Abalaju tudo o que acontecera, e o gigantesco negro ficou preocupado; viu que o pai e o grosso de seu povo estavam se dirigindo às terras de Obaluaê, inimigo declarado de

Adjagemo. Após discutirem o assunto, eles resolveram partir celeremente no outro dia para avisar ao pai, de forma que não fosse para Okê Itaxe e ficasse o mais distante possível das terras dos dois contendores.

Partiram a cavalo e, mesmo andando muito mais rápido do que o agrupamento principal, só os alcançaram quando já estavam em Okê Itaxe. Abalaju explicou toda a situação a Olunwi e a Obatalá. Os dois ficaram preocupados e resolveram montar acampamento a certa distância de Okê Itaxe, mas Obameri, o chefe dos nobas, que haviam vindo de Meroé junto com Olunwi, já se tinha instalado com seu grupo. Ele explicou aos dois chefes que seu povo estava muito enfraquecido para levantar acampamento, e muitos dos que haviam andado sete dias estavam no mesmo estado deplorável. Eles preferiam ficar em Okê Itaxe; se fossem para onde os dois chefes queriam ir, teriam ainda mais esforço a despender, já que não era apenas ter que levantar acampamento, mas também preparar o terreno, construir novas casas e inúmeras outras atividades.

Após aceitar as explicações dos nobas, Olunwi partiu com Obatalá e cerca de quinze mil pessoas que faziam parte de Okeorá e que tinham o rei do pano branco na mais alta conta. Andaram mais um dia e começaram a queixar-se. Olunwi viu que realmente o povo estava no limite de suas forças.

Obatalá levou a queixa dos subchefes para Olunwi e os dois confabularam longamente. O ideal é que eles se afastassem de Okê Itaxe de tal forma que não ficassem na área de influência da aldeia. Assim, Adjagemo não poderia dizer que eles eram aliados de Obaluaê. Mas tal atividade exigiria mais uma semana de andanças e a mortandade seria alta; o povo estava cadavérico. Era possível enxergarem-se as costelas nos corpos de todos, e muitos estavam tão depauperados que já não andavam, exigindo que fossem carregados.

Após muita conversa, os dois concordaram em montar o acampamento naquele lugar. O local era aprazível, havia morros circundando um pequeno vale e água em abundância. Os dois chefes falaram com Abalaju e Obassin e encarregaram-nos de ir até Idetá-Ilê explicar a situação a Adjagemo e afiançar ao *babaigbô* que não iriam participar de nenhuma luta, fosse de que lado fosse: só queriam viver em paz.

Abalaju já tinha informado Olunwi e Asessu de que Erinlê estava vivo, casado com Ipondá e tinha um filho chamado Iminikirê. Olunwi exultou de alegria, chegando a ter lágrimas nos olhos, mas Asessu teve uma reação estranha que assustou os dois homens. Ela ficou profundamente irritada com a notícia e saiu esbravejando como se tivesse sido insultada.

Conhecedor do estranho humor da esposa, Olunwi deixou-a em paz, mas Abalaju foi falar com ela. Ele queria saber o motivo de tal atitude intempestiva. A mãe não teve muita dificuldade em expor-lhe a sua zanga.

– Erinlê é um filho desnaturado. Está vivo e resolve ficar numa aldeia estranha, em companhia de uma mulher qualquer e ainda se divertir com ela, enquanto a sua mãe se corrói de aflição. Um absurdo, um verdadeiro absurdo!

Abalaju normalmente aturava os maus humores maternos e não dava maior importância aos seus rompantes. Porém, naquele dia, ele estava particularmente azedo e a raiva subiu-lhe rápido à cabeça. Desse modo, sem paciência e com ira da mãe por estar atacando seu querido irmão, ele retrucou de forma violenta, sem medir palavras e com a expressão cheia de ódio:

– Absurdo é você não ter compreensão para os problemas dos outros. Quem a escuta falar irá acreditar que você é uma boa mãe e se preocupa com seus filhos. Ora, nós fomos criados pelas suas aias e só a víamos eventualmente. Você só se preocupa com você e mais ninguém.

Asessu ficou indignada e quis retrucar, mas Abalaju estava enfurecido, e ela sabia que nessa hora era melhor deixar que o gigante desabafasse. Ele prosseguiu em sua alocução raivosa.

– Você não está preocupada com seu estado. Nem sequer se preocupa com o fato de que ele é um prisioneiro de nossos inimigos e que a qualquer momento pode ser morto. Não, a sua preocupação é apenas porque ele não fugiu para atender às suas aflições.

– Ora, Abalaju, eu me...

Abalaju nem deixou Asessu completar o raciocínio e disparou o seu último e mais pesado insulto.

– Você é uma egoísta! Só pensa em você!

A verdade revoltou Asessu a ponto de não mais tolerar os insultos de Abalaju. Ela empertigou-se e gritou de volta, com toda a força que pôde reunir naquela hora.

– Egoísta é você. Você é um idiota que ousa levantar a voz para sua mãe. – E dando uma pequena pausa, mudando de tom de voz, ela arrematou num tom de aparente calma: – Eu o quero fora de minha casa. Saía e não volte mais. Você não é mais meu filho.

Abalaju também sabia ferir verbalmente alguém quando queria e retrucou com um profundo desdém em seu rosto.

— Nem eu, nem Obassin, que você despreza, nem Erinlê, que você rejeitou. Só lhe sobrou Isidalê, que não tem coragem para enfrentá-la. Se você quer que eu saia de sua casa, será feita sua vontade, mas também não apareça na minha, pois se eu não sou seu filho, meus filhos não são seus netos.

Assim falando, Abalaju deu as costas e saiu batendo o pé, deixando a pobre mulher em prantos, pois perder Abalaju e Erinlê num único dia fora um golpe duro, mas perder os netos que ela adorava era demais para seus nervos em frangalhos. Daquele dia em diante, Asessu tornou-se reclusa e depressiva, e até mesmo o marido Olunwi tornou-se um estranho para ela. Sentia irrefragáveis saudades dos tempos em que vivia no luxo e fausto do passado e acalentou o sonho de retornar á Meroé. Mas quem a levaria? Como faria para atravessar as savanas? Profundamente mergulhada em pensamentos dissonantes, Asessu ficou em completo estupor por vários dias. Abalada em sua saúde mental, ela beirou perigosamente à demência e, neste estado deplorável, começou a imaginar perigosas quimeras. O que poderia sair de sua cabeça?

38

Enquanto Abalaju e Asessu discutiam, e mãe e filho se separavam, os dois chefes da nova aldeia se reuniam com os subchefes, os *onis*, os *ajés* e os conselheiros, a fim de articularem as principais providências a serem tomadas para a construção da nova cidade.

Discutiram assuntos de ordem prática, e Olunwi, um aksumita, acostumado com uma das cidades mais belas daquela época, queria reproduzir algumas das suas construções. Contudo, ele sabia que não havia os artesãos aksumitas para fazer os palácios e as construções que embelezavam a cidade de Aksum. Acostumado com ruas largas, traçou o que ele achava que seria uma cidade de beleza possível. Sim, porque sabia que havia o ideal e o possível, e, sem os artesãos aksumitas, ele faria apenas o possível e não, o seu ideal de beleza citadina.

No meio da conversa, alguém perguntou como se chamaria a cidade e um silêncio reinou por alguns segundos, até que a voz suave de Obatalá se fez ouvir.

– Esta deve ser nossa casa. Não um lugar de passagem, mas um local onde possamos criar nossos filhos em paz e sem ter medo do futuro. Deve ser uma cidade sagrada, pois o lar é o santuário do homem. Eu proponho que a chamemos de *Ilê Nfé* – a casa eterna.

As palavras de Obatalá calaram fundo na alma dos presentes. Eles estavam tão cansados da viagem que, se não fora longa, fora extremamente cansativa e demorada para um povo que já estava combalido pela falta de alimentação. Sim, houve um acatamento tácito de todos. Seria Ilê Nfé, a morada permanente, a casa eterna. Alguns dias depois, todos já tinham reduzido Ilê Nfé a Ifé, a cidade sagrada, a residência de Obatalá e dos seus companheiros de jornada, e assim ela seria chamada.

Abalaju e Obassin partiram para Idetá-Ilê, levando presentes, cem cabeças magras de gado e uma escolta de vinte homens. Adjagemo havia determinado mil cabeças, mas Olunwi achou que era um número excessivo e, por isso, resolveu baixar para cem, que já era uma quantidade elevada para quem estava empobrecido. Cavalgaram lentamente, pois não eram somente os homens que estavam depauperados, mas também os animais. Levaram dois dias para cobrir os poucos quilômetros que separava Ifé da aldeia de Idetá-Ilê.

Foram recebidos por Adjagemo com a sua frieza habitual. Naquele dia, ele não estava com dores e havia dormido bem de noite. Adjagemo escutou Obassin apresentar-lhe os presentes e as explicações de que eles haviam acampado perto de Okê Itaxe. Franziu o cenho em desagrado pela notícia.

– Ó poderoso Orixanlá, saiba que nosso povo está exausto. Eles não têm mais força para andar. – E, fazendo um verdadeiro teatro, Obassin arrematou: – E quando digo nosso povo, eu me explico. Eles também são seus filhos, pois tanto nós como seus ilustríssimos ancestrais vieram de Okeorá. Somos todos filhos desta bendita terra que nos recebeu em seu regaço.

Pelas informações que Abalaju lhe havia fornecido, Obassin sabia da existência de ministros de Adjagemo que desejavam a guerra e o extermínio de todos os estrangeiros e, portanto, Obassin, inflamado em sua alocução, prosseguiu:

– Saibam os grandes ministros de Orixanlá Adjagemo que nossos velhos estão cansados, nossas mulheres estão pele e osso, nossas crianças... Ah!... Nossas pobres crianças estão morrendo à míngua. É uma cena de deixar qualquer homem com lágrimas nos olhos. E o que posso falar de nossos homens? Cansados, os olhos fundos, a angústia estampada nas faces, envidando todos os esforços para alimentar o nosso sofrido povo, que também é seu povo, ó grande Adjagemo.

Tudo que Obassin dizia era verdade, mas o que o caracterizava era a forma teatral com a qual ele dizia as palavras e convencia as pessoas. Até mesmo os mais jovens, inimigos de qualquer estrangeiro, se comoveram. Realmente, como fazer a guerra contra inválidos e pessoas que, na realidade, eram da mesma raiz ancestral que eles? Obassin sabia que não era hora de guerra. Dessa forma, vendo que suas palavras haviam encontrado eco nos corações dos homens mais empedernidos, ele lançou-se com todo o seu poder de persuasão e arrematou:

– Não somos estrangeiros. Somos seus irmãos do outro lado do sagrado Odo Oyá. Esta terra é vasta e dadivosa, e onde nós nos colocamos não somos aliados de Okê Itaxe e muito menos inimigos de Idetá-Ilê. – E nesse instante, Obassin virou-se para Adjagemo e disse-lhe, com uma voz tranquila e sonora: – Entre nós também temos nossa figura sagrada, cujos ancestrais lhes são comuns. Nosso pai Obatalá é seu irmão, ó grande Adjagemo. Ambos se vestem de branco e ambos cultuam a paz, pois somente a cabeça pequena é esquentada e só pensa em guerra. Os grandes homens, os que têm o pensamento grande, o *ori xaxarô nla*,[12] os *orixanlás*, são pessoas capazes de ver nos outros criaturas semelhantes, todas nascidas do grande Olorun. Assim, viemos aqui em paz para vivermos em paz e fazermos uma aliança de paz com todos da região. Nada queremos e nada pedimos, a não ser o direito de viver em paz, criando nossos filhos e nosso gado.

Com esta última frase, ele viu que tinha atingido seu objetivo. Obassin era um homem inteligentíssimo e extremamente prático. Ele sabia que o maior número de guerreiros egbas, efans e de várias outras tribos que tinham vindo de Okeorá e das aldeias vizinhas não representava nada. Eram caçadores que não estavam acostumados à guerra. Os ijexás eram mais bem estruturados e, mesmo em número menor, eram melhores guerreiros. Portanto, uma guerra seria um desastre para Ifé. Por outro lado,

---

[12] Ori xaxarô nla – a cabeça que reflete (pensa) grande.

ele pensava em voltar a negociar com os futuros bens que Ifé e as demais aldeias poderiam vir a produzir e o mercado natural seriam as aldeias igbôs. Ora, a guerra e o comércio de bens não se coadunam. Obassin, mesmo sendo excelente guerreiro, era um homem de paz, não por princípio, pois matar para ele era uma atividade que não o constrangia, mas por praticidade, já que seus negócios não poderiam prosperar na guerra.

Para encerrar sua preleção, Obassin falou com uma voz altaneira.

– Que as lendas futuras que hão de falar de nosso acordo digam que ele foi feito entre homens de grande saber, e não entre seres sanguinários que se locupletaram com o sangue de crianças inocentes e de velhos cansados e enfraquecidos.

Fora um golpe de mestre; crianças e velhos eram respeitados pelos guerreiros.

Após a reunião, Abalaju voltou a falar com Erinlê e disse-lhe que aproveitasse a boa época para sair de Idetá-Ilê com sua mulher e filho e partir com eles. Erinlê recusou novamente, pois dizia que não havia preparado o espírito de sua mulher para uma partida assim tão abrupta. O que Erinlê não dissera era que estava aprendendo os segredos das ervas e das infusões com os *ajés* da tribo.

Desde que se recuperara, Erinlê ficou interessado pela forma como fora tratado. Mesmo sendo uma jovem, Ipondá conhecia as ervas, tendo sido iniciada nas artes mágicas desde cedo. Ela lhe ensinou e apresentou os *ajés* que, por meio de jogos de *obis*, concluíram que o jovem era dotado de poder especial de cura e que os *eborás* aceitavam que ele fosse ensinado nos mistérios das ervas, das infusões, emplastros e remédios. Desde o início, demonstrou que era excepcional curandeiro e com isso passou a ser usado pelos *ajés* como ajudante. Rapidamente, sua fama se espalhou pela aldeia. Assim, Erinlê passou a ter uma atividade adicional; além de excepcional caçador, arqueiro de valor admirável, tornou-se um *ajé* de grande poder e isso o deixava feliz. Tornar-se útil foi para Erinlê mais importante do que qualquer outra honraria. Ao ser convidado para partir, Erinlê, além de não ter comentado qualquer tipo de partida da aldeia com Ipondá, sentia que desejava ficar para aprender mais com os *ajés* e também continuar sendo útil ao povo da aldeia.

Abalaju e Obassin voltaram para Ifé com a promessa de não haver guerra entre seus povos. Obassin acreditava que tinha conseguido a paz e que dela adviriam bons negócios, mas Abalaju estava apreensivo. Observara que os guerreiros ijexás eram bem armados, obedientes e disciplinados, e ele também sabia que seus homens eram uma massa disforme e indisciplinada que, numa batalha, seria facilmente varrida pela fúria igbô.

39

A cidade de Ifé foi construída a duras penas. O povo estava cansado, enfraquecido e com muito pouca motivação. Um grupo maior de homens e mulheres preparou os campos para a plantação de inhame, milhete e legumes, enquanto os adolescentes passaram a tomar conta do gado, que eles colocaram em vários cercados. Um agrupamento de homens e mulheres construiu as casas, e Olunwi dedicou-se exaustivamente a traçar as ruas, as alamedas e determinar os locais para a construção do palácio de Obatalá e o seu próprio.

Os meses foram se passando e o que parecia ser, finalmente, um local apropriado foi se revelando não ser assim tão propício. Nem tanto pela posição geográfica, mas pela seca que os alcançou de forma avassaladora. Se a seca no lado oriental do Odo Oyá fora terrível a ponto de expulsá-los, agora parecia que ela os tinha acompanhado, atacando toda a região das margens ocidentais do rio. É verdade que, antes da chegada deles, já havia sinais de seca, com pouca chuva, mas os rios da região ainda ofereciam água suficiente para viverem adequadamente. Por coincidência ou não, após a chegada de Obatalá e Olunwi e seu vasto grupo de imigrantes, as chuvas rarearam a ponto de não chover mais durante meses e as águas dos córregos e riachos tornaram-se um filete de água imprestável e insuficiente para aliviar a sede de pessoas e gado. Até os animais ferozes sentiam na pele o calor causticante e a sede abrasadora, sendo que muitas manadas migraram para perto do Odo Oyá e do rio Oxum, que ainda continuavam cheios, e outros animais menos afortunados morriam à míngua perto dos poços de água que haviam se convertido em cemitérios a céu aberto.

Olunwi e Obatalá chamaram os principais *ajés* e sábios de sua aldeia e das vizinhanças para uma grande conferência a fim de tentarem encontrar uma solução. Havia poucos rios na região que ainda apresentavam condições adequadas e, mesmo assim, excessivamente distantes para oferecerem sua dadivosa água aos moradores da vasta região. A reunião, que era para tentar encontrar uma solução de consenso, começou e terminou em balbúrdia e discussões estéreis. Os *ajés* igbôs colocavam a culpa da seca nos imigrantes, imputando-a aos infelizes; haviam sido eles que haviam trazido a seca, seja porque haviam sido amaldiçoados pelos *eborás*, seja por alguma razão inexplicável ou absurda. Por mais que os dois líderes tentassem colocar um pouco de bom-senso na cabeça dos homens, eles só viam maldições e perseguições do mundo espiritual sobre eles. Um deles chegou a sugerir que os imigrantes partissem; assim, as chuvas voltariam e tudo se normalizaria. Até mesmo Setilu, que já havia consultado o *ifá*, não era capaz de dar uma sugestão que levasse os homens a um consenso.

As semanas continuaram a passar e as oferendas haviam se multiplicado. Em algumas aldeias igbôs, até mesmo inimigos capturados eram mortos em inúteis oferendas aos deuses. As cabeças decepadas, com os braços amarrados para trás e a boca tampada por grossos panos para impedir que as vítimas amaldiçoassem seus algozes, não foram suficientes para trazer as chuvas de volta. Agora, até mesmo os grandes rios da região haviam se tornado riachos, cujas margens lamacentas impediam o acesso de homens. As margens estavam cheias de carcaças de animais que haviam atolado e morreram a poucos metros da água que poderia salvá-los.

Enquanto isto acontecia, a cidade de Idetá-Ilê também sentia os efeitos devastadores da seca. Os *ajés* da cidade haviam vaticinado que a morte rondava os habitantes e, igualmente, colocaram a culpa da seca nos recém-chegados. Erinlê, agora um feiticeiro por completo, era um homem racional que afirmava que seca era um fenômeno natural. Ele explicava que tal fenômeno já acontecera em outras regiões, mas que, mais cedo ou mais tarde, as chuvas voltavam e tudo retornava à normalidade. Suas explanações racionais não encontravam eco nas mentes primitivas dos igbôs e ele só não foi sacrificado aos *eborás* por uma intervenção de Adjagemo, pressionado pela doce Ipondá.

A belíssima esposa de Erinlê, Ipondá, estava grávida do segundo filho e escutara quando as feiticeiras da aldeia comentaram que os *ajés* achavam que deviam sacrificar Erinlê para os *eborás*. Ela ficou absolutamente desesperada; além de amar muito o marido, ela ficaria só para criar dois filhos. Ela foi procurar o pai, que a recebeu e mantiveram um longo colóquio. Ela explicou o motivo de sua visita e pediu a intervenção paterna, obtendo, após muito custo, a formal promessa de Adjagemo, como rei e homem, que não permitiria que nenhum mal acontecesse ao marido.

Adjagemo conversou com os *ajés* e conseguiu que outro homem fosse capturado pelos igbôs, contudo, ele sentiu que, se a chuva não voltasse rapidamente, Erinlê correria perigo de vida; os *ajés* estavam decididos a sacrificá-lo, achando que era ele, especificamente, que trouxera a desgraça para a aldeia. Se a chuva não voltasse, Adjagemo sabia que nada poderia salvar a vida de Erinlê.

40

Winni e Oreluerê eram o chefe e subchefe do grupo de aksumitas que haviam sido mandados atrás de Olunwi. Eles haviam caído na emboscada armada por Abalaju e, por ordem de Olunwi, não haviam sido mortos, tendo jurado lealdade para com o grupo. Os dois chefes e seus poucos comandados sobreviventes se incorporaram ao grupo e foram para Okeorá. Durante os anos que lá passaram só fizeram duas coisas: reclamar da vida e conspirar contra Olunwi. As reclamações não chegavam aos ouvidos dos chefes; eram discretos e dissimulados. Na frente deles eram bons trabalhadores, obedientes e risonhos; sabiam que estavam vivos devido à palavra de Olunwi, pois, por seus filhos, eles teriam sido eliminados há muito tempo.

Com o decorrer do tempo, o grupo de presos aksumitas foi tendo sua vigilância relaxada, e já não havia ninguém os vigiando. Com isso, muitos deles conseguiram casar-se com mulheres egbas que não os conheciam como inimigos de Olunwi. Winni e Oreluerê se casaram também com belas mulheres egbas e já tinham tido filhos com elas, mas nem tinham amor por elas, considerando-as como primitivas, e sequer tinham consideração pelos meroítas e aksumitas que os haviam deixado viver.

Com a mudança do grupo de Okeorá para Ifé, os dois vieram juntos, aparentemente felizes. Eles eram bons caçadores e, de fato, eram bons guerreiros, tendo tido excelente treinamento militar em Aksum. Olunwi havia dado ordem de aproveitar a experiência militar dos dois para que Abalaju organizasse a guarda do acampamento provisório na passagem do Odo Oyá. Os dois homens puderam participar e conhecer os problemas que Obatalá e Olunwi estavam enfrentando com a guerra entre Idetá-Ilê e Okê Itaxe. Acompanharam atentamente as idas e vindas dos filhos de Olunwi à cidade de Adjagemo e notaram quando o grupo se dividiu, uns indo para Okê Igéti, outro estacionando em Okê Itaxe e, finalmente, o grupo maior, mas enfraquecido, construindo a cidade de Ifé.

Quando a seca recrudesceu, observaram que os igbôs colocavam a culpa desse fato na chegada dos recém-vindos, e sentiram que o momento era propício. Winni, agora chamado de Obawini, por ser um importante chefe guerreiro, jamais havia desistido da ideia de matar Olunwi, decepar sua cabeça, levá-la consigo para Aksum e receber as honras militares e, quiçá, financeiras pela captura e morte de um inimigo do Estado. Mas o que mais o motivava a retornar ao seu rincão natal era a vida luxuosa de Aksum, que era de longe superior à de Okeorá e da própria Ifé.

Certo dia, quando os dois chefes estavam caçando sozinhos, eles encontraram um grupo de três caçadores igbôs que estavam enfrentando sério problema com um búfalo. Eles haviam alvejado a anca traseira do animal, o que o impedia de fugir, e tentavam matá-lo com lanças. O búfalo, um macho de mil e trezentos quilos, era um a besta formidável e já havia atropelado um dos caçadores que chegara perto demais e que jazia morto numa poça de sangue, com o peito arrebentado pela sua chifrada fulminante. Obawini e Oreluerê viram os dois remanescentes tentando matar o animal com suas lanças; suas flechas, que não tinham ponta de ferro, não conseguiam trespassar o grosso couro do animal, apenas ferindo-o superficialmente. Eles, então, circularam por trás do animal e com quatro certeiras flechadas mataram o gigantesco macho.

Os igbôs ficaram agradecidos, especialmente depois que Obawini lhes deu a primazia de ficarem com a melhor parte: os quartos traseiros. Os quatro homens enterraram o caçador igbô e, depois do esforço, sentaram-se debaixo de uma grande árvore para descansar. Obawini, muito astuto, foi descobrindo que eles eram de Idetá-Ilê, que detestavam a gente de Ifé, achando os recém-chegados culpados pela seca. Obawini conduziu a conversa para descobrir quem eram os chefes guerreiros e qual era a disposição de Adjagemo. Em duas longas horas de conversa detectaram quem eram os homens influentes de Idetá-Ilê que poderiam obrigar Adjagemo a declarar guerra a Ifé e, dessa forma, servir aos propósitos de Obawini e Oreluerê. Após tal conversa, os dois grupos afastaram-se, indo cada um para seu lado.

– Este é o momento que aguardamos por todos estes anos – comentou Obawini. – A gente de Ifé não tem exército e, se conseguíssemos convencer Adjagemo a atacá-los, poderiam ser facilmente destruídos.

– Não creio que eles poderiam vencer o grande número de homens que existe em Ifé – replicou Oreluerê.

– Ora, meu amigo, teremos que planejar bem nossa tática. Temos que oferecer aos igbôs um plano perfeito.

– Este é o problema.

– Escute o que tenho em mente e delicie-se com a antevisão da destruição do maldito Olunwi.

Durante alguns minutos, Obawini detalhou sua tática para derrotar os ifés, enquanto Oreluerê complementava com uma ou outra ideia que enriquecia o plano do seu primo. À medida que ia expondo, Oreluerê ia abrindo um sorriso diabólico e seu ódio por Olunwi cresceu até que ele vociferou:

– Com este plano, terei a cabeça daquele maldito Olunwi fincada na ponta de minha lança.

– E a levaremos para Aksum, onde seremos recebidos como heróis – complementou Obawini.

– Sim, mas heróis ricos, meu amigo, heróis muito ricos.

41

Duas noites depois de terem sacrificado um infeliz aprisionado perto de Okê Itaxe, Ipondá sonhou que lhe aparecia uma mulher jovem, de beleza rara, negra, com roupas douradas, coberta de joias, como ela jamais vira, todas em ouro puro que reluzia de forma maviosa. A aparição falou-lhe em sua língua e deu uma mensagem curta e autoritária.

– Pega teu marido e teu filho e todos aqueles que quiserem ir contigo e partam o mais breve possível. Eu te conduzirei até o meu rio, onde teu marido irá fundar uma nova aldeia, que levará teu nome. Lá serás feliz e viverás para criar tua extensa prole. Obedece-me, pois sou o orixá dos rios e toda água doce me pertence.

Ipondá acordou tranquila, o que não seria natural naquela ocasião, mas uma força comandante parecia acalmá-la e, mesmo sendo ainda alta madrugada, ela levantou-se com dificuldade devido ao adiantado estado de sua gravidez, olhou o marido adormecido ao seu lado e saiu da modesta choupana. Sentou-se em frente dela e começou a pensar.

Em sua mente as imagens e pensamentos foram aparecendo, aos poucos, dando uma conformação lógica às suas ideias. Ela não podia partir da aldeia somente com Erinlê e seu filho pequeno: era preciso mais, muito mais. Ela necessitava arregimentar um grupo razoável, algo em torno de duzentos homens e mulheres, para se darem proteção mútua. Sozinhos, seriam presas fáceis de animais e pessoas. Já com um grupo maior, eles poderiam não só construir a aldeia, como protegê-la. Mas como faria para levar um grupo tão grande de pessoas de Idetá-Ilê e partirem para as margens do rio Oxum, a alguns quilômetros dali?

O que lhe pareceu no início um absurdo, após alguns momentos de reflexão pareceu-lhe ser a coisa mais lógica a realizar. Iria conversar com Adjagemo, pois Ipondá, uma excelente filha, jamais partiria da aldeia sem a bênção do pai e da mãe, e muito menos de forma furtiva, levando dissidentes e descontentes.

Assim que o dia raiou, ela deu o mingau de inhame e leite de cabra a Erinlê e ao filho, e, sem nada revelar do seu plano, partiu para a casa do pai, que ficava a pequena distância. Adjagemo havia sofrido do estômago a noite inteira e só conseguira pegar no sono de madrugada, portanto, estava dormindo, e Ipondá foi conversar com sua mãe. Passou a próxima meia hora explicando o sonho e suas ideias, mas a receptividade da mãe não foi das melhores, catalogando a ideia como absurda, e as duas começaram a discutir o assunto. A mãe foi se exaltando a ponto de gritar com a filha, que rebatia calmamente as interpelações maternas. A discussão chegou abruptamente ao fim com a entrada de um preocupado Adjagemo, pois o *oba* sabia que mulher e filha não se davam muito bem e o mau gênio da esposa era notório em toda a cidade.

Adjagemo acalmou as duas e escutou a esposa falar do plano de Ipondá, mas, para surpresa das duas, ele reagiu de forma extremamente positiva, vendo na ideia da moça a solução de diversos problemas que o afligiam.

Adjagemo não tinha somente o problema de Erinlê, que os *ajés* queriam sacrificar para os *eborás*. Ele tinha uma facção que contestava a política guerreira de sua aldeia. Esse grupo vivia em permanente conflito, mesmo que só ficassem no terreno das palavras, nunca tendo chegado à violência. A maioria dos guerreiros jovens desejava que a guerra contra Okê Itaxe fosse conduzida de modo permanente até que a aldeia inimiga fosse completamente destruída. Já a oposição acreditava que esta guerra era excessivamente desgastante e que seria melhor procurar um acordo para viverem em paz. Esse grupo via que seus campos estavam abandonados e seu gado fora roubado ou se extraviara por falta de manejo. Isso representava uma perda irreparável no bem-estar de todos. Esse era, por sinal, um grupo maior composto de homens casados cujas mulheres eram as que mais reclamavam do infindável estado de guerra entre Idetá-Ilê e Okê Itaxe. Aliado a este grupo, existiam também homens feridos em combate e que sobreviviam aleijados, e, para eles, a guerra tornara-se insuportável.

Se Adjagemo reunisse os descontentes e os mandasse embora com sua filha Ipondá e seu genro, livrar-se-ia de diversos problemas de uma única vez. Mais tarde, no mesmo dia, ele manteve reuniões tanto com seus chefes guerreiros, como com os líderes dos grupos divergentes. Os *ologuns* – senhores da guerra – acharam a ideia ótima, já que se livrariam de uma oposição incômoda. Já os líderes não gostaram da ideia, mas Adjagemo propôs-lhe que cada família que aceitasse partir ganharia três cabeças de boi e dez cabritos ou carneiros. Muitos aceitariam apenas por causa do prêmio oferecido por Adjagemo, tirado de seu próprio rebanho, mas outros viriam nessa oportunidade a chance de viverem em paz, longe da guerra e perto do rio Oxum, onde a água ainda era razoavelmente abundante. Finalmente, após ter acertado tudo, ele mandou chamar Erinlê e confiou-lhe a missão de liderar aquele grupo de trezentos seres e fundar uma cidade às margens do rio Oxum. Erinlê espantou-se e perguntou-lhe por que ele deveria liderar os igbôs, se havia guerreiros mais bem-aceitos por não serem estrangeiros. Adjagemo respondeu-lhe que era exatamente por isso; pelo fato de ser estrangeiro, conhecedor de vários e belos lugares, ele teria mais capacidade para fundar e administrar uma nova cidade. Mas a verdade que ele não revelou é que se ele desse o comando a outro, Erinlê continuaria a correr risco de vida.

Adjagemo sabia que Erinlê teria que se impor sobre seu grupo, especialmente contra os guerreiros jovens, filhos de alguns homens mais velhos, que estavam indo embora por se oporem à guerra, já que eram eles que mais desejavam a guerra total contra seus inimigos. Contudo, Adjagemo confiava no valor guerreiro de Erinlê; sabia que era exímio no manejar do arco e flecha. Ele também observara a extrema destreza com que atuava com a espada, usando de técnica superior e de velocidade admirável. Assim, o velho rei dos igbôs acreditava que seu genro seria capaz de conduzir sua caravana de homens, adequadamente, para um lugar seguro.

Em menos de uma semana, o grupo comandado por Erinlê movimentou-se para fora de Idetá-Ilê em direção ao rio Oxum. No fim do primeiro dia, Erinlê teve que enfrentar seu maior desafio: os dois homens que lideravam o movimento dos guerreiros jovens para uma guerra total foram ter com ele e, em termos grosseiros e arrogantes, disseram-lhe que ele podia continuar na comitiva, mas que não era reconhecido como sendo o chefe. Eles é que iriam liderar o grupo até o local que achassem melhor.

Esta ríspida conversa foi escutada por todo o acampamento e Erinlê os ouviu com calma, enquanto eles falavam. No final, ele falou alto o suficiente para que os demais ouvissem.

– Vocês dois podem se considerar mortos.

42

Enquanto Erinlê partia com seu grupo, dois cavaleiros vestidos de negro esgueiravam-se para fora de Ifé em direção a Idetá-Ilê. Cavalgaram parte da noite e de madrugada, entraram na cidade de Adjagemo. Assim que chegaram, pediram para falar primeiro com os chefes guerreiros, exatamente aqueles que mais queriam atacar e destruir Ifé.

Durante algum tempo explicaram seu plano e os motivos que os levavam a trair Olunwi e todos de Ifé. Os chefes igbôs escutaram-nos e depois se reuniram a sós para deliberarem. Não foi preciso muito tempo para que concluíssem que a hora era chegada. Após decidirem-se, levaram os dois até Adjagemo, e Obawini contou-lhe seu plano.

– Por que devo acreditar em vocês? – perguntou Adjagemo, pois lhe passara pela mente que, se esses homens pudessem trair Olunwi, poderiam também traí-lo.

– Deixe-me contar nossa história, pois assim meu rei poderá nos julgar.

Por alguns minutos reportaram que eram guerreiros aksumitas que receberam a incumbência de prender Olunwi e levá-lo preso até o rei de Aksum. Com a maior desfaçatez, Obawini mentiu, dizendo que Olunwi havia tentado tomar o trono do rei de Aksum e que ele tivera que fugir às pressas quando seu intento falhara.

– No entanto, meu rei, isto não é nada comparado ao que ele está arquitetando. Ele pretende destronar o doce Obatalá, matá-lo, colocar a culpa em Idetá-Ilê. Com isto, ele conseguiria reunir um forte exército e atacá-lo. Destruindo as suas forças, ele dominará toda a região, tornando-se o monarca inconteste.

– Mas meus olheiros não viram nenhum movimento suspeito em Ifé – redarguiu Adjagemo.

– E nem verão, meu rei. Aquele gigante que esteve aqui é um exímio *ologun* e já tem mais de dois mil soldados egbas, efans e nobas prontos para qualquer ataque. Eu mesmo faço parte deste seleto grupo de homens e conheço bem seus planos.

– E o que você ganha com isto?

– Se Olunwi conseguir o que deseja, jamais poderei levá-lo preso para Aksum. Todavia, se conseguirmos derrotá-lo, poderei levar sua cabeça ao rei de Aksum e receber a minha recompensa.

– É tudo uma questão de dinheiro?

– Sim, meu rei, mas também de honra, pois, ao ser aprisionado, fiquei desonrado e não cumpri as ordens do meu monarca.

O termo *honra* fora colocado com grande propriedade por Obawini. Adjagemo entendeu que um guerreiro deve honrar sua palavra e a atitude de Obawini e Oreluerê ficou clara. Ele ficou em silêncio por alguns instantes e, virando-se para seus ministros, perguntou:

– Não seria interessante enviarmos uma delegação até Olunwi para discutir o assunto?

Os ministros e principalmente os chefes guerreiros foram contra. Seria alertar Olunwi e o plano deles – na realidade o plano era de Obawini e Oreluerê – ficaria comprometido. Após um debate caloroso, Adjagemo, corroído de dores e de dúvidas, aquiesceu: haveria guerra contra Ifé.

43

Enquanto Obawini convencia Adjagemo, Erinlê enfrentava dois jovens que tiveram a petulância de contestar sua liderança. Ele acabara de ameaçá-los de morte e os dois homens olharam com ar de deboche. Todavia pararam de rir a partir do momento em que viram Erinlê, num movimento rápido, sacar da espada e avançar com incrível velocidade contra eles. O mais ousado ainda tentou tirar a espada de sua bainha, mas o seu movimento ficou pela metade; a espada de Erinlê fendeu-lhe a cabeça. Como o ferro igbô não era tão resistente, a espada de Erinlê ficou torta com o impacto sobre o crânio do inimigo e não serviria para se defender contra o segundo homem. Este, contudo, quando vira o ataque fulminante de Erinlê, virou-se e saiu correndo. Erinlê tirou o arco de suas costas, retirou uma flecha da algibeira e colocou-a em posição de tiro. Este movimento, mesmo para um homem rápido como o terceiro filho de Olunwi, levou três segundos, o que fez com que o homem já estivesse a mais de vinte metros dele. Quando ele apontou, o homem já estava a quase trinta metros. Ele atirou. A flecha viajou pelo ar, atingiu o homem na nuca e o matou, instantaneamente, a trinta e cinco metros de distância.

Imediatamente, Erinlê pegou a espada do primeiro homem que fora atingido pela sua rápida estocada e, vendo que ele estava deitado, gemendo e estrebuchando, terminou com seu sofrimento, perfurando-o no peito com sua própria arma. Guardou o sabre em sua própria bainha e, ato contínuo, olhou para o grupo de guerreiros que eram liderados pelos dois jovens que havia matado, enfiou outra flecha no arco e falou com calma.

– Algum outro ousa desafiar minha liderança?

O silêncio que se seguiu demonstrou que a turba estava aturdida e não demonstrava nenhuma vontade de ter o mesmo destino que os dois arrogantes. Erinlê, aquele rapaz tão jovial, alegre, sempre a contar casos e a exagerar alguns deles, era também um guerreiro muito bem treinado, sabendo defender-se de forma admirável. Não, ninguém queria ter o mesmo destino dos dois incautos. Aquela reação tão imprevista trouxe-lhe imediato respeito e fama. Eles viram que estavam sendo liderados por um homem de grande força e determinação; isso os acalmou e certificou-os de que Erinlê os conduziria a um lugar seguro.

Erinlê soube do sonho da esposa e confiou que ela e seus espíritos protetores os levariam para um lugar seguro. De fato, durante os dois dias que se seguiram, Ipondá, seguindo sua intuição, levou-os para um lugar propício às margens do rio Oxum. O local era de beleza expressiva, além de permitir um ancoradouro e, mesmo que os igbôs não tivessem ainda barcos, eles seriam introduzidos por Erinlê. Ao chegar no lugar propício, ela informou Erinlê que aquele era o local. O grupo instalou-se e Erinlê deu nome ao lugar, nomeando-o a partir do nome de sua mulher: Ipondá. Todos aceitaram, tanto por amor a Ipondá, que era muito querida, quanto por receio de uma reação mais violenta de Erinlê.

Os meses passaram-se e Ipondá tornou-se uma aldeia razoavelmente grande, especialmente porque passou a atrair muitos igbôs que fugiam da seca; o rio era dadivoso em termos de peixes, como também de água abundante. Todavia, alguns homens descobriram que o rio era perigoso; suas águas aparentemente mansas escondiam correntes perigosas que mataram vários incautos, levando-os para o fundo, e seus corpos nunca foram descobertos. O rio Oxum, e, portanto, o orixá Oxum, a deusa do rio, passou a ter fama de ser aparentemente calma, mas no fundo ser uma guerreira e uma devoradora de homens – tanto no sentido de matá-los, como de possuí-los sexualmente, mas sempre de forma dissimulada devido à placidez de suas águas. Por ser água, era maternal, e como tal criadora de filhos, boa esposa, mas voluptuosa, mesmo que discreta.

44

A seca continuava a castigar todos. Olurogbô estava impressionado com o estado de coisas e comentara com Olunwi que, se não chovesse no próximo mês, todos estariam mortos. Realmente, quase não tinham mais gado e os cavalos, a grande força dos ifés, estavam magros e quase mortos. Olurogbô resolveu, então, fazer um último ato de apelo aos orixás para que mandassem chuva.

Ele consultou o *ifá*, como Setilu lhe havia ensinado, e os orixás deram-lhe o sinal de que tudo iria correr bem. Disseram-lhe para reunir as pessoas, e que todas deviam vir de branco, sem nenhuma peça de roupa de cor, e ele assim fez. No dia marcado, Olurogbô, também vestido de branco, reuniu em Ifé toda a população. Já havia combinado com os homens que batiam os atabaques o tipo de cantigas que deveriam ser tocadas. Somente seriam invocados os orixás *funfun* – os orixás do *axé* branco, os orixás das águas. Todos deveriam cantar e dançar dentro do ritmo calmo e bem marcado dos tambores. A cerimônia seria feita no bosque de Iwinrin, um orixá da mata: um lugar sagrado. E todas as árvores receberam um pano branco em volta como a confirmar que também pertenciam aos orixás *funfun*.

Olunwi mandou levantar duzentas pedras – *eborá* –, representando os *igba imolé*, os duzentos que se revoltaram e foram destruídos por Olodumarê. Alguns desses *eborás* eram os orixás *funfun*, enquanto que outros eram *imolés* e orixás arcaicos, como Odé, o patrono dos caçadores.

Com um canto solitário a Orixanlá e Obatalá, Olurogbô abriu a sessão. Ele chamou por vários outros, quase todos filhos ou descendentes de Adjalá, assim como também por Oxaguiã, Akirê, e muitos outros. Após essa longa cantiga que sua voz de tenor bem impostada cantou numa prece plangente, os tambores começaram a marcar a cadência dos cantos, agora cantados por um coro de mais de três mil vozes presentes no bosque.

À medida que os cantos iam sendo entoados, uma ou outra pessoa era possuída por espíritos que se manifestavam de acordo com as suas próprias características. Quase todos tinham a aparência de homens velhos ou jovens guerreiros, tais como haviam sido Akirê e Oxaguiã. Assim que as pessoas eram tomadas, os seus acompanhantes amarravam um pano branco em volta de seus peitos, assim como haviam feito com as árvores, para demonstrar que eram protegidos dos orixás *funfun*.

A cerimônia durou mais de duas horas e, aos poucos, o horizonte foi se carregando de nuvens violáceas prenunciando grossa chuva. De fato, após este período, o céu tornou-se negro, em plena tarde, e não demorou muito para que a chuva caísse e a multidão se alegrasse.

Após a primeira pancada de chuva – uma verdadeira tempestade –, ela amainou para continuar caindo suavemente. Choveu por quase uma semana, enchendo os rios e lagos e formando novas lagoas que haviam secado há tanto tempo que ninguém mais se lembrava de que naquele lugar houvera água em abundância. A chuva não fora violenta a ponto de destruir tudo em sua passagem. Passada a primeira tromba dágua, a chuva começou a cair de forma suave, parando de vez em quando, o que permitiu que a terra seca a assimilasse adequadamente.

A fama de Olurogbô cresceu a ponto de ser louvado ainda em vida. O povo, agradecido, passou a dar-lhe oferendas, e os pais de filhas em idade casadoira insistiam em torná-lo seu genro. A fama, todavia, não subiu à cabeça do jovem, que, pelo contrário, se tornou mais humilde; sabia que se algo havia acontecido, não fora por causa de seus poderes como *ajé*, mas por condescendência dos orixás.

Um problema, contudo, apareceu para Olurogbô. Ele era solteiro e nunca havia mantido contatos sexuais com nenhuma mulher. Um dos chefes egbas havia feito uma proposta de casamento por meio de seu pai, e o genitor havia aceitado, sem o consultar. Estabeleceram a data e depois informaram o jovem. Ele ficou triste com a atitude paterna; não gostava da noiva e muito menos queria casar-se. Ele era um jovem estranho, misógino, que gostava de cuidar dos doentes, de escutar as lamúrias intermináveis dos problemas alheios, tendo sempre uma palavra de conforto ou consultando o *ifá* no afã de encontrar soluções e lenitivos para a dor do próximo. Mas, em matéria sexual, ele era assexuado. O seu desejo sexual parecia que jamais havia se manifestado. Não era atraído pelo sexo.

Olurogbô nada quis dizer ao pai, mas ele e sua mãe tinham uma profunda amizade. Conversou com ela longamente, explicando-lhe que não tinha maiores interesses em casamento, sexo, filhos, preferindo ser o pai espiritual de sua aldeia. Moremi, com pouco mais de trinta e três anos, mas demonstrando estar de plena posse de vitalidade e de uma sensualidade impressiva de uma jovem de dezoito anos, achou muito natural que o filho não quisesse se casar. Ele sempre demonstrara, desde cedo, que tinha o espírito de um velho, inclusive apresentando certa rabugice digna de um ancião. A situação era grave; uma recusa de casamento com a filha de um dos mais proeminentes chefes da cidade poderia criar um mal-estar entre os dois homens – o chefe e o pai, que também era um *ajé* importante. A mãe pediu tempo para pensar numa solução e disse que depois a comunicaria ao filho.

Moremi, uma mulher inteligente e sagaz, refletiu muito a respeito da situação e concluiu que o filho deveria fugir. Todavia, para que a fuga não fosse vista como um ato de covardia, ele deveria dizer que iria se afastar para um retiro espiritual. Esse tipo de atitude não era comum; viver fora da aldeia era o mesmo que pedir para ser morto pelas feras que espreitavam nas florestas. Para tanto, deveria ir com um grupo de guerreiros e suas respectivas mulheres, pois desta forma, elas poderiam cuidar dos homens.

Após meditar muito sobre o problema, Moremi concluiu que eles deveriam partir em direção ao rio Oxum; lá havia muita caça, água em abundância e a terra era fértil. Sem conversar com o marido, pois tinha certeza de que ele criaria obstáculos ao plano, Moremi explicou tudo ao filho. A princípio, Olurogbô achou a ideia péssima, já que não lhe agradava fugir de um problema. Ele preferia dizer a verdade ao pai da noiva e dizer-lhe, no máximo, uma pequena mentira, tal como que estava comprometido com os orixás, que o haviam proibido de se casar. A mãe foi contra; os orixás jamais haviam proibido alguém de casar. Após muita discussão, Olurogbô cedeu aos raciocínios maternos.

Alguns dias depois, Olurogbô partia de Ifé para uma curta viagem – assim foi propalado – para fazer oferendas aos *eborás* e, desse modo, preparar-se convenientemente para o seu casamento. A noiva não se preocupou muito com sua partida; no fundo, achava Olurogbô desprovido de charme masculino. Era por demais manso e tranquilo para agradar a uma jovem moça que suspirava por um homem de aparência mais viril e robusta.

Para que o filho não partisse só e desprotegido, Moremi convencera o marido a preparar uma pequena comitiva protetora do filho e o pai acabou por arranjar cerca de vinte guerreiros que se fizeram acompanhar de suas mulheres, sendo que a imensa maioria era ainda muito jovem para ter tido filhos. O grupo ia ser liderado por um exímio caçador chamado Larô, que todos já chamavam de Exu Larô por ser o primogênito de Obassin.

Larô era um rapaz robusto de quinze anos, que havia amadurecido à custa de muitas viagens, atribulações e à educação que o pai lhe dera. Obassin achava que seus filhos deviam ser tão astutos quanto ele, segundo sua concepção. Desde cedo, mostrara a sua mentalidade de aproveitador de oportunidades, de fazer o que era melhor para si em detrimento dos outros e, para completar, ensinara-lhes as lutas marciais.

O grupo era formado por jovens que regulavam a idade do chefe da expedição. Cada um tinha uma razão para partir, mas a causa principal era a falta de espaço junto aos pais e irmãos; a maioria era de filhos do meio ou de mulheres secundárias sem grande importância junto aos maridos. Desse modo, não tinham terras aráveis nem gado próprio. Partiriam em direção ao rio Oxum, mas não levaram gado de nenhuma espécie. O que Moremi esperava era que eles encontrassem um lugar adequado, acampassem e ficassem por lá até que a noiva encontrasse outro marido e se esquecesse de seu filho. Um plano astuto que, no entanto, teria consequências imprevisíveis.

45

No meio da tarde, a pachorrenta Okê Igéti foi sacudida de sua modorra pelos brados típico de combate dos igbôs: latidos grossos de cachorro. Como se tivessem sido cutucados por ferro em brasa, os guerreiros de Okê Igéti acorreram para enfrentá-los. Um rápido combate se desenrolou e os igbôs de Idetá-Ilê, comandados por um chefe guerreiro, recuaram, mas ficaram bem visíveis. A cem metros da aldeia, eles gritavam e gesticulavam. Parecia aguardar que os guerreiros de Okê Igéti saíssem e os enfrentassem.

Imediatamente, os chefes se reuniram e Setilu, o irmão de Olunwi à testa, iniciaram um conselho de guerra. Os mais jovens queriam atacá-los, mas Setilu pressentia uma emboscada. Depois de alguns minutos de debate, concluíram que deveriam enviar alguém a Ifé e pedir reforços. Teko, o mais novo dos filhos de Setilu, se propôs a sair de noite e cavalgar até Ifé para trazer Abalaju com o maior número possível de cavaleiros. Todos concordaram.

Assim que anoiteceu, Teko saiu furtivamente pelo corredor ofertado pelos atacantes. Assim que se viu a salvo montou no cavalo que vinha trazendo silenciosamente e disparou em direção a Ifé. Após cavalgar por quase toda a noite, Teko chegou no meio da manhã, com o cavalo ofegante. Assim que adentrou Ifé, dirigiu-se para casa do tio e, em poucas palavras, relatou que eles estavam cercados. Imediatamente, Olunwi chamou seus filhos e mais alguns chefes e explicou o que estava acontecendo em Okê Igéti. O consenso foi de mandarem Abalaju para resgatar a cidade e salvarem-na do ataque deste grupo ignorado de igbôs.

No final da manhã, um grupo de seiscentos homens montados a cavalo, e mais alguns indo a pé, deslocaram-se rapidamente em direção a Okê Igéti. O passo era lento, pois iam à velocidade dos homens a pé. Quando a noite caiu, eles acamparam, e só partiram com os primeiros raios do sol. Chegaram a Okê Igéti no final da tarde do dia seguinte àquele em que tinham partido e, para surpresa deles, não encontraram nenhum agressor. A cidade não estava mais cercada e nem se via sinal de ataque. Os guerreiros da cidade estavam preparados e nada informaram quanto aos atacantes. Tudo indicava que haviam partido furtivamente na noite anterior ao ataque.

Intrigado com tal atitude, Abalaju perguntou se eles tinham levado algum gado, mulheres ou algum bem de valor. A resposta foi que, além de três homens que haviam sido mortos no interior da aldeia, mais nada acontecera e nada de valor havia sido roubado. Abalaju ficou desconfiado e preocupado. Suspeitou de um ardil e logo detectou que eles haviam sido atraídos para deixar o caminho livre para algum ataque insidioso a Ifé. Deixou um grupo grande, selecionou cem exímios cavaleiros e partiu, após comer e beber alguma coisa.

Cavalgaram rapidamente, mas sem exigir demais dos animais, e por volta de cinco horas de manhã, puderam divisar Ifé. Era possível ver o fogo e ainda havia sinal de luta. Aceleraram o galope dos cavalos e mesmo assim ainda levariam uma hora para chegar, alcançando a cidade na hora em que o sol estava se levantando. Chegaram exatamente na hora em que o combate entre os nobas de Obameri e os igbôs de Idetá-Ilê estava no auge. A chegada dos cavaleiros de Abalaju deu novo alento aos nobas e imediatamente eles se lançaram ao combate. Como se tratava de um corpo-a-corpo e os igbôs estavam cansados e desgastados por duas noites de combate, eles começaram a ser dizimados. Além disso, a chegada de Abalaju com cem guerreiros trouxe desânimo às fileiras igbôs e, após uns dez minutos de combate, eles começaram a bater em retirada, o que se transformou, alguns minutos depois, numa debandada generalizada. A batalha por Ifé fora ganha com a chegada de Abalaju.

Após o combate em que os nobas não perseguiram os igbôs em fuga, Abalaju foi ter com o seu sogro, Obameri, e perguntou-lhe pelo seu pai, sua própria família e o que sucedera na destruída Ifé. Obameri tranquilizou-o, dizendo que Olunwi, sua mulher e filhos, assim como seu irmão Obassin estavam todos bem, tendo saído na hora certa. Mas Obatalá e sua esposa Yemowo foram mortos, pois ficaram presos no palácio em chamas e seus corpos carbonizados já tinham sido descobertos, e iriam providenciar um enterro de real importância.

Obameri contou-lhe tudo em detalhes. Obassin, que estivera fora negociando bens nas aldeias vizinhas, havia chegado poucos minutos após a saída dele e de seu grupo de guerreiros. Ele estranhou a partida de Abalaju, e Olunwi contou-lhe o que estava acontecendo. Sua intuição disse-lhe que algo estava errado e ele precipitou-se para os seus queridos búzios que lhe revelaram o perigo. Imediatamente, ele foi falar com Olunwi e contou-lhe tudo. Ora, o pai conhecia o filho e reconhecia nele um poder de adivinho que só encontrava superioridade em Setilu. Acreditou instantaneamente nele e mandou vir a nora, esposa de Abalaju e seus filhos, assim como suas mulheres e seus filhos menores. Iria partir para a vizinha Okê Itaxe, onde estaria abrigado pelas forças de Obameri e seus valorosos guerreiros nobas.

Olunwi foi avisar Obatalá, mas ele não acreditou nas profecias de Obassin, pois, no fundo, desprezava o filho de Olunwi pela sua atitude despudorada e sua astúcia mal-direcionada. Recusou-se a partir, achando que nada iria acontecer-lhe nem aos habitantes de Ifé. Afinal de contas, Adjagemo não tinha feito um pacto de não-agressão a Ifé? Pagaria com sua vida a sua falta de fé em Exu Obassin, como era comumente chamado o filho de Olunwi.

Obameri explicou a Abalaju que toda a família de Olunwi, com filhos, netos, noras e esposas saíra de Ifé sob a proteção de mais de cinquenta guerreiros comandados por Obassin. Chegaram a Okê Itaxe em menos de três horas, exatamente quando os igbôs atacaram Ifé, matando todos os que encontraram, aprisionando as mulheres mais belas e procurando Olunwi. Obatalá foi atacado em seu palácio e refugiou-se num dos quartos com sua esposa. Entretanto, os atacantes saíram rapidamente da casa grande, pois alguém descuidado havia posto fogo, que cresceu a uma velocidade vertiginosa. O doce e compassivo rei do pano branco, Owerê, morreu de um modo terrível. Morreria no fogo o último Obatalá de uma tradição que durara mil anos.

Quando o outro dia raiou, Obameri reuniu seus guerreiros e partiu para Ifé. Ele raciocinara do seguinte modo: se os igbôs ousaram atacar Ifé, o próximo alvo será Okê Itaxe, portanto, eu os atacarei enquanto estão cansados de uma noite de lutas, pilhagens e estupros, e fá-lo-ei de surpresa, pois eles jamais iriam imaginar que nós poderíamos atacá-los em plena Ifé. A manobra foi perfeita, e Obameri atacou-os quando a noite estava caindo e escondia o tamanho menor de suas forças, permitindo combates localizados em que as forças nobas eram sempre mais numerosas e mais disciplinadas do que os igbôs.

O que Abalaju mais temia finalmente acontecera: a guerra contra os igbôs.

46

Num interrogatório feroz, Abalaju descobriu por meio de um dos igbôs feridos no combate que o causador de todo aquele ataque traiçoeiro fora Obawini e Oreluerê. Não foi preciso muito para descobrir que eles e seus asseclas aksumitas haviam partido. Abalaju jurou para si mesmo que não morreria sem antes se vingar deste ataque e que, se o destino o ajudasse, ele esganaria os dois com suas próprias mãos.

Nos dias que se seguiram, o conselho dos anciãos, *ajés* e guerreiros reuniu-se e decidiu que o novo *oba* de Ifé seria Olunwi. Ele aceitou a honra, mas abdicou do título, dizendo que nenhum homem jamais poderia substituir Owerê e, como tal, ninguém tinha o direito de ser chamado de Obatalá. Acabaram dando-lhe o título de *oni* e, assim, Ifé jamais teve um rei, e sim um *oni* – dono.

Nessa mesma reunião, discutiu-se longamente sobre a guerra. Concluíram que ela era inevitável, mas, do modo pelo qual os guerreiros estavam estruturados, seria uma derrota certa. Quem tinha maior experiência militar era Abalaju; servira nas forças aksumitas em Meroé e conhecia armamentos, a ordem unida, a hierarquia e as formas de combate em que se ludibria o inimigo, levando-o à derrota. Devido a esta experiência, Abalaju foi eleito o chefe supremo dos guerreiros, o senhor da guerra, o *ologun*.

Os preparativos para a guerra deviam ser feitos com cuidado; os homens estavam enfraquecidos com a pouca alimentação e tinham que cuidar do gado – pouco, é verdade; a maioria fora levada pelos igbôs

–, reconstruir a cidade arruinada pelo incêndio e cuidar da plantação. Olunwi destacou vários grupos para cuidarem de cada uma das coisas de que mais tinham necessidade. Para o novo *ologun* ficaram alguns ferreiros que haviam vindo de Meroé; Abalaju queria seus homens bem armados. Estabelecera que um dia em cada quatro, na parte da manhã, os homens aprenderiam a manejar as armas, a atirar as flechas com pontas de ferro – que se comportavam de forma levemente diferente daquelas setas sem o artefato na cabeça –, assim como a obedecer a comandos simples dos vários chefes e subchefes.

Para não ser surpreendido novamente, Abalaju havia colocado vigias na estrada para Idetá-Ilê de modo a ser informado sobre qualquer movimento dos igbôs. Ele não estava errado, já que havia grande movimentação e preparativos na aldeia inimiga. A vitória efêmera só mostrara que eles não estavam assim tão bem preparados e Obawini, agora debandado de vez para o lado dos igbôs, aproveitara esse acontecimento para mostrar que eles tinham que se preparar melhor, e ele fê-lo introduzindo diversas técnicas e armamentos, entre eles uma novidade para a região e que seria uma grande vantagem inicial para os igbôs, e somente mais tarde Abalaju se daria conta de tal fato.

As sentinelas de Ifé que vigiavam Idetá-Ilê avisaram o *ologun* Abalaju de que estava acontecendo uma grande movimentação na aldeia inimiga. Abalaju reuniu seus guerreiros e partiu para interceptar o exército inimigo. Ele tinha cerca de seis mil homens, divididos em três grandes grupos, sendo dois de infantes com lanças e arco e flecha, e um agrupamento de cavalaria com seiscentos homens. Ele estimava que o inimigo deveria ter pouco mais de dois mil homens e, portanto, sua tática era engajar o seu grupo mais fraco com um ataque frontal, enquanto os outros infantes atacariam pelos flancos. Ele esperava que, com isso, os igbôs ficassem presos numa pinça e recuassem, e nessa hora lançaria sua cavalaria contra eles, terminando o trabalho iniciado pela infantaria.

Os igbôs, no entanto, eram comandados por Obawini, um experiente guerreiro que conhecia suas fraquezas e a força do inimigo. Dessa forma, ele dividiu sua força e os espalhou de forma que eles formassem cinco grupos, sendo que o agrupamento central viria mais à frente e os demais vinham mais atrás, formando uma espécie de asa.

Os exércitos chocaram-se seguindo a orientação de Abalaju, mas o plano falhou. Os ataques dos flancos dos ifés foram recebidos pelas asas laterais dos igbôs e o que era para ser um ataque de flancos, foi por sua vez flanqueado. A cavalaria dos ifés foi subitamente atacada por cavalarianos igbôs, uma novidade que Obawini introduzira. Os cavaleiros igbôs eram comandados por Oreluerê, que os conduziu numa carga que surpreendeu os ifés, abrindo uma enorme brecha nas suas fileiras e isso os dividiu, provocando a debandada de uma parte, que não esperava por este movimento.

A batalha campal não durou muito e teria sido uma derrota terrível, irrecuperável, se não fosse Abalaju dar uma ordem de retirada e, aos gritos, mantê-los unidos enquanto se retiravam. Os igbôs rejubilaram-se no campo de batalha e não perseguiram os ifés, por mais que Obawini, o chefe dos igbôs, tivesse dado ordem para tal. Ele sabia que, se os atacasse enquanto eles estivessem se retirando, poderia converter a retirada ordeira numa debandada caótica e, com isso, aniquilaria o exército de Ifé de modo definitivo. Mas os igbôs, por mais que fossem obedientes aos comandos de Obawini, não estavam acostumados à guerra total e deixaram escapar uma oportunidade dourada.

Naquela noite, Abalaju reuniu-se com sua equipe de chefes para avaliar o resultado do combate. Chegaram à conclusão de que eles foram surpreendidos por movimentos bem organizados dos igbôs e que nos combates eles levaram nítida desvantagem, pois, por alguma razão, nem todas as flechas que atingiam os igbôs os trespassava, assim como alguns inimigos atingidos pelas espadas conseguiam erguer-se e retirar-se dos combates ainda vivos. O fato de as flechas não trespassarem trouxe pânico às fileiras de Ifé; acharam que os igbôs eram protegidos por algum orixá.

Agora chamado de *ologun* por todos, Abalaju concluiu que, por baixo das vestes, os igbôs deviam estar com alguma armadura. Os outros egbas de Ifé achavam que os igbôs eram demônios ou que estavam protegidos por alguma magia especial. O *ologun* não discutiu com eles; sem ter certeza, já que não haviam capturado um inimigo sequer, deixou para descobrir que tipo de armadura o inimigo tinha desenvolvido. Sabia que uma armadura inteiriça seria difícil; seria impossível forjar tal equipamento com a técnica que os igbôs tinham. Devia existir algum segredo que ele não conhecia e que seria a chave para derrotar os igbôs.

Moremi, a mãe de Olurogbô, estava inconsolável. O marido fora morto na batalha e, pelo que lhe dissera um dos guerreiros que viu sua morte, além de ter sido terrível, depois de morto fora degolado e sua cabeça fora levada como troféu. Se ela chorou foi por pouco tempo; como era uma mulher de fibra, logo determinou se vingar. Escutou os guerreiros falarem da luta e de como os igbôs eram inatingíveis, protegidos por orixás poderosos e magias tenebrosas.

Aguardou o momento certo e foi falar com o *ologun* Abalaju, perguntando-lhe que mistério era aquele. Por que os igbôs eram invulneráveis? O *ologun* respondeu-lhe que eles deviam ter um tipo de armadura, mas que estranhara que eles pudessem movimentar-se com tamanha facilidade. Se fosse um peitoral, eles teriam dificuldade em andar com tamanha desenvoltura e, além do mais, faria barulho quando as espadas batessem no equipamento. Devia ser outra coisa e, por isso, ele precisava mandar alguém espionar os igbôs e descobrir o segredo deles.

Imediatamente, Moremi se propôs a ir até Idetá-Ilê e descobrir o segredo dos igbôs. O *ologun* disse-lhe que seria uma loucura, mas ela confidenciou-lhe que, quando Obawini estivera em Okeorá e Ifé, por várias vezes, aproximara-se dela, tentando ganhar seus favores. Ela sempre o recusara por ser bem casada, mas agora, para vingar o esposo, ela iria se jogar na boca do leão e descobrir tudo a respeito dos malditos que haviam matado seu marido. O *ologun* achou arriscado, mas vendo que a mulher estava determinada, imaginou um plano audacioso.

No outro dia, um grupo de quatro homens vinha pelo campo trazendo Moremi amarrada. Eles pareciam despreocupados e quem os visse de longe teria a certeza de que estavam machucando a mulher. Eles observaram um grupo de igbôs avançando em sua direção e, seguindo as instruções do *ologun*, abandonaram a mulher, fugindo tão rápido quanto podiam. Abalaju tinha escolhido os mais rápidos corredores e os igbôs não conseguiram alcançá-los. Cercaram Moremi, libertaram-na e levaram-na para Idetá-Ilê. A primeira parte do plano tivera êxito.

Assim que chegaram, levaram-na para um dos chefes igbôs, que logo a desejou para si, mas Moremi pediu para falar com Obawini, e, relutantemente, levaram-na até o *ologun* dos igbôs. Ao vê-la o homem reconheceu-a, mas ficou desconfiado. Não era um tolo e sabia que aquela mulher não o procurara à toa. Foi logo lhe perguntando o que ela estava fazendo ali. Ela contou-lhe que seu marido fora morto e que a família de seu esposo ia vendê-la em Okê Itaxe pelo melhor preço que pudessem. Obawini desconfiou ainda mais. Ela não era a mãe de Olurogbô, o *alaxé* de Ifé? Então onde estava o filho que não a protegera? Havia algo de errado em tudo aquilo.

Com os sentidos aguçados, Moremi sentiu que aquele homem não iria cair em sua armadilha. Ele era bastante sagaz para possuí-la e depois mandar matá-la. Naquele momento ela fez uma prece à deusa Oxum Ijumu, esposa de Oxaguiã, rainha de todas as *yami-ajés*, dizendo-lhe que daria a ela a sua joia mais preciosa se ela a ajudasse a descobrir o segredo dos igbôs. Neste instante, Moremi teve a nítida impressão de ver aproximar-se de Obawini, o espírito de uma mulher negra, completamente nua, somente coberta de joias de ouro, e abraçou-o como uma mulher abraça um homem quando deseja ser possuída. Beijou-o na boca, passou a mão pelo seu baixo ventre, passeou por entre suas pernas, agarrou-o pelas nádegas e enroscou-se nele como se fosse uma mulher sendo possuída em pé por um homem.

Obawini sentiu um calor sexual invadi-lo de forma avassaladora. Como resistir? Moremi explicava-lhe que Olurogbô saíra da cidade antes do começo da guerra e Obawini, já completamente tomado de paixão, lembrou-se vagamente do fato. Achara engraçado o fato; todos sabiam que o jovem podia ser um *imolé* em vida, mas não era muito chegado a mulher.

Nesse instante, Obawini tomado pela *yami-ajé* que o abraçava, e pela visão daquela mulher que ele sempre desejou, esqueceu a prudência e levou-a para dentro de sua casa. A mulher, extremamente dissimulada, sorria-lhe de modo provocante e ele, assim que se viu a sós com ela, abraçou-a, sendo plenamente correspondido. Ele possuiu-a de forma selvagem e ela entregou-se com prazer. Ela sabia que era a única maneira de enganá-lo seria corresponder plenamente às suas carícias e, portanto, esmerou-se em suas técnicas sexuais, deliciando completamente o homem.

Naquela noite, Obawini possuiu-a de várias formas, sempre encontrando uma mulher plenamente entregue ao prazer. De manhã, ela acordou mais cedo, visitou a pequena, mas confortável casa que os igbôs haviam destinado a Obawini, preparou o fogo, cozinhou cuidadosamente um desjejum com inhame, arroz-de-guiné e outras iguarias e, encontrando vinho de palma, serviu-lhe uma boa talagada.

Obawini passou os dias subsequentes planejando a próxima batalha, mas ele tinha dificuldades em convencer os igbôs a tomarem a iniciativa. Eles alegavam que os ifés haviam sido derrotados e como tal não havia motivo para se preocuparem. Se eles aparecessem, seriam batidos novamente. Obawini, um homem acostumado à guerra, tinha por princípio que o inimigo só estava derrotado na hora em que estava morto e, se possível, toda a sua família e filhos também devidamente trucidados; só assim não haveria represálias no futuro.

Mas Adjagemo piorara muito de sua doença estomacal. As dores incomodavam-no enormemente, o que o impedia de ter longas discussões. Ele preferia tomar a decisão somente após seus conselheiros deliberarem por horas a fio. Ele entrava no salão, chamado pelo mestre-de-cerimônias, e então se inteirava rapidamente do problema e dava sua solução, seguindo quase sempre o que seu principal ministro decidira e depois disto retirava-se. O seu ministro não entendia que os ifés tivessem que ser arrasados à custa de sangue igbô; a guerra não lhe era particularmente cara, já que perdera parentes queridos em combates anteriores. Deste modo, Obawini perdia tempo precioso, o que permitia que Abalaju se reestruturasse.

No terceiro dia, Moremi, arrumando a casa, viu uma camisa estranha, um pouco pesada, feita de ráfia trançada. Ela não se deu conta de imediato do que podia ser, mas arrumou-a perto das demais roupas de Obawini. Neste instante, o seu homem entrou e viu a sua roupa de ráfia trançada muito perto do fogo, então, nervoso, disse-lhe para nunca encostar aquela vestimenta perto do fogo.

Moremi, subitamente, entendeu o segredo dos igbôs. Era uma armadura de ráfia trançada, colocada por baixo da roupa para que o inimigo não a visse. Moremi nada disse, mas precisava descobrir mais sobre esta vestimenta e, nos dias que se seguiram, fez amizade com as mulheres igbôs, aprendendo a trançar a palha da costa, do dendezeiro, e trançar por várias vezes, em tramas e urdumes, uma vestimenta que ia até a altura da virilha.

Moremi procurou trançar uma armadura, mas também ver a parte fraca da vestimenta. Realmente ela era trançada de forma a aguentar uma flechada a certa distância, ou pelo menos diminuir a perfuração da seta. Um golpe de espada era absorvida, mas dependia do ângulo com que batia nela. Mas o próprio Obawini revelara-lhe a fraqueza do material, ou seja, a armadura era combustível. Mas, na parte do meio, onde as tranças eram bem apertadas, o fogo não pegaria, teria que ser pela parte de baixo, onde as pontas soltas iriam ajudar o fogo a alastrar-se.

Agora Moremi descobrira o segredo dos igbôs, assim como vira como derrotá-los, mas faltava a última parte: fugir da aldeia, voltar a Ifé e contar tudo a Abalaju. Esta seria a parte mais difícil para a qual ela teria que contar com a fortuna, porém, a dita sorte sorri para quem tem paciência. Durante mais um mês, Moremi bancou a mulher apaixonada e Obawini acreditou em seus sentimentos, já que a mulher demonstrava gostar de sua companhia, assim como o procurava para fazerem sexo sempre que era possível.

Um dia a oportunidade surgiu; os homens avistaram uma grande manada de elefantes e saíram para caçá-los. Obawini foi junto com eles. Eles ficariam pelo menos dois dias fora, o que lhe daria tempo para fugir e, com sorte, chegar perto de Ifé. Decidiu partir levando uma armadura de ráfia; mais valia mostrar do que explicar. No momento em que ia partir, seu coração confrangeu-se a ponto de doer. Ela sentiu uma avassaladora saudade de Obawini. Partindo, jamais o iria ver novamente e, naquele momento, percebeu que o amava. Que absurdo, reagiu com indignação ao seu próprio coração, não poderia amar seu inimigo, mas brincara com o fogo da paixão e acendera uma fogueira de amor em sua alma. Lembrou-se de como aquele homem bonito e viril a possuía com violenta ternura, de seu cuidado em não machucá-la com seu membro avantajado, que a fazia ficar excitada e completamente preenchida.

Sacudiu a cabeça e disse para si mesma: "é só paixão". Assim, convencida pela suas palavras, partiu. No caminho, esgueirando-se para não ser vista, ela foi se dando conta de que não era só paixão carnal; havia um sentimento pungente que assomava e a acaçapava. Lembrava-se das conversas com Obawini, dos motivos que o faziam ter ódio de Olunwi, de Abalaju e de todos de Ifé. Não se via como um traidor; fora trazido contra sua vontade. Teria sido preferível que o tivessem matado, mas em vez de ser agradecido a Olunwi por ter-lhe poupado a vida, odiava-o pela sua magnanimidade, sua prepotente bondade e sua misericórdia, que o desonrara. Ela o entendia e, ao fazê-lo, passara a amá-lo. Era um homenzarrão, mas tinha o olhar doce de uma criança, as mãos gentis de um jardineiro e, ao mesmo tempo, a virilidade de um macho em permanente cio.

Com os olhos cheios de lágrimas, Moremi deu-se conta de que devia cumprir seu dever e de que o amor que sentia por esse homem devia ser rasgado como se destroça um pano para torná-lo imprestável. Com este estado de alma, caminhou com passo resoluto e, esquecendo os perigos da mata, foi até Ifé, chegando no terceiro dia, completamente exausta e esfomeada; não se alimentara de quase nada a não ser do pequeno farnel que fizera antes de sair e que já fora devorado há dois dias.

Caiu prostrada, quase desmaiada. Nesse instante, a sua força de vontade, a sua determinação de trazer o segredo dos igbôs até Ifé, a sua jura de vingança pela morte ignominiosa de seu marido que ela tanto amara, ruíram, e ela, caída, num pranto sofrido e langoroso, deixou-se arriar sobre suas pernas exaustas. O povo acorreu para levantá-la. Deram-lhe água numa cabaça e ela quase não conseguiu beber, pois só repetia o nome de Abalaju. Chamaram o *ologun* e ele veio correndo, abrindo caminho aos gritos, e o povo se afastando para não esbarrar no corpanzil do gigante. Ele chegou e tomou-a nos braços, levantando-a como se fosse uma criança, enquanto ela se mantinha agarrada ao seu tesouro: a armadura de ráfia.

Após recuperar-se, Moremi contou a Abalaju e seus chefes guerreiros qual era o segredo dos igbôs e como deviam combatê-lo com fogo na parte inferior da vestimenta. Abalaju acariciou sua cabeça como se ela fosse a mais querida de suas irmãs e mandou que descansasse; amanhã seria um outro dia. Moremi, deitada na casa do *ologun*, adormeceu. Sonhou que uma mulher negra, bela, nua, vinha lhe falar. Tinha o olhar maligno e a expressão diabólica. Moremi assustou-se e quis fugir, mas a mulher foi mais rápida e, com um toque em sua testa, fê-la ficar estática. Olhou-a bem nos olhos e disse-lhe:

– Você me prometeu a sua joia mais cara, caso você trouxesse o segredo dos igbôs, e eu vim cobrar sua promessa.

Moremi entendeu que aquela mulher de beleza diabólica era uma *yami-ajé* e ela, então, respondeu-lhe, num tom humilde:

– Minha mãe feiticeira, você me ajudou demais. Eu vou lhe pagar com o que desejar. Não tenho muito, mas o que tenho eu lhe darei de muito bom grado.

– Não. Você nunca me dará o que quero. Eu terei que tirá-lo de você.

Moremi ficou aturdida. O que significava isto? Ela queria pagar sua dívida e não ia negar nada que a *yami-ajé* pedisse. Poderia levar joias, vestidos, móveis e qualquer outra posse que tivesse. A *yami-ajé* escutou seus pensamentos e respondeu-lhe:

– O que você quer que eu faça com joias, tecidos, vestidos e móveis? Estou no *orun* e nada disto me serve. O que quero é o mesmo que você: vingança.

Moremi continuava sem entender. Vingança, por quê? Contra quem? A *yami-ajé* soltou uma gargalhada assustadora.

– Eu a ajudei em tudo. Fiz Obawini amar você e nem sequer desconfiar de que você queria traí-lo. Eu a ajudei a descobrir o segredo dos igbôs, assim como a trouxe de volta a Ifé. Tive que lhe dar forças para que você não esmorecesse no caminho, pois você, uma idiota, apaixonou-se pelo seu inimigo. Tive que afastar animais perigosos enquanto você andava nas matas e nas savanas e, mesmo quando você dormia, eu a sustentava com minha força e meu poder. Agora, eu só a estou avisando de que vim cobrar minha dívida e não para implorar que você me dê algum colar de sementes ou um pano que o seu falecido marido lhe deu. Eu vim cobrar uma dívida de sangue, meu sangue. Ele ainda pinga de minhas feridas, veja.

Assim falando, ela virou-se e mostrou as costas, cheias de feridas, a pingar sangue, com pústulas horríveis. Moremi ficou chocada com aquilo e quis proferir qualquer coisa, mas a *yami-ajé* foi se afastando, dizendo:

– Vim cobrar minha dívida e tomarei o que é meu.

Sobressaltada, Moremi acordou. O corpo doía, a cabeça latejava horrivelmente e seu estômago estava revoltado. Ela levantou e vomitou. Passou o resto da noite extremamente preocupada, mas para ela o que a *yami-ajé* queria era um mistério, um completo mistério.

47

O *ologun* dos ifés preparou-se melhor para o combate. Treinou seus homens e fê-los executar movimentos de ordem unida, obedecendo a comandos, usando para tal batidas de tambor. Os ifés foram se acostumando com suas ordens duras e entenderam que os igbôs não eram demônios nem protegidos especiais dos *eborás*. Apenas valorosos guerreiros que usavam uma armadura de ráfia. Moremi, já completamente recuperada de sua viagem a Idetá-Ilê, ensinou às mulheres de Ifé como tecer a armadura e os homens de Abalaju passaram a vestir tal equipamento. O *ologun* desenvolveu também um capacete de ráfia que iria proteger melhor a cabeça dos homens, especialmente contra pedras lançadas contra eles, pois os igbôs tinham arremessadores de excelente qualidade.

Pelo seu lado, Obawini descobriu com profundo pesar que sua mulher Moremi havia partido e havia levado a sua armadura de ráfia. Em dois tempos, entendeu tudo e vira que fora ludibriado. Ele substituiu rapidamente o pesar por um ódio incomensurável e voltou à carga junto a Adjagemo para atacarem Ifé, mas sem sucesso.

Os dias que se sucederam foram graves; Obawini sabia que Olunwi voltaria ao ataque, lançando uma nova ofensiva. Conversou longamente com Oreluerê, seu braço direito, e concluíram que sua missão em Idetá-Ilê estava concluída. Havia mais de oito meses que eles enxotaram os ifés do campo de batalha e, desde então, não conseguira convencer os chefes igbôs a atacar Ifé. Obawini abriu seu coração com Oreluerê, dizendo que estava apaixonado por Moremi e que ela o havia traído e, como tal, os ifés agora sabiam como lutar contra a armadura dos igbôs. Provavelmente, deviam estar munidos de igual vestimenta de proteção. Os dois homens decidiram que deviam partir de Idetá-Ilê; seria apenas uma questão de tempo para que os ifés ganhassem a guerra, já que eram muito mais numerosos. Eles tinham seus próprios guerreiros que haviam vindo de Aksum na companhia deles e sabiam que tinham ascendência sobre uns sessenta igbôs que tinham por eles admiração e respeito. Resolveram, então, que partiriam e quem quisesse ir com eles seria bem-vindo.

Os dois chefes guerreiros conversaram com o ministro mais importante de Adjagemo e comunicaram-lhe sua decisão de partir e levar outros consigo. O ministro não se opôs, pois, no fundo, estava satisfeito com a partida de um homem que vivia insistindo em guerrear. Deu sua aquiescência sem sequer consultar Adjagemo e os demais chefes. Numa madrugada de inverno, Obawini e Oreluerê partiram de Idetá-Ilê, junto com mais de oitenta e cinco guerreiros, alguns acompanhados de suas mulheres e filhos.

Subiram em direção ao norte, passando pela aldeia de Aramoko, e após alguns dias chegaram à cidade de Irê, onde resolveram descansar; tanto Obawini como alguns dos homens e mulheres estavam com uma febre alta, enfraquecidos por uma gripe que os assolara. Era inverno e, por isso, o frio mais cortante da noite os tinha apanhado de surpresa.

O *oni* de Irê aceitou hospedá-los, mas ficou preocupado com aqueles homens armados. Sua aldeia era pacífica e eles pareciam estar fugindo de algum lugar. Outra preocupação do velho *oni* é que existiam muito mais homens do que mulheres e isso significava que eles podiam sentir-se atraídos pelas mulheres da aldeia e, das duas uma: levarem as mulheres com eles ou, pior ainda, instalarem-se definitivamente na aldeia.

Um homem sábio era o *oni* de Irê; foi exatamente o que aconteceu. As mulheres sentiram-se atraídas pelos forasteiros e, enquanto os homens se recuperavam da forte gripe, os demais começaram a interessar-se por aquelas mulheres praticamente nuas, já que Irê era uma aldeia mais primitiva do que Idetá-Ilê. Em poucos dias, vários dos homens já estavam mantendo casos com mulheres solteiras e, até mesmo, com algumas casadas.

Ora, numa aldeia pequena, com pouco mais de seiscentos habitantes, o escândalo era inevitável. Finalmente, um dos maridos surpreendeu um dos aksumitas de Obawini tendo relações com sua mulher e, perdendo a cabeça, atacou o guerreiro. Mesmo sendo um valoroso lutador, o infeliz não foi páreo para um soldado treinado nas artes do combate. Ele acabou sendo ferido gravemente, vindo a morrer em algumas horas.

Este incidente precipitou os eventos. Os homens de Irê se reuniram e pediram justiça contra o assassino do marido traído. O *oni* estava impotente; sabia que tinha uns duzentos guerreiros, mas que jamais haviam lutado numa guerra, e aqueles homens eram assassinos profissionais. Seria melhor deixar o assunto esfriar e rezar para que partissem logo. Todavia, alguns homens, jovens e afoitos, resolveram fazer justiça pelas próprias mãos e atacaram um grupo de Obawini quando eles estavam descansando. O combate que se seguiu demonstrou que o velho *oni* tinha razão; os homens de Irê foram chacinados.

Já recuperado de sua gripe, Obawini, frustrado por não ter conseguido prender Olunwi e por ter sido enganado por Moremi, foi particularmente perverso naquela ocasião. Com este estado de espírito, tomou medidas duríssimas contra este ataque extemporâneo, apossou-se da cidade, destronou o rei, matou seus descendentes para não pleitearem o trono do *oni* e sentou-se no trono, passando a ser agora o verdadeiro *oni* de Irê. Por uma misericórdia que não lhe era peculiar, poupou o velho *oni*, sob as súplicas da velha esposa do monarca, e deixou-o partir. Ele não sabia que aquele homem alquebrado, quase enlouquecido de dor pela perda de seus filhos e cheio de rancor, era um primo distante de Adjagemo, ambos descendentes de Eguin, um dos filhos de Akirê. O velho partiu de Irê com a intenção de ir até Idetá-Ilê, contar tudo a Adjagemo, e, quem sabe, obter justiça contra aqueles homens sem lei e coração.

48

Enquanto o velho *oni* de Irê caminhava a duras penas pela savana, subindo e descendo morros, atravessando vales e riachos, acompanhado de sua mulher, o *ologun* de Ifé reunia os seus guerreiros e, agora com os nobas de Obameri, iam em direção a Idetá-Ilê. Desta vez, eles seguiam não só preparados psicologicamente, mas muito bem estruturados. Tinham aprendido a lição de que a guerra não é uma aventura que dispense o planejamento, a seriedade e, principalmente, o respeito ao adversário.

Em Idetá-Ilê, os olheiros avisaram que um exército de grande porte – quase seis mil homens – vinha em direção a sua cidade. Eles se mobilizaram rapidamente e saíram em direção ao campo para encontrá-los. Entretanto, agora lhes faltavam a humildade e a precaução. Como haviam dado uma surra nos ifés na vez passada, eles achavam que o novo combate seria mais um passeio no campo, uma espécie de caçada a algum animal indefeso e lerdo. Sem a coordenação de Obawini e Oreluerê, eles foram ao combate, gritando e gesticulando como se os seus urros fossem capazes de intimidar os ifés e fazê-los fugir do campo de batalha com o rabo entre as pernas como um cachorro qualquer. Eles gritavam palavras de ordem e gritavam como se fossem cães, latrando alto para assustar o inimigo.

À frente de seu exército, Abalaju gritou de volta, dizendo que os igbôs não passavam de cachorros e que ele ia comê-los vivo. Os ifés gritaram que o *ologun* ia comer os cachorros e ficaram frente a frente, a uma distância de cem metros, gritando impropérios. Abalaju, que havia preparado uma emboscada num dado instante deu a ordem esperada, e a vanguarda de Ifé começou a retroceder lentamente, em direção à crista de um morro, sempre gritando impropérios e ameaçando os igbôs.

Quando os igbôs viram que a vanguarda de Ifé estava retrocedendo, eles gritaram de satisfação e, a partir de uma ordem do chefe dos guerreiros, eles se lançaram numa corrida desenfreada. Os ifés, então, recuaram rapidamente desaparecendo por trás da crista do morro. Os igbôs alcançaram a crista menos de vinte segundos depois que os ifés haviam desaparecido por trás dela. Assim que alcançaram o topo do morro, continuaram a correr e aí se deram conta de que, atrás do morro, o grosso das forças de Ifé estava bem plantado. Eles não tomaram consciência do que estavam fazendo aqueles homens com tochas de fogo nas mãos, perto de pequenas fogueiras que haviam sido acesas previamente.

Eles atacaram o exército de Ifé sem perder o ímpeto, até ser tarde demais para retroceder. Os ifés contra-atacaram com lanceiros acompanhados de homens de tochas. Os lanceiros procuravam atacar os igbôs nas pernas que não estavam cobertas pela armadura de ráfia, enquanto os homens com archotes em fogo atacavam os guerreiros que caíam, ateando-lhes fogo em suas vestimentas. Em poucos segundos, o fogo tomava conta dos guerreiros feridos, provocando urros de dor e uma corrida desenfreada para retirar a armadura de ráfia em chamas. Enquanto os guerreiros igbôs, que haviam tombado, tentavam se livrar da armadura, uma nova leva de soldados de Ifé os atacava com espadas, lanças ou flechas, aniquilando os que haviam sido inicialmente feridos.

A parede de lanceiros de Ifé conseguiu segurar a carga dos igbôs e os grupos de inimigos que haviam ficado mais para trás deram-se conta de que os ifés estavam desenvolvendo uma tática que os estava levando à derrota. Tentaram um ataque aos flancos, como Obawini lhes havia ensinado, mas, quando estavam contornando a posição central onde se desenrolava o furioso combate, eles foram atacados pela retaguarda pela cavalaria Ifé, o que os desconcertou, porque não esperavam que eles pudessem ter aparecido tão rapidamente, através da floresta.

No meio do combate, quando o caos estava instalado, Abalaju, que se apeara do cavalo, estava lutando contra vários igbôs. Subitamente, um dos igbôs empunhando um arco, mirou nele e atirou. Nesse preciso instante, ele viu que a flecha vinha celeremente para cima dele, e que não daria tempo de esquivar-se ou levantar o escudo. Sentiu um frio no estômago terrível: era o gosto da morte que ele já sentira inúmeras vezes. No último instante, uma pessoa ficou entre ele e a flecha, que foi cravar-se na junção do seu ombro e braço. Abalaju olhou para o rapaz que se metera na sua frente e reconheceu Tsoedé, um dos netos de Obameri, o chefe noba que viera de Meroé com Olunwi.

O jovem, que devia ter quinze anos, caiu, enquanto Abalaju atacava o flecheiro que tentava colocar outra flecha em seu arco. Ele cobriu a distância de cinco metros numa fração de tempo mínima e desceu sua pesada espada sobre o igbô, que caiu morto. Ele voltou para certificar-se de que Tsoedé estava vivo e, com dois ou três gritos, mandou que três ifés levassem o jovem embora para ser tratado. Depois disso, voltou aos combates com vigor redobrado, pois sentira o gosto da morte, e isso é que lhe dava a vontade de viver.

O combate durou pouco mais de meia hora, até que os igbôs remanescentes fugiram espavoridos do campo de batalha. Poucos foram os que conseguiram escapar e os que haviam permanecido no campo de batalha foram mortos pelos ifés. A vitória sorrira finalmente a Abalaju e seu povo gritava:

– *Ogun jê aja*. (Ogun come cachorro.)

Ogun era a contração de *ologun* – senhor da guerra – e a frase significava que Ogun come cachorro, num simbolismo que o *ologun* de Ifé destruía – devorava – seus inimigos, os igbôs, que latiam feito cães. Abalaju ganhara um cognome que o faria ser famoso em toda a África Ocidental: Ogun. Mais tarde, pelo fato de ele ser ferreiro, associaram sua antonomásia ao *imolé* Gou, derivado do deus celta, Govannon, aquele que transforma o ferro em armas. Naquele dia memorável, Abalaju tornara-se Ogun.

Agora, mais conhecido como Ogun, Abalaju não iria se deter com essa vitória. Não iria cometer o mesmo erro que os igbôs haviam cometido quando ganharam a primeira pugna contra os ifés. Ele haveria de persegui-los e deu ordem de imediato avanço em direção a Idetá-Ilê.

As notícias da destruição do seu exército apavorou Adjagemo e seus conselheiros. O que parecia mais uma vitória fácil havia se transformado numa *débâcle* e nada poderia impedir o avanço do exército de Ifé. Só restava a Adjagemo e seus ijexás fugirem para a cidade vizinha de Idetá-Oko. Os ijexás que puderam reunir seus pertences fugiram a tempo, refugiando-se em Idetá-Oko, junto com Adjagemo e alguns dos seus ministros. Porém, o principal ministro de Adjagemo ficou para receber os vencedores; além de estar muito velho para tal viagem, ele não queria fugir como um poltrão qualquer.

À noite, Ogun visitou Tsoedé e viu que o rapaz iria sobreviver. Ele deu-lhe sua adaga, uma arma que ele mesmo fabricara, e lhe disse:

– No dia em que você precisar demonstrar que é amigo de Abalaju, basta mostrar esta adaga e será tratado como se fosse meu próprio pai, pois com sua atitude você me deu a vida.

Todos os presentes estavam com lágrimas nos olhos, especialmente o jovem Tsoedé, que fizera aquele ato de bravura. Este ato transformaria um filho menos importante de Obamakin, por não ser o primogênito, no líder de uma futura nação.

Ogun chegou a Idetá-Ilê no meio da manhã do dia seguinte ao grande combate. A cidade estava praticamente vazia e ele sabia que não haveria resistência, pois, do exército de três mil homens que o havia enfrentado, ele dizimara mais de dois mil e oitocentos homens, que ele mandara Obassin contar, já que este era um dos poucos a saber contar além dos dedos, por ser um comerciante acostumado com números e contas.

Após a contagem, reuniu os cadáveres dos homens e mandou queimá-los em pequenas piras de quinze a vinte corpos. O ar logo se encheu de um cheiro de carne de porco; a carne do ser humano e a do suíno têm não só o mesmo gosto, como o mesmo odor. O grosso do exército havia partido antes de as piras serem acesas e os que permaneceram odiaram este trabalho, a cada instante orando aos *eborás* e aos *eguns* dos mortos para que perdoassem a ofensa de não os enterrar convenientemente.

Em Idetá-Ilê, Ogun havia dado ordem de matar qualquer um que se opusesse, mas de poupar e tratar bem os demais. Não houve oposição; os pouquíssimos que ficaram eram velhos e doentes que não podiam caminhar. Ogun encontrou o velho ministro de Adjagemo e o poupou. Perguntou-lhe por Adjagemo e o velho disse que o rei dos igbôs havia se refugiado em Idetá-Oko. Imediatamente, Ogun mandou Obameri, seu sogro e amigo, ir até aquela cidade e dar voz de prisão a Adjagemo, mas mantê-lo sob vigilância na própria cidade, numa espécie de prisão domiciliar. Obameri deveria acampar nos limites da cidade para vigiá-lo assim como a todos os seus habitantes. Se encontrasse resistência, deveria matar os que resistissem, mas não ofender os demais habitantes da cidade.

Enquanto Ogun e o ministro confabulavam com serenidade, já que Abalaju o tratava com civilidade, tanto pela sua idade como pela sua disposição de paz, um dos guardas do *ologun* de Ifé adentrou o salão, trazendo um velho alquebrado e uma anciã aos prantos. Ogun parou para saber do que se tratava e o velho se apresentou como primo de Adjagemo, o que não o credenciou aos olhos de Abalaju, mas quando ele relatou com contido ódio o que lhe haviam feito em Irê, a morte de seus filhos e sua expulsão, o *ologun* dos ifés empinou a cabeça em perfeita atenção. Quando, então, o *oni* de Irê lhe disse que o vilão se chamava Obawini, Ogun tomou-se de uma fúria terrível e vociferou, como se estivesse possuído de mil demônios. Então aquele filho de uma cadela havia se homiziado em

Irê. Ele iria até lá e o mataria com suas próprias mãos. O velho, ao escutar que Ogun iria até Irê e a destruiria, falou com humildade:

— Poderoso *ologun* dos ifés, não arrase minha cidade nem mate meus súditos, pois eles são inocentes de qualquer ofensa aos seus. São pessoas de bom coração, obedientes aos *eborás* e só merecem consideração. Faço-lhe uma proposta, o poderoso Ogun, mate Obawini e toda a sua corja e eu lhe darei o comando perpétuo de Irê. Não tenho mais filhos; foram mortos pela sanha assassina daquele miserável e, se libertar a minha cidade, eu o empossarei como *onirê* das sete aldeias que a rodeiam e que fazem parte de minhas posses.

O velho falava como se tivesse algum poder, mas Ogun entendeu-o. Imaginou que faria o mesmo se alguém matasse seus filhos, dois dos quais, aliás, o acompanhavam nesta jornada, e lembrou-se de seu pai que já estava ficando velho. Fez um trejeito com a cabeça e respondeu-lhe, sem arrogância:

— Descanse, meu bom velho. Os assassinos de seus filhos podem contar os dias que lhes restam, pois hei de matá-los com minhas próprias mãos. Serei *onirê* e tratarei sua gente com todo o respeito.

O velho olhou para o porte gigantesco daquele homem e não teve dúvida de que aquele homenzarrão asseverara, e se sentiu vingado por antecipação.

O exército de Ogun municiou-se de comida e de tudo que lhe caiu às mãos para a próxima jornada. Quando Obameri moveu sua tropa para Idetá-Oko para aprisionar Adjagemo, Ogun dirigiu-se a Irê a fim de matar Obawini, Oreluerê e sua malta de bandidos. Mas o inimigo não era tolo e Obawini mantivera vigias nas entradas da cidade, e eles o avisaram da chegada de um grande exército. Nesse momento, Obawini e Oreluerê sentiram que sua posição era insustentável. Procuraram um lugar entre duas colinas por onde pudessem lutar com pouco espaço; assim, a tropa toda de ifés não poderia ser engajada na batalha que iria acontecer. Aguardaram a chegada dos ifés, com consciência de que seria uma luta de vida e de morte.

Preocupado com o desenrolar do combate a vir, Ogun viu a manobra que Obawini havia tentado fazer e dividiu sua tropa em dois grupos, sendo que um contornou os morros e atacou os bandidos pela retaguarda, enquanto o outro grupo engajava-se num ataque frontal. A luta não durou muito; a pinça que Ogun fizera fora fatal para as pretensões defensivas de Obawini. No auge da batalha, num pandemônio difícil de discernir quem era quem, Oreluerê foi ferido no braço e pediu ajuda a Obawini. Os dois desengajaram-se dos combates e Obawini levou Oreluerê para um lugar seguro.

Todos os atacantes de Obawini foram mortos e os que não o foram no campo de batalha, foram-no depois. Contudo, entre os mortos, não se contavam os corpos de Obawini e Oreluerê. Mais uma vez, Ogun enfureceu-se, mandou chamar o seu melhor rastreador e ordenou que ele procurasse por uma pista dos dois. O homem levou dez minutos para descobrir o rastro e avisar Ogun, que logo se pôs em movimento. Antes de partir, ele deixou seu filho Isa, um homem feito de dezenove anos, no comando de Irê.

A busca foi infrutífera, pois Obawini e Oreluerê sabiam que Abalaju os odiava e que ele empreenderia uma busca acirrada na região até encontrá-los. Assim, eles dirigiram-se no sentido contrário ao daquele que qualquer um poderia supor. Ogun imaginou que os dois iriam querer voltar para Aksum e tomariam o rumo do leste, e assim eles fizeram por algum tempo, mas, depois, aproveitando as nascentes do rio Siluko, fizeram uma reviravolta para o sul e margearam o rio. Com essa manobra, eles conseguiram apagar os rastros de seus cavalos e fugiram.

O rastreador dos ifés não encontrou mais o rastro dos fugitivos e Ogun, enfurecido, foi obrigado a voltar; de nada adiantaria tentar cobrir uma imensa região, sem ter a certeza de para onde eles estavam indo. Mais uma vez, Obawini e Oreluerê escapavam da vingança de Ogun.

A entrada de Ogun em Ifé foi triunfal e ele se proclamou *onirê*, rei de Irê. Seu pai, Olunwi, abraçou-o e passaram algumas horas colocando a conversa em dia. Por seu lado, Olunwi informou-o de que Obameri tinha aprisionado Adjagemo e o mantinha em prisão domiciliar. Do seu lado, Obameri voltara para Okê Itaxe, onde já estava morando há mais de um ano. Olunwi também o informou de que Setilu, seu irmão, assim como os seus filhos, haviam abandonado Okê Igéti devido à insalubridade do local, e fixado residência também em Okê Itaxe, no reino de Obaluaê.

Ogun estranhou que o tio não viesse para Ifé, mas Olunwi disse-lhe que, de acordo com o *ifá*, Setilu devia ficar afastado de Ifé, pois, se esta seria a cidade sagrada dos iorubas, também seria um local de grande tormento, o que não propiciava o jogo do *ifá*. Ogun deu de ombros; aquilo tudo lhe era muito estranho. Era um homem prático e agora ele só pensava em consolidar a posição dos ifés na região. Ele sabia que, para se viver em paz, é preciso trabalhar para ela por meio da guerra. Todos os que aceitassem Ifé seriam seus amigos, e os que não o aceitassem, teriam que ser destruídos, pois a fúria da guerra – *ogun* – não permite meias-medidas nem meio-termo. Era a época do tudo ou nada.

49

Olurogbô estivera afastado de Ifé por mais de três anos e fizera boa amizade com Larô. Por sua vez, o grupo de Larô crescera não só porque crianças haviam nascido, mas principalmente por ter agregado vários pequenos grupos de igbôs que eles foram encontrando pelo caminho. Eram pequenas famílias que haviam se afastado de sua tribo, seja por terem fugido de alguma perseguição pessoal, seja por terem se desgarrado de sua tribo nômade. De um modo ou de outro, o grupo de Larô havia acampado em vários lugares e sempre levantava acampamento por alguma razão. Uma hora era a falta de água, outra, a excessiva proximidade de tribos maiores e agressivas. Em suma, Larô já estava se desesperando por não encontrar um local apropriado para criar seus filhos.

Certo dia, após margearem o rio Oxum, Larô decidiu cruzá-lo, já que a margem ocidental não apresentava um local apropriado. Após encontrarem uma tribo que os ajudou a cruzar com barcas, o grupo deslocou-se pelas margens do rio Oxum até encontrar um local aprazível e, depois de quase quatro anos de andanças, o seu grupo, com cerca de duzentos e cinquenta pessoas, instalou-se. Construíram sua aldeia, a que chamaram de Oxogbô – Oxum está pronta – , e começaram a preparar o terreno para o plantio. Em pouco tempo descobriram que estavam a pequena distância da cidade de Ilobu, e iniciaram um próspero comércio entre eles, trocando bens agrícolas e pecuários.

Olurogbô logo fez fama na região como *ajé* e curandeiro e, com isso, vinham pessoas de Ilobu, da aldeia de Ipondá, que não ficava muito longe, e de Ifon, terra dos descendentes de Obalufon. Raramente ele saía de sua aldeia e não tinha notícias de Ifé. Nada sabia da guerra entre os ifés e os ijexás, como eram chamados os habitantes de Idetá-Ilê pelos demais igbôs, nem tampouco da morte do pai e das aventuras da mãe.

Certo dia, no entanto, veio uma comitiva liderada por um caçador que trazia uma mulher. Vieram procurá-lo dizendo que a rainha de Ipondá tinha um filho de grande beleza que estava gravemente doente. Ipondá pedia que Olurogbô fosse até seu palácio para curá-lo. Era a primeira vez que isto acontecia, pois, a maioria das vezes, os doentes vinham até ele. Larô disse-lhe que seria uma boa oportunidade para ganhar as boas graças do povo de Ipondá. Larô pensava em comércio e na prosperidade de sua aldeia e via nisso uma chance de entabular conversações. Olurogbô partiu para Ipondá com seus artefatos de magia, seus pós e remédios.

A viagem até Ipondá foi rápida e tranquila. Ele foi muito bem recebido e reencontrou Erinlê, que não via há mais de dez anos. Os dois se abraçaram e colocaram as novidades em dia. Deste modo, foi que Olurogbô soube da morte do pai, das aventuras da mãe em Idetá-Ilê, da derrota de Adjagemo e de tudo o que havia acontecido. Conheceu Ipondá e ficou impressionado com sua beleza serena e majestosa, mesmo vendo que a mulher estava preocupada com seu filho.

Levaram-no para conhecer Iminikirê, que estava com quase oito anos de idade. Era um menino tão bonito que Olurogbô ficou na dúvida se ele era um rapazola ou uma menina. Seus traços corporais eram de um menino taludo, mas seu rosto era o de sua mãe, com cílios longos, olhos grandes de beleza expressiva e de aparência doce. Examinou-o e achou que o rapazola não estava doente de nada físico, mas parecia estar com um espírito doente que sugava suas energias. Ele preparou seus pós, mandou trazer uma cabrita nova e sacrificou-a perto do rio, dando à deusa do rio um presente para que retirasse o mau espírito de perto do rapaz.

Olurogbô ficou cinco dias em Ipondá e só partiu quando viu o menino completamente restabelecido. Ele foi acompanhado de dois guerreiros para sua proteção e partiu feliz por ter sido útil, assim como ter revisto Erinlê e conhecido sua bela esposa. Na passagem do rio Oxum, que seria feita de barca, havia mais um homem com um grande boi que esperava a passagem. A barcaça atracou e todos subiram a bordo, inclusive o boi, que parecia calmo. No meio da travessia, o animal foi se tornando indócil e começou a movimentar-se de forma perigosa. Os homens tentaram acalmá-lo, mas ele parecia estar descontrolado e, num certo instante, agitou-se de forma perigosa e, num movimento imprevisto, esbarrou violentamente em Olurogbô e jogou-o para fora da embarcação.

O jovem não sabia nadar e o rio, que parecia calmo, na realidade, tinha fortes correntezas, e logo ele sumiu no meio da água para não aparecer mais, para desespero de seus acompanhantes. Assim que Olurogbô caiu na água, o animal tornou-se dócil novamente, e a travessia foi completada. Enquanto os homens gritavam pelo seu nome, Olurogbô estava debaixo d'água, sufocando e debatendo-se na agonia final de quem morre afogado.

No momento de sua morte, ele se viu flutuando acima do rio. Tomou vaga consciência do que estava acontecendo e, ao ver-se sobre o rio, quis alcançar a margem, o que aconteceu no mesmo instante, num movimento tão vertiginoso que o assustou. Nesse momento, já nas margens do rio, ele viu uma linda mulher negra, completamente nua, que o olhava com um sorriso sardônico. Ainda atordoado, ele não entendia nada do que se estava passando. Não se dera conta de que morrera e de que aquela mulher despudorada era um espírito. Ela começou a falar-lhe, dizendo-lhe palavras que ele não entendeu.

– Tudo correu como eu planejei. Adoeci o filho de Ipondá para levá-lo até aquela cidade, obrigando-o a atravessar o rio. Fiz o animal ficar indócil e derrubá-lo no rio. Estou vingada. Eu o matei como você me matou.

– Eu jamais matei quem quer que seja. Eu nem sequer a conheço. Como pode me acusar de tê-la matado?

– Quem é que você acha que me fez isto? – disse, virando-se e mostrando suas feridas.

Olurogbô ficou enojado com as feridas e com o rosto crispado de asco.

– Eu não sei, mas tenho certeza de que não fui eu. Jamais maltrataria uma pessoa dessa maneira.

A *yami-ajé* irritou-se e, com a voz cheia de raiva, vociferou:

– Saiba, seu infame, que foi você mesmo que mandou me açoitar até a morte e, não feliz com minha dor, mandou jogar meu corpo no rio. Quando fui jogada nas águas, ainda estava viva, por mais que você pensasse que eu tivesse morrido. Eu senti tudo que agora você também sentiu. Gostou da sensação de sufocamento? E a sensação da água entrando por sua boca? E a procura desesperada por ar? Espero que tenha gostado da sensação, pois foi tudo isto que eu também senti.

Nesse instante, apareceu um casal de espíritos. Um era um homem de provecta idade e o outro uma mulher jovem de beleza incomparável. A mulher virou-se para a *yami-ajé* e disse-lhe, de modo meigo e gentil, mas com uma voz em que se podia sentir a força da autoridade:

– Já chega. A justiça foi feita. Ele não pode entender que você está se referindo a um fato acontecido em outra vida. Vá em paz!

A *yami-ajé* fez cara de desagrado, mas partiu em alta velocidade, enquanto o casal se aproximava de Olurogbô.

– Venha conosco, Olurogbô. Você cumpriu sua missão e merece descanso.

Os dois aproximaram-se do estupefato jovem, ladearam-no, seguraram seu braço e o levaram consigo. Nesse instante, a mente de Olurogbô descansou e ele adormeceu.

50

Os anos passaram-se lentamente. Moremi soube do afogamento de seu amado filho Olurogbô e entendeu aquilo que aquela *yami-ajé* lhe dissera no sonho. Ela continuava a amar a imagem do marido e também daquele que fora seu mais impetuoso amante. Mas sua estada em Ifé havia se tornado um martírio; era malvista pelas mulheres por ter tido um caso com Obawini, o inimigo dos ifés. Os homens procuravam-na apenas para tentar levá-la para cama e ela esquivava-se de todos.

Um dia chegou à cidade um mercador com sua pequena comitiva. Ele viera de Ogotun, uma cidade nas margens do rio Siluko, e trazia várias mercadorias, mas, principalmente, viera comprar as ferramentas de ferro e de bronze que, em toda a região, tinham trazido notoriedade a Ifé. O homem era de uma simpatia extraordinária e fez amizade com muitas pessoas. Numa de suas conversas com seus parceiros de negócios, ele perguntou pela famosa Moremi, dizendo que sua fama de ter descoberto o segredo dos igbôs corria todos os cantos e que ele desejava conhecê-la para prestar reverência a mulher tão corajosa e destemida. As pessoas indicaram-lhe a casa de Moremi e ele se dirigiu para lá.

Ele apresentou-se à mulher e disse-lhe que ouvira falar muito bem dela. Usando de toda a sua simpatia, ele disse que conhecia um homem

A CASA ETERNA

que a amava demais e que não conseguia esquecê-la. Ela, muito desconfiada, perguntou quem era. O homem não lhe respondeu, mas fez-lhe outra pergunta.

– Você acreditaria se eu lhe dissesse que um homem a quem você traiu a confiança ainda a ama e lhe perdoou a traição?

Moremi fez cara de espanto e respondeu-lhe que não. Ele não se deu por vencido e disse-lhe:

– Saiba que é verdade. Na realidade, eu fui mandado numa missão de grande importância, pois esse homem não consegue viver longe de você e finalmente tomou coragem para me mandar vir até aqui para levá-la comigo até onde ele está.

– De quem você está falando, homem? Diga-me o nome desse homem e eu poderei acreditar em suas palavras.

– Ora, senhora Moremi, estamos falando de Obawini. Mas se você repetir isto direi que é mentira; se o *ologun* dos ifés descobrir onde ele está, irá até lá e far-lhe-á guerra sem quartel. Ele só quer viver em paz e de preferência com você, que ele adora e por quem suspira noite e dia, sentindo sua falta.

Moremi deu dois passos para trás e respondeu-lhe, indignada:

– Saia daqui, seu demônio. O que ele quer é se vingar e me matar.

– Juro por todos os *eborás* e por todos meus ancestrais. Juro por Ogun, que é o *ologun* desta região. Que sua fúria caia sobre minha cabeça e a dos meus descendentes para sempre, se eu estiver mentindo. Obawini é meu amigo e só fala de você. Ele tem outras mulheres, mas nenhuma o satisfaz. Ele as mandará embora se você for viver com ele, e você será a sua rainha, sua única esposa e receberá todas as honras como tal.

Moremi ainda conversou com o homem, mas este, vendo que a mulher estava com medo de uma vingança de Obawini, partiu com a promessa de voltar para ter sua resposta. Ela ficou desconcertada: se ele realmente a amava, ela iria morar com ele e aquilo a excitou. Sua vida em Ifé era difícil e, se não fosse por uma espécie de pensão que Ogun lhe mandava, ela passaria fome, pois não tinha trabalho e as pessoas desprezavam-na, mesmo tendo ela sido fundamental na vitória contra os igbôs.

O homem voltou durante três dias e, somente no terceiro, quando disse que ia partir no outro dia, é que ela se decidiu: partiria e correria todos os riscos. Se Obawini a matasse, que assim fosse; não tinha marido e seu único filho havia partido para o *orun*. Partiu de Ifé sem nada dizer para ninguém, levando apenas algumas roupas e uma imensa vontade de que tudo desse certo.

Sua viagem a Ogotun transcorreu sem maiores problemas, mesmo tendo sido longa e cansativa. Ao chegar à grande aldeia, Moremi foi levada à presença de Obawini. Os dois se encontraram com estados de espírito diferentes; Moremi, com medo de alguma traição de Obawini e ele, exultante porque realmente amava a mulher, perdoara-lhe e queria-a imensamente. Ele abraçou-a com sofreguidão e falava sem parar, dizendo que ela viera e que tudo estaria bem. Pela sua reação, Moremi acalmou-se e entregou-se aos seus beijos. Entraram em casa e, imediatamente, Obawini a possuiu para gáudio de Moremi; desde que fugira dele não havia tido contato sexual com nenhum outro homem.

Se a partida de Moremi passou despercebida de todos, não deixou de ser notada por Ogun. Ele gostava daquela mulher, não no sentido de querê-la para si, mas pela gratidão e respeito pelo que ela fizera. Desse modo, sendo um homem rico, ele a sustentava. Mandava, de tempos em tempos, uma quantidade de mantimentos suficiente para que ela jamais passasse fome. Alguns dias após sua partida, Ogun mandou seus soldados levarem os víveres da praxe. Eles voltaram dizendo que a mulher fora embora. Ele estranhou; a mulher não tinha para onde ir, nem partiria sem se despedir. Estranha atitude! Um dos soldados comentou que um dos vizinhos a vira partir com um estrangeiro. Aquilo deixou Ogun ainda mais curioso e, se havia algo que molestava esse homem, era a curiosidade. Mandou um dos seus ordenanças investigar.

O homem perguntou a um e a outro e acabou descobrindo que Moremi fora embora com um mercador da cidade de Ogotun. Ele reportou tudo a Ogun e ele perguntou o que ela iria fazer lá. Após alguns segundos de reflexão, a resposta veio como um raio: ela fora atrás de Obawini. Ele sabia que aquela mulher tivera um caso com aquele homem e ele tinha fama de ser um grande amante. Juntando as peças, ele concluiu que ela fora se encontrar com ele, mas precisava ter certeza; aquele era um homem perigoso demais para deixá-lo vivo. Deu a missão ao seu ordenança e enviou-o a Ogotun com ordens de procurar por Moremi e ver com quem ela estava vivendo. Ele iria com mais dois amigos para mútua proteção, mas somente ele saberia o inteiro teor da missão, que devia ser de espionagem e, portanto, secreta. Se ele encontrasse Obawini, não deveria tentar nada, mas descobrir o que esse ser vil pretendia. Era preciso tomar cuidado; se o espião fosse descoberto, sua vida não valeria nada e seria morto, na certa.

Sagaz, Ogun mandara um trio de homens da cidade de Ifon, seus aliados conquistados mediante um bom tratado de paz, aliás, conseguido por meio da astúcia de Obassin. Se mandasse gente de Ifé, poderiam ser descobertos e mortos, mas mandando pessoas de Ifon, portanto igbôs iguais aos de Ogotun, o risco seria menor.

Os homens viajaram e chegaram a Ogotun. Eles apresentaram-se como ifons e como tal foram bem-aceitos. Em pouco tempo de permanência na cidade, descobriram o que queriam saber e, tão rápido como haviam chegado, partiram. Eles estavam assustados com a situação; Obawini havia montado um pequeno, mas bem articulado exército. Por enquanto, ele não tinha planos de conquista e suas forças pareciam ser mais para a proteção da cidade. Moremi fora descoberta com facilidade; todos a conheciam como a esposa do *ologun* de Ogotun.

Ogun escutou o relatório e fez uma reunião com Olunwi e os demais chefes. Concluíram que Ogotun deveria ser atacada e Obawini, morto; podia reunir as pequenas tribos da região e montar um poderoso exército. Olunwi foi obrigado a concordar com Ogun: o mal deve ser cortado pela raiz. Olunwi era um homem de paz e fez certas recomendações ao filho, solicitando que não massacrasse os habitantes da cidade. Para maior velocidade de deslocamento e eficiência no ataque, Ogun destacaria apenas seus mil e duzentos cavalarianos e o ataque deveria ser fulminante, sendo o alvo principal a captura de Obawini e Oreluerê.

Quando Obawini e Oreluerê chegaram a Ogotun, fugindo de Ogun em Irê, eles apresentaram-se ao *oba* da aldeia como guerreiros e propuseram formar uma tropa de soldados para defender a aldeia contra ataques futuros. Como sempre reinava um estado de beligerância entre as várias tribos da região, especialmente contra a cidade de Owo, o *oba* concordou de bom grado e, assim, os dois foram aceitos na aldeia e montaram um pequeno exército, mas que jamais entrara em luta até então.

Ogotun ficava do outro lado do rio Siluko, obrigando, quem desejasse sair de Ifé para chegar àquela cidade, a atravessar o rio. Ele era perigoso, nem tanto pela suas correntezas, mas pelos crocodilos e outros animais que atacavam os que ousavam atravessá-lo. Ogun foi obrigado a dar uma grande volta, passando pelas nascentes do rio e, como era próximo de Irê, ele resolveu passar por lá para visitar o filho. Ficaram naquela cidade por dois dias e, depois, partiram para Ogotun. Após quase dez dias, Ogun aproximou-se da cidade onde Obawini se homiziara.

Ele mandou dois soldados disfarçados de viajantes e, com isso, descobriu o local onde o *ologun* de Ogotun havia colocado os vigias. Com cuidado, aprisionaram as sentinelas e aproximaram-se da aldeia para atacá-la ao amanhecer.

O ataque pegou os guerreiros de Ogotun desprevenidos e eles foram facilmente dominados. Houve alguns combates, mas eles foram rapidamente superados. A choça de Obawini foi encontrada; ele saiu para defender a cidade e foi cercado por vários soldados. Ogun dera ordem para que ele fosse aprisionado vivo, e os homens só o cercaram com lanças e flechas nos arcos, mas sem atirar, apenas ameaçando-o caso atacasse. Ogun foi chamado e deu ordem de prisão para Obawini.

Naquele instante apareceu a bela Moremi e implorou a Ogun que não matasse Obawini e Ogun respondeu-lhe que isto só dependia de seu marido: deveria se render imediatamente. Seu pai Olunwi fizera-lhe a recomendação de trazê-lo vivo para Ifé e Ogun não pretendia matá-lo, a não ser que ele os atacasse. Moremi lançou-se no pescoço do marido, implorando que se rendesse. Ela conhecia Ogun, sabendo que aquele homem só tinha uma única palavra. Tinha certeza de que Olunwi era um rei justo e não lhe faria mal. Cercado por um inimigo muito superior e com a mulher amada a implorar-lhe, Obawini submeteu-se, sendo imediatamente amarrado com as mãos nas costas, e colocado sob pesada guarda. Ogun permitiu que Moremi o acompanhasse, desde que não tentasse nada, senão seria obrigado a matar ambos. A mulher aquiesceu e jurou pelo nome dele mesmo, Ogun, que jamais tentaria fazer nada contra Ifé.

Ogun procurou por Oreluerê e soube por Obawini que ele fora devorado por um gigantesco crocodilo quando tentava atravessar o rio Siluko. Intimamente, Ogun rejubilou-se com o fato, pois se detestava Obawini, odiava ainda mais Oreluerê. O *ologun* de Ogotun era um homem que o perseguira desde Meroé e, no entanto, era igual a ele, Ogun, ou seja, um homem franco e direto. Já Oreluerê era dissimulado, sempre com um sorriso nos lábios que Ogun sabia ser falso e, se existia algo intolerável para o gigante, era a falsidade.

O *oba* de Ogotun foi trazido à presença de Ogun, que lhe propôs um trato: a cidade ficaria sob a égide de Ifé e seria mandado um grupo de soldados para protegê-la. O *oba* não tinha outra alternativa, mas Ogun ainda lhe reservava uma surpresa: mandou vir seus filhos e filhas para que ele, Ogun, escolhesse um para ser refém em Ifé como cumprimento da promessa dada pelo rei. Ele explicou o fato ao rei e afiançou-lhe que o escolhido seria tratado como um príncipe na corte de seu pai, Olunwi. Mais uma vez, o angustiado *oba* não reclamou e os seus filhos e filhas foram trazidos à presença de Ogun para escolher um deles.

À medida que foram sendo trazidos, uma pessoa chamou a atenção de Ogun: uma moça de quinze ou dezesseis anos de uma beleza e sensualidade ímpar.

– Como é o nome dela? – perguntou Ogun.
– É minha neta Lakanje – respondeu o *oba* de Ogotun.
– Ela irá comigo.

O velho logo pulou do trono e junto com outros da família pediram clemência. Que levassem um outro, de preferência, um homem. Lakanje era o seu xodó.

– Por quem me tomam? Pensam que iremos fazer mal a sua neta? Pois saibam que será tratada como princesa e ficará no palácio do meu pai, sob a tutela de minha mãe Asessu.

Os pais de Lakanje iam reclamar, mas Ogun mandou que se calassem. Iria levar Lakanje e ninguém iria impedi-lo. Sob choros de seus parentes, Lakanje foi levada por Ogun.

No meio do caminho, de noite, Ogun aproximou-se da moça. Jamais Lakanje passara por tal situação. Achara Ogun extremamente atraente e sua atenção a deixara desvanecida, mas, ao mesmo tempo, estava com medo de ser machucada por aquele homenzarrão. Seus olhos brilhavam de medo e concupiscência, um sentimento estranho e contraditório. Ogun a tocou e ela não reagiu. Ele tirou sua roupa e ela se entregou. Ele a acariciou e ela se extasiou. Ele a penetrou e ela se sentiu feliz. Mas quando, no outro dia, ele sequer olhou para ela, ela se sentiu usada e chorou.

Nas quatro noites que levaram para alcançar Ifé, Ogun possuía Lakanje sem pejo e sem maiores conversas. A moça vivia uma situação contraditória: amava ser possuída por um grande herói cuja fama se espalhara pela região, mas detestava seus modos pouco sentimentais e a falta completa de atenção. Amor e ódio passaram a conviver alternadamente no coração de Lakanje.

Quando o grupo de Ogun chegou a Ifé, ele levou Obawini para ser julgado pelo pai. Olunwi perguntou-lhe o que ele pretendia ao montar um exército em Ogotun e ele explicou suas aventuras e desventuras. Não era sua intenção montar um exército, e sim uma força militar que pudesse proteger a cidade de inimigos. Olunwi ironizou dizendo que fizera um trabalho pífio, já que seu filho Ogun havia vencido a sua força militar com facilidade. Ele concordou humildemente; já não esperava nada mais da vida.

Olunwi ficou calado e, depois de muito refletir, perguntou a Moremi o que ela pretendia da vida, e ela respondeu que perdera tudo: marido, filho e, agora, seu novo marido. Queria ser morta junto com Obawini; amava-o e nada mais desejava da existência. O monarca respondeu de imediato:

– Por quem me toma, Moremi? Você acha que eu sou um *oni* sanguinário que se satisfaz com a desgraça alheia? Pois saiba que eu o mandei trazer vivo, pois não quero sua desgraça.

Os ministros de Olunwi também se espantaram; achavam que Obawini iria ser morto. Mais uma vez, Olunwi ficou calado e pensou durante alguns instantes. Finalmente, após um silêncio pesado e uma expectativa angustiante, ele se pronunciou-:

– Desde o dia em que eu poupei sua vida, você tem conspirado contra mim. Mas a culpa não é sua, mas minha, pois eu o deixei vivo e solto entre o meu povo. Hoje, quero reparar esse erro. Mais uma vez eu o deixarei viver. Você irá morar na casa de Moremi e será um dos meus conselheiros.

A reação foi imediata. Ogun e Obassin presentes, os únicos a terem coragem para contestar o pai, disseram quase em coro:

– Mas, Olunwi, isso é uma loucura! Na primeira oportunidade, ele irá degolá-lo.

– Que seja, então. Se for meu destino ser morto por Obawini, que seja feita a vontade dos *eborás* que governam nosso destino. Mas não serei eu, Olunwi, que irei manchar minhas mãos com o sangue deste homem – e, virando-se para Obawini, ele lhe perguntou: – Será que seu ódio por mim é maior do que o medo que você tem dos *imolés* desta terra? Será que irá correr o risco de ser julgado pelos *eborás* e perder sua vida em troca da minha? Que foi que eu lhe fiz para ser visto como seu inimigo?

– Nada tenho contra a sua pessoa – respondeu Obawini num tom altivo. – É que sou um soldado e recebi ordens de trazê-lo vivo ou morto para Meroé e, desse modo, tentei por todos os meios levá-lo aos meus superiores. Todavia, já se passaram tantos anos que nem mesmo sei se os que me enviaram nessa missão ainda estão vivos ou se têm interesse na sua pessoa.

Obawini fez uma pequena pausa e depois arrematou: – Eu lhe direi algo do fundo do meu coração e sei que irá acreditar em mim. Após conhecer Moremi, minha vontade mudou. Não desejo mais guerras, nem levá-lo para Meroé e muito menos matá-lo. Só desejo viver em paz com minha mulher e, se os orixás me derem a felicidade de ter um filho com ela, nada mais quero de minha vida.

– Então você será um dos meus conselheiros e poderá entrar na corte quando quiser – e, antes que Ogun pudesse dizer algo, ele virou-se para os dois filhos mais velhos e ordenou-lhes: – Ouçam minhas palavras. Enquanto Obawini não tentar algo contra mim ou conseguir me matar à traição, a sua vida é sagrada e ele não deve ser tocado, nem molestado e terá livre acesso ao meu palácio. Quero que vocês dois jurem pelos orixás que nada farão para prejudicar Obawini. Todavia, se ele me matar, ou a qualquer membro da cidade de Ifé, ele poderá ser morto da forma como vocês decidirem.

Ogun não se importou muito com Obawini; se o pai estava lhe dando a liberdade, que fosse. Mas Obassin, que já estava maquinando algo de tenebroso, ficou aborrecido. Dando sua palavra, ele ficava de mãos atadas e não poderia empreender uma vingança contra ele. Por imposição paterna, aquiesceu contrafeito.

– Os *onis* de Ifé devem ser vistos como fontes da vida e não como assassinos que tiranizam seu povo. Todo mandatário só o é por ordem dos orixás, e eles desejam que todos prosperem. Eles são a cabaça da vida onde, em seu seio, nós vivemos. Como tal, o *oni* de Ifé é também a mesma cabaça onde devem prosperar seus filhos, e os filhos daqueles que desejam o bem. Vivamos em paz!

Os ministros presentes, assim como os chefes guerreiros, entenderam a mensagem. Ifé não deveria ser a capital de um império que dominaria a região, mas um lugar sagrado, onde a vida devia ser valorizada e o *oni* de Ifé seria *Odudua*, a cabaça da vida, a fonte – o útero quente – onde se desenvolve a existência humana e o seu destino – *odu*.

51

No final da reunião com Obawini, quando Ogun entregou Lakanje ao pai, ele lhe perguntou, na frente dos demais:
— Por que você a trouxe? Você a possuiu, não foi?
— É claro que não — respondeu tacitamente o guerreiro.
Os dois homens se fitaram. Ambos sentiram que estavam errados. Ogun por mentir e Olunwi por ter perguntado tal coisa na frente dos demais. Deu-se conta de que Ogun a havia possuído, mas jamais confirmaria o fato com receio do escândalo que sua esposa Ikimini faria. Ogun podia ter quantas mulheres ele quisesse, mas Ikimini não tolerava nenhuma esposa ou amante em sua casa. Desta forma, Ogun só tinha casos nas aldeias distantes e, em Ifé, era o mais reto dos maridos.
— Leve-a para Asessu — ordenou Olunwi a um dos seus guardas. — Diga para cuidar bem dela. Assim que tivermos certeza da fidelidade de Ogotun, a devolveremos. Até lá, deve ser tratada como uma princesa, o que de fato é.
Olunwi viu quando o guarda levou Lakanje embora e algo o deixou preocupado.
Naquela mesma noite, ele teve que se explicar com Asessu. Simplesmente, a esposa achara descabida a ideia de manter tal moçoila entre suas damas de companhia. Todas regulavam com sua idade e ela não passava de uma jovem. Olunwi entendeu que a beleza de Lakanje, de certa forma, incomodava Asessu.
— Tenha paciência! Vou mandá-la de volta dentro de três meses.
— Por que três meses? É o tempo de você se enjoar dela?
— Ora, querida, não pretendo tocá-la. Ela é a filha...
Ele não pôde sequer terminar sua frase; Asessu já dera as costas e partira arrastando seu corpanzil, murmurando todos os impropérios que conhecia.
Não houve necessidade de três meses, pois antes disto Lakanje começou a mostrar uma barriga de mulher grávida. Alertado pela barriga da moça, Olunwi convocou seu filho para uma conversa particular.
— Você não só a deflorou como a engravidou — afirmou Olunwi.

— Mas que maldição! Jurei a Ikimini que nunca toquei nela. A mulher fez um escândalo danado só porque eu a trouxe de Ogotun e não estou disposto a escutar isto de novo.
— Não entendo como um homenzarrão como você tem medo de sua mulher.
— Não tenho medo dela.
— Só de seus escândalos — respondeu Olunwi. — Interessante como uma mulher doce transformou-se numa fera.
— Ela sempre foi assim. Eu é que não tinha descoberto — respondeu Ogun.
— Em suma, eu é que vou ter que dizer que a possuí e que o filho que ela espera é meu, não é?
— Seria uma saída — respondeu Ogun.
— Saída para você que é incapaz de enfrentar sua mulher.
— Prefiro enfrentar um grupo de igbôs armados até os dentes a escutar a vociferação interminável de Ikimini.

52

Em três meses, Lakanje já trazia levemente estampado na barriga o fruto das noites de paixão com Ogun. Após discutir o assunto com Ogun, Olunwi decidira dizer a todos que o filho era dele e não esconder mais o fato de Asessu. Só iria aguardar o momento propício. Mas antes chamou Lakanje e teve uma conversa com a moça. Disse que sabia que estava grávida de Ogun, mas que deveriam dizer que o filho era dele. Senão ela correria perigo de vida, mas sendo filho dele, Olunwi, ela nada tinha a temer. Para Lakanje, ter um filho de Ogun ou de Olunwi era irrelevante; sua honra fora manchada e ela nunca seria a primeira esposa de nenhum chefe importante; apenas uma concubina de segunda qualidade de algum guerreiro sem importância.

Pelo seu lado, Asessu logo viu que Lakanje estava grávida e suas outras amigas fizeram chacota do fato, dizendo que ela fora desprezada por Olunwi. Em péssimo estado de humor, Asessu foi ao encontro do marido, destilando ódio e rancor. Tal encontro não podia ter acontecido em pior hora, pois o *oni* de Ifé havia bebido vinho de palma e estava levemente intoxicado pela bebida, mas não a ponto de ser considerado um bêbedo, já que ele era moderado em tudo.

— Então é verdade o que as demais mulheres cochichavam às minhas costas? Que você e Lakanje estão na maior sem-vergonhice? Só mesmo você, um velho bêbedo depravado poderia se meter na cama de uma menina que tem idade para ser sua filha.

— Saiba que um homem velho, como você me chama, só irá encontrar prazer nos braços de uma mulher nova — respondeu Olunwi, indignado por ter sido chamado de velho, quando se achava de posse total de sua virilidade.

— Claro, agora que eu estou velha, você arranja uma amante. Você não tem a menor compostura; mantendo sexo com uma menina. Vocês dois não passam de dissimulados, isto sim. Lakanje, com seu ar de santa, não titubeou em pular na cama de um velho debochado como você.

— Velho, eu? Velha é você! — Olunwi detestava que o chamassem de velho e aquilo o irritou. Sob o efeito do álcool, ele disparou o insulto máximo. — Uma velha gorda com os peitos caídos até os joelhos.

Asessu escutou o insulto e retirou-se imediatamente da sala. Foi para seus aposentos com um estado péssimo e determinado: não ficaria nem mais um segundo naquela cidade. Lembrou-se do anel que o pai lhe dera com a recomendação de que, se quisesse abandonar o marido, bastava enviar-lhe o anel para que ele viesse buscá-la. No entanto, o pai morrera há alguns anos e não podia ajudá-la. Mas seus parentes em Meroé podiam e, com a ideia fixa de voltar à cidade natal, ela decidiu partir e o faria incontinenti.

Era noite e ela não se arriscaria a viajar antes do raiar do sol. Chamou sua amiga e dama de companhia, e mandou preparar suas coisas numa carroça. Pediu que providenciasse uma escolta de guerreiros; não era louca de atravessar as savanas até Meroé sem uma proteção adequada contra animais e pessoas. A dama de companhia nada perguntou; pensou que se tratava de um passeio pelos arredores de Ifé; nunca lhe passara pela cabeça que ela estivesse fugindo de casa. De manhã, Asessu, sua dama de companhia e três guerreiros partiram em direção a Meroé.

Na mesma manhã, Olunwi acordou e lembrou-se da discussão que tivera com a mulher. Arrependeu-se de ter mencionado os seios caídos da esposa. Resolveu que pediria desculpas pelas grosserias que proferira.

O dia escoou-se lentamente, com Olunwi resolvendo várias coisas e perdendo muito tempo com discussões sobre disputas normais entre vizinhos e outros assuntos correlatos. No final do dia, ele deu-se conta de que não vira ainda a esposa e de que precisava pedir-lhe desculpas. Pediu para chamá-la e uma das suas ordenanças voltou com a resposta de que Asessu não estava no palácio. Ele não se preocupou; a mulher costumava visitar suas amigas em Ifé.

Somente no final do outro dia, Olunwi descobriu que a esposa partira com destino desconhecido. Imediatamente, ele mobilizou uma pequena equipe de guerreiros para trazê-la de volta. Ele deu o comando a um jovem cavaleiro que, com seus seis homens, partiu celeremente. Além dele, ele mobilizou mais dois grupos que partiriam em direções opostas; ninguém podia precisar para onde ela fora.

Os dois dias de vantagem que Asessu tinha não eram nada perante os cavaleiros velozes de Ifé. No final do dia, um dos grupos foi se aproximando rapidamente da lenta comitiva de Asessu, que, em cima de uma carroça puxada por uma parelha de bois, ia em direção ao rio Siluko. No final da tarde, já acampados às margens do rio, o grupo de Asessu viu quando, a poucos metros, foi-se aproximando um dos grupos de Olunwi que estava à sua procura. Todos se alegraram com a chegada dos homens, já que representavam uma proteção adicional; estavam ainda em território igbô, mesmo que estivessem em paz.

Ao ver os homens de Olunwi a poucos metros dela, Asessu tomou-se de grande pavor. Não iria voltar para Ifé nem queria ver o marido que a insultara de forma tão aviltante. Sob este estado de espírito, ela resolveu fugir, entrando na água do rio Siluko. O que lhe passava na mente era um torvelinho de emoções que obliteravam seu julgamento. Ela era uma senhora velha, obesa, sem prática de atravessar rios e não sabia nadar. Deste modo, assim que entrou na água, a correnteza do rio puxou-a com força e a arrastou. Nesse instante, ela deu-se conta de que iria morrer e que fizera uma bobagem enorme. Gritou para que a acudissem.

Os que estavam na margem não haviam prestado atenção a Asessu; estavam olhando para o grupo de ifés, que chegava. Nesse instante, ouvindo os gritos da esposa do *oni* de Ifé, eles correram e se lançaram na água. Contudo, ela já estava distante e seu corpo mergulhou nas águas escuras do rio. Seu corpo apareceu mais duas vezes, sendo que, na primeira, ela ainda tinha forças para sacudir os braços à procura de ajuda, mas, na segunda vez, seu corpo estava imóvel, voltando a mergulhar por alguns instantes e desaparecendo de vez.

Quando soube da notícia da morte de sua esposa, Olunwi ficou profundamente chocado. Ele não só a amava muito, mesmo tendo reservas quanto ao seu terrível gênio, como a respeitava pelas boas ideias que lhe dera no decorrer dos anos. Ele passou os próximos meses em grande depressão. Nunca se dera conta de que sua esposa Asessu lhe era tão importante, além de se sentir diretamente responsável por sua morte.

Enquanto isto, desprezada por todos, a gravidez de Lakanje prosseguiu normalmente, até que nasceu um belo menino, que ela passou a chamar de Okanbi. Seu parto natural deu-se ao meio-dia e alguns *babalaôs* prenunciaram que a criança seria um grande homem.

Quando o menino estava com seis meses, um ano após a morte de Asessu, foi organizada uma grande festa para festejar o nascimento de Okanbi. Podia se ver que ele seria alto e forte como seu irmão Abalaju, como todos achavam que fosse, já que Olunwi mantivera a sua palavra e não revelara que, de fato, ele era seu neto e filho de Ogun. No auge da festa, quando o infante – que para todos os efeitos era filho de Odudua – seria apresentado à sociedade, Olunwi levantou-o acima de sua cabeça e olhando seriamente para seu filho Abalaju, conhecido por todos como Ogun, exclamou:

– *Oron mi yon*! (Minha palavra foi realizada!)

53

Quatro anos após a morte de Asessu, Olunwi resolveu reconciliar-se com todos os seus inimigos. Mandou trazer Adjagemo de Idetá-Oko para parlamentar, pois aquele Oxalá já havia ficado no seu exílio por mais de uma década. Adjagemo veio com grande séquito. Era um homem em fase terminal de vida. Havia desenvolvido uma doença que, em poucos anos o levaria à morte, todavia, apresentou-se com dignidade como era de sua posição social e posto religioso. Os dois homens, mortais inimigos, vieram a conhecer-se pela primeira vez. Eram dois velhos castigados pelo tempo, ainda que Olunwi, do alto dos seus sessenta anos, estivesse muito mais inteiro do que Adjagemo, que beirava os noventa e cinco anos. Os dois abraçaram-se e Olunwi convidou-o para voltar à sua terra, dizendo que Idetá-Ilê seria também considerada uma cidade sagrada, assim como Ifé.

Adjagemo aceitou e, algumas semanas depois, se mudava para Idetá-Ilê, que, agora, era praticamente um subúrbio de Ifé, que alcançara os sessenta mil habitantes. O povo reconduziu-o ao trono numa grande festa que durou vários dias, e alguns dignitários de Ifé foram convidados. Odudua fez questão de comparecer e levou presentes de bronze e ferro, assim como joias e várias belas mulheres que foram oferecidas aos netos de Adjagemo. Foi o triunfo final de Adjagemo, pois viria a morrer com dores excruciantes alguns meses depois. As lendas diriam que ele fora castigado por ter se revoltado contra o seu pai, Obatalá e, por isso, as formigas brancas comeram seu intestino.

Após a reconciliação com Adjagemo, Odudua começou a sentir que sua vista se obscurecia e ele foi ficando progressivamente cego. Nesse período, já quase cego e não querendo mais participar do governo de sua cidade, colocou seu filho Ogun como seu substituto. Para tanto, Ogun fez questão de ser chamado de *Alakorô* – diadema – , que teria como regente a palavra mais próxima da realidade africana de Ifé.

A vida em Ifé prosseguiu calma, com os igbôs pacificados e o comércio bastante intenso. Em Ipondá, Erinlê defendeu por várias vezes a cidade de Ilobu, que ficava num dos braços do rio Oxum. De tanto defendê-la contra os ataques de um povo do norte que fazia reides constantes atrás de gado e mulheres, ele ganhou o cognome de Ibualamo. Seu filho Iminikirê, já um belo rapaz adulto, demonstrara ser um caçador ainda mais exímio do que o pai, e um dia, quando Ogun visitava Ipondá, veio a conhecê-lo. Ele ficou impressionado com a velocidade e a pontaria do rapaz e, numa espécie de concurso que fizeram em sua homenagem, do qual ele também participou, assim como o irmão Erinlê, o jovem ganhou com tamanha facilidade que Ogun exclamou, no final:

– *Logun Odé*! (Reconhecido como caçador!)

Sua exclamação foi tão importante por ter sido proferida em público, por ele, alguém de grande notoriedade, um verdadeiro *imolé* em vida, que o jovem passou a ser chamado por todos de Logunedé.

Este jovem, no entanto, tinha uma particularidade interessante, que ele descobriria aos doze anos, algum tempo antes de se tornar o famoso Logunedé. Ele estava tomando banho junto com alguns amigos, quando se sentiu atraído por um deles em particular. Era um rapaz de mesma idade que ele, mas não era da cidade de Ipondá, e sim de Ilobu, tendo sido trazido recentemente pelo pai, quando seus pais haviam sido mortos num dos ataques à cidade em que ele morava. Iminikirê já o havia visto e o achara simpático, mas quando o viu nu, tomando banho junto com os outros rapazes, Iminikirê não conseguia tirar os olhos dele.

Nos dias que se seguiram, Iminikirê procurou chegar perto do moço e fazer amizade com ele, no que foi plenamente correspondido. Certo dia, quando foram tomar banho sozinhos, sem a companhia dos demais amigos de Iminikirê, o jovem de Ilobu foi abordado timidamente pelo amigo recém-adquirido. Iminikirê passou a mão no moço vendo nele uma mulher, mas também um homem. As intimidades tomaram um caminho inesperado quando o rapaz também correspondeu às carícias íntimas, e, naquela tarde, longe dos olhares curiosos, os dois se tornaram amantes.

Iminikirê relatou o fato à sua mãe, que lhe disse ser, desse modo, uma opção pessoal e com a qual ninguém nada tinha a ver. Não era incomum que, entre os guerreiros mais temidos, alguns se sujeitassem de boa vontade ao papel feminino e, nem por isso, ele se apresentava de modo afetado. Ela perguntou-lhe se ele também gostava das moças e ele respondeu que sentia forte atração tanto pelos rapazes como pelas belas mulheres que viviam em Ipondá. A mãe disse que mais importante do que a opção sexual que cada pessoa adotava, era ter um caráter reto, uma palavra única e cumprir com suas responsabilidades.

Iminikirê, contudo, apresentava-se de um modo mais feminil do que a maioria dos homens, mas poucos ousavam rir-se dele, fosse porque ele era um valoroso guerreiro e numa luta era praticamente imbatível, fosse porque era de uma simpatia irradiante, o que fazia com que todos o amassem muito. Com o decorrer dos anos, após a morte de Erinlê, ele assumiu a cidade de Ipondá e tornou-se famoso em toda a região como Logunedé. No entanto, em toda a sua vida, mesmo tendo casado com diversas mulheres, e tendo tido extensa prole, ele nunca deixou de ser seduzido por homens belos e másculos.

Ogun ficou sendo o *alakorô* de Ifé por seis anos, enquanto seus filhos se espalhavam pela região. Ondó partiu com o consentimento paterno para fundar a cidade de Ondó; Igiri fundou Adja Were; Edeyi tomou a cidade de Ilodô e passou a governá-la. O neto de Ogun, Abessan, instalou-se em Ibanigbe Fuditi e tornou-se famoso na região por ser um temido guerreiro. Todos se tornaram conhecidos como Ogun, após sua morte.

Os filhos de Obassin também se destacaram como importantes comerciantes, mas o único que continuou rei foi Obassin, que, após as lutas contra os igbôs, liderou seu grupo até a região dos anagôs e veio a fundar a cidade de Ketu, tornando-se Alaketu – dono de Ketu. Veio a morrer velho e tranquilo, após ter feito de sua cidade um grande entreposto comercial para onde afluíam as mercadorias da região.

54

Olunwi continuou cego até o final de sua vida, sempre remoendo o fato de ter destratado sua mulher. Ogun, seu filho, administrou sua cidade até alguns meses depois da morte de Odudua, quando foi chamado para debelar uma revolta na cidade de Irê.

Isa, filho primogênito de Abalaju, era *onirê*, mas não era um bom governante. Tinha a tendência similar ao pai de se inflamar e, quando isso acontecia, tornava-se violento e despótico. Pressionava seu povo e não era amado pela maioria, mas tinha seu grupo, que havia vindo de Ifé, e a esses dava uma deferência toda especial, o que irritava os nativos de Irê. Um dia, eles se revoltaram e, acuado, Isa pediu ajuda ao pai, que juntou seu exército de cavaleiros e foi em socorro do filho.

A cidade de Irê estava cercada pelos habitantes das sete aldeias que a rodeavam. Ogun atacou de surpresa os revoltosos e eliminou a resistência deles. Antes disso, arrasou as sete aldeias, aprisionou as mulheres e crianças, e atacou o último reduto dos revoltosos, que estava encravado dentro da cidade de Irê. A luta foi encarniçada, pois a cavalaria não podia enfrentar os revoltosos dentro das casas e barricadas que eles haviam armado. Ogun, como sempre o fizera, desceu de seu cavalo e liderou o ataque final.

A luta foi terrível e, no final do combate, Ogun foi atacado por dois revoltosos desesperados e, mesmo tendo sido mortalmente ferido, ainda conseguiu matar os dois. Ele caiu pesadamente ao chão e seus soldados correram para acudi-lo. Seu filho, Ogun Onirê, como era conhecido, chegou e lançou-se sobre o pai; era visível que estava moribundo. Os dois abraçaram-se e Ogun sentiu que a perfuração infligida pela espada era mortal.

— Meu tempo chegou. Será que os orixás hão de me aceitar junto deles?

Uma preocupação extempôranea para quem nunca fora religioso, pensou o filho que o acudia.

— O que isto, meu pai, amanhã mesmo você estará bom.

— Quero ser enterrado em Irê — expressou-se com dificuldade.

Sem querer discutir tal assunto com o pai, Isa se perguntou qual a razão disto. Irê nunca fora nada especial para seu pai, mas vendo a lividez invadir seu rosto, preocupou-se, de fato, com o pai. Seria possível que seu pai fosse morrer agora, quando sempre dissera que faleceria na cama, rodeado de seus filhos e netos?

Neste instante, Ogun tentou mover as pernas, mas não as sentiu. Tentou levantar o braço para segurar a espada que caíra ao seu lado, mas o esforço foi inútil. Sentiu um frio invadi-lo e pontos negros dançavam a frente de seus olhos. Sentiu um medo do desconhecido, ia comentar algo, mas o ar lhe faltou e ele abriu a boca desmesuradamente para sorver o oxigênio que lhe faltava. Nesse instante, os pontos negros que ele via na frente de seus olhos transformaram-se numa massa negra e ele mergulhou na mais negra escuridão. Ogun morrera com quase sessenta e cinco anos, mas, de qualquer forma, forte e destemido como sempre fora.

Seu filho mandou enterrá-lo com toda a pompa no centro da cidade e, no lugar onde foi sepultado, fez-se um templo que duraria por muitos séculos. Com a morte de Abalaju, chorado por todos, Olabisi, um dos filhos de Odudua com uma das suas concubinas e que também fora um dos seus ministros, assumiu o trono.

Homem de maus instintos, educado por uma mãe que sempre mantivera os costumes da antiquíssima Núbia, Olabisi achava que sua palavra era lei, sua vontade devia sempre imperar e que a melhor forma de governar o povo era por meio do terror. Haviam chegado os tempos de tirania.

55

Abiodun, cujo nome significava nascido no ano novo, era filho de Obawini e Moremi e era o melhor amigo de Okanbi. Seus pais morreram numa gripe que assolou a região e Abiodun fora morar no palácio. Os dois meninos – Abiodun e Okanbi – viviam praticamente juntos, como amigos inseparáveis que se tornaram. Aprenderam juntos a manejar o arco e flecha, assim como as espadas, as lanças e as fundas. Começaram a namorar moças casadoiras na mesma época. Contudo, Okanbi era o líder, enquanto Abiodun era o companheiro, o cúmplice e o confidente.

Enquanto o pai de Abiodun era vivo, ele vivia lhe contando que viera de Aksum atrás de Olunwi, mas que, por força do destino, ficara preso em Ifé. Por sorte ou por consciência de que não devia lançar o filho contra a família de Odudua, ele nunca falara que fora seu inimigo e que vivia em prisão vigiada dentro de Ifé. Assim, o rapaz nunca se indispôs contra ninguém descendente de Odudua. Mas o relato vivo das maravilhas de Aksum havia despertado a curiosidade do jovem, que anelava conhecê-la e viver aventuras naquelas paragens. Abiodun relatou para Okanbi sobre Aksum e passou a ter no outro jovem um cúmplice nas suas aventuras imaginárias na cidade dos etíopes.

Okanbi tinha quase a mesma altura de Ogun, cerca de um metro e noventa e seis centímetros, mas era mais volumoso e com o gênio menos irritadiço e explosivo do que o pai, pois, neste ponto, puxara ao avô Olunwi. Todavia, os escândalos que cercaram seu nascimento sempre fizeram dele uma exceção entre os seus demais irmãos, assim como a mãe Lakanje era sempre malvista pelas demais mulheres de Ifé, que a julgavam como a causadora da morte de Asessu.

Quando Odudua começou a ficar cego, Okanbi acompanhava-o e servia-lhe de guia, sempre falando e puxando assunto com o ancião, que acariciava seus longos cabelos lisos e negros, pois a genética de Okanbi pregara uma peça a todos, indo buscar um rosto e um cabelo de persa, ascendente longínquo do avô. Era, portanto, uma criança de rara beleza. Sua mãe o amava e cuidava dele, mas, sentindo-se rejeitada em Ifé, fugiu para Ogotun e deixou seu filho adolescente. Dessa forma, Ogun passou a criá-lo como se fosse seu filho e a esposa de Abalaju era carinhosa e atenciosa com ele.

A partida extemporânea da mãe muito o abalou. Ele sabia que muitos dos seus pretensos amigos riam-se dele pelas costas. Sua natureza mais dócil o fazia aceitar o fato com resignação, mas ele se sentia excluído. A fuga de sua mãe acontecera quando ele tinha doze anos e, alguns meses após, manchas esbranquiçadas começaram a brotar em sua pele negra. Essas manchas foram crescendo e foram mais um motivo de desgosto para o jovem. As pessoas se riam dele e comentavam que ele tinha que ter duas cores; o negro do seu verdadeiro pai, Ogun, e o branco do seu pai de criação, Odudua, como era chamado Olunwi. Mesmo que não comentassem este fato na frente do moço, tais histórias chegaram ao seu ouvido. Tentou confirmá-las com Ogun, mas este desconversou, dizendo que pai é quem cria e não quem gera. Aos quinze anos, Okanbi estava totalmente tomado pelo vitiligo, uma doença de pele que não doía na carne, mas o machucava no espírito.

Por causa disto, pouco antes da morte de Ogun, o moço, com dezoito anos, resolveu que partiria para conhecer Aksum. De tanto ouvir falar daquela cidade, seja por Abiodun, seja por Olunwi ou por Abalaju, encheu-se de interesse e decidiu partir.

– Ora, Abiodun, você vive falando de Aksum, mas só fala e não age. Vamos embora daqui. Iremos para Aksum conhecer as maravilhas de que seu pai vivia lhe falando.

Abiodun, no entanto, não estava disposto a partir assim de chofre. Falava das maravilhas de Aksum e até mesmo sonhava em ir lá um dia, mas isto não passava de conversa entre duas pessoas que nada tinham a fazer. Quando Okanbi lhe propôs partir para Aksum, ele tomou-se de horror. Como deixar Ifé? Viajar por terras estranhas e perigosas atrás de quê? Aventura? Ora, isso era mais para conversa do que para ação. Desse modo, ele lhe respondeu indignado:

– Você está louco? Deixar Ifé para visitar Aksum, sem nenhuma escolta, sem garantias de chegar vivo àquele lugar? Isso é a última coisa que farei. Se deseja tanto ir, vá sozinho. Eu não irei.

Okanbi não lhe respondeu, deixando-se ficar pensativo. Abiodun nunca fora o tipo guerreiro, aventureiro e desbravador. Que ficasse, pois, em Ifé, mas ele iria partir.

Com o espírito decidido, Okanbi procurou descobrir o caminho para Aksum, e não lhe foi difícil descobrir palradores que lhe contaram loucuras sobre o lugar, sendo que alguns lhe deram uma direção, enquanto outros lhe apresentaram outro caminho. Cheio de dúvidas, ele deu-se conta de que ninguém da nova geração havia estado lá, mas haviam-lhe dito que em Okê Itaxe havia descendentes dos nobas que haviam vindo de Meroé e conheciam o caminho até lá.

No outro dia, após ter descoberto essa informação, Okanbi encilhou seu melhor garanhão e partiu com pouca coisa, pois não pretendia mais voltar para Ifé. Chegou em Okê Itaxe em algumas horas. Okanbi descobriu que havia dois ou três anciãos que eram nobas e que haviam vindo de Meroé.

Naquele tempo, quem reinava de fato era Obamakin, o filho de Obameri, o chefe noba que viera com Olunwi de Meroé, e um dos seus filhos chamado de Tsoedé, havia partido com um grande grupo de guerreiros, mulheres e gado daquele lugar, formando uma nova tribo. Ele havia atravessado para se localizar na região da margem oriental do rio Niger. Com isso, ele estabelecera uma barreira natural contra eventuais ataques de pessoas de Okê Itaxe. Ele havia tido um entrevero sério com o Obamakin, seu pai e rei local, por causa de uma das netas do antigo *oba* Kohosu, aquele que se intitulava Obaluaê. Tsoedé havia raptado a moça de forma consensual e o filho do *oba* Kohosu ficara furioso com a afronta. Obameri e o seu pai Obamakin conseguiram abrandar a situação, ajudado pelo irmão de Olunwi, Setilu, que morava na aldeia. Com a morte do filho de Kohosu, que não deixara herdeiros homens, a aldeia passou a ser governada por Obamakin, o filho de Obameri.

O tempo havia passado e Setilu havia morrido, pouco antes da morte de seu irmão Odudua, sendo chamado por todos de Orunmilá. Um dos seus filhos, chamado Teko, era um grande feiticeiro e todos gostavam dele, devido às curas que efetuara. Assim, Okanbi, que conhecia Teko de vista, já que era seu primo, visitou-o para descobrir o caminho de Meroé, pois de lá para Aksum, de acordo com as informações colhidas, era uma viagem curta por uma estrada bem frequentada e protegida.

Teko – mais tarde chamado de Orixateko – era um homem velho, mas muito bem conservado e consciente de tudo que acontecia. Já conhecia as histórias sobre seu primo Okanbi e imaginava que aquele homem gigantesco, mas extremamente simpático, sempre com um sorriso nos lábios e uma palavra gentil para com as pessoas, tinha um controle emocional invejável, bem diferente de Ogun. Se ele fosse também inteligente e arguto, poderia transformar-se num grande homem. Como só o conhecia de vista de algumas festividades em Ifé a que ele, Teko, havia comparecido, não conhecia as características de sua personalidade.

Após duas horas de conversa em que Teko procurou conhecer seu primo, concluiu que tinha à sua frente um homem que, se soubesse tirar proveito de sua simpatia e de sua liderança inata que ainda não despontara, poderia se tornar um rei famoso em toda a região. Mas se viesse a sofrer um desvio no caminho, poderia tornar-se um bandido, um canalha da pior laia. Ele confirmou que era inteligente ao extremo, dono de uma simpatia irradiante, uma qualidade extraordinária que consegue abrir mais portas do que a força bruta, e muito arguto, o que lhe possibilitava conhecer intuitivamente a alma humana, outra virtude importante. Como viver é relacionar-se com os outros, quanto mais empatia se tiver, maiores são as chances de se obterem resultados por intermédio dos demais. Ora, um bom rei, um comandante de grande sucesso e um excelente comerciante não eram aqueles que sabiam fazer, mas que conseguiam que os outros fizessem por ele, obtendo resultados por meio de terceiros. Nenhuma dessas categorias de homem era capaz de fazer tudo sozinho, portanto, liderança, simpatia, inteligência e argúcia eram fundamentais.

Após confabularem por longo tempo, Teko resolveu jogar o *ifá* para Okanbi para ver qual era o seu *odu* – destino. Ele iniciou seu jogo com paciência, deitando as nozes de cola e anotando no *opanifá* – uma tábua rasa onde Teko marcava as diversas caídas. Concluiu que o principal *odu* de Okanbi, aquele que determinava seu caminho, era *obará*. Era um *odu* que lhe daria fortuna, vitória, justiça e glória, mas, pelo lado negativo, poderia dar-lhe tudo ao contrário: ruína, derrotas, perseguições injustas e degradação. Após fazer mais algumas jogadas, viu que Okanbi estava com sua fase negativa bastante acentuada e que seria interessante que realmente viajasse e que, antes disto, pudesse submeter-se a um trabalho de aprimoramento de suas vibrações positivas. Ele teria que passar por vários *ebós* – limpezas – e, finalmente, submeter-se-ia a um banho energético para vivificar seus centros de força e, com isto, melhorar seu estado anímico em geral. Teko explicou-lhe tudo e Okanbi sujeitou-se ao tratamento que o *babalaô* lhe prescrevera.

Ele passou os próximos dias submetendo-se a banhos especiais de ervas e a vários outros tipos de limpeza com materiais diversos. Finalmente, submeteu-se a um trabalho específico para o *odu obará*, e ficou recolhido no templo por dois dias seguidos.

Terminado este trabalho, Okanbi despediu-se do primo e partiu com novo alento em seu coração à procura de Aksum. Sua viagem seria longa; a única informação precisa que Teko lhe dera era que ele devia acordar cedo e esperar o sol se levantar. Deveria traçar uma reta em direção ao sol nascente e manter esse curso durante o dia. Este conselho esbarrava contra os obstáculos naturais que existiam no caminho, ou seja, rios, morros, vales e regiões áridas. Nada, no entanto, demoveu Okanbi do seu caminho e ele prosseguiu, algumas vezes contornando morros e montanhas, outras vezes enfrentando rios caudalosos e de travessia altamente perigosa devido a crocodilos, hipopótamos e cobras peçonhentas.

Muitas vezes, ele avistava pequenas aldeias e para lá se dirigia à procura de abrigo e de comida, sendo sempre bem recebido e nunca tendo maiores problemas. Com seus modos simples e humildes, seu sorriso encantador e uma fina educação, ele sempre conseguia abrigo e amizades com os locais, que também não ousavam enfrentar um homem tão gigantesco. Só poderia ser um protegido dos deuses para enfrentar uma viagem tão longa. Sua pele manchada era motivo de curiosidade e muitos se esquivavam dele, mas Okanbi havia se resignado e não levava como um insulto este tipo de afronta.

Numa das aldeias já mais próxima de Meroé, ele encontrou um negociante daquela cidade que vendia objetos e utensílios de ferro, e os trocava por carneiros e cabras. Okanbi agradeceu aos orixás por sua boa estrela e uniu-se ao comerciante, tendo lhe oferecido seus préstimos como pastor, caçador e guerreiro. O homem ficou feliz por ter o simpático gigante como escolta extra, já que o caminho sempre oferecia certo perigo.

Meroé encantou Okanbi com suas construções, suas pirâmides e seus obeliscos. Era uma cidade muito maior do que Ifé e muito mais organizada e moderna. As meroítas, com sua obesa beleza, logo o fizeram ver por que muito dos seus compatriotas gostavam de mulheres gordas. Ele não tinha gosto definido, pois, com seus dezoito anos, satisfazia-se com qualquer tipo de mulher que lhe oferecesse seus favores. Meroé, por mais atraente que lhe parecesse, não era o seu destino final. O que ele queria mesmo era Aksum e descobriu, no final do terceiro dia, o caminho para aquela cidade onde pretendia instalar-se.

O caminho para Aksum era movimentado e ele acoplou-se a um grupo de soldados que estavam voltando para seu quartel em Aksum. A língua fora um problema desde o momento em que saíra de Ifé. No caminho, ele encontrou aldeias com línguas estranhas, mas que tinham uma certa parecença com a sua, mas em Meroé e, finalmente, em Aksum, a língua era-lhe completamente desconhecida. Os meses que se seguiram obrigaram-no a aprender o aksumita, e ele teve dificuldades em conseguir um trabalho sem dominar bem o idioma.

Seu primeiro trabalho foi no mercado público como carregador de caixas e sacos. Isso lhe permitia sobreviver, comendo o suficiente para não emagrecer, mas esses foram tempos duros, pois dormia na rua, no chão do próprio mercado.

Seu segundo trabalho foi de empregado doméstico na casa de um rico comerciante chamado Epaminondas, que achou digno abrigá-lo. Epaminondas era um velho e rico comerciante de origem grega, cujo pai havia indicado um aksumita chamado Abraha para ser governador do Yemen, quando Dunowas fora derrotado por Khaleb, rei de Aksum, o mesmo que mandara perseguir Olunwi, o pai de Okanbi. No entanto, Abraha, um homem sagaz, libertara-se do jugo de Khaleb, aproveitando-se de várias revoltas que o monarca fora obrigado a enfrentar, especialmente entre as tribos primitivas de Meroé. Dessa forma, ele se tornara o rei inconteste do Yemen e dirigia o comércio com mão de ferro. Era, todavia, aliado dos aksumitas e com eles fazia extenso comércio.

Fora mais uma vez o tamanho e a simpatia de Okanbi que lhe arranjaram trabalho. Sua pele manchada atraía os olhares e ele logo se tornava conhecido. Nesse período, ele já falava razoavelmente bem o aksumita, mas de um modo grosseiro, como os estivadores e carregadores do mercado. O comerciante que o abrigara precisava de um homem forte e valente; sua casa havia sido arrombada e roubada por ladrões noturnos e ele temia pela sua vida. Com Okanbi, ele iria sentir-se mais protegido.

A vida melhorou muito para o jovem, pois, além de excelente comida, passou a ter um teto para se abrigar. O rico negociante tinha navios no porto de Adulis e um batalhão de empregados em sua casa, inclusive mulheres a serviço de sua esposa e filhas. Okanbi, que passara o tempo todo desde que saíra de Ifé em abstinência sexual forçada, voltou a frequentar o leito das mulheres, na figura de uma jovem aksumita, serva da casa.

Seu relacionamento com Epaminondas, o dono da casa, melhorou muito quando ele descobriu que a sua despensa era assaltada pelo principal mordomo que vendia os produtos no mercado. Ele o descobriu por acaso, quando, no meio da noite, agarrou uma figura que entrava furtivamente na casa. A luta que se seguiu atraiu o dono da casa e ele notou que Okanbi havia dominado o mordomo. O interrogatório que se seguiu demonstrou que o chefe dos serviçais da casa fazia um dinheiro desonesto vendendo os produtos da despensa da casa no mercado. Como Okanbi conhecia os homens do mercado não lhe foi difícil descobrir quem era o interceptador das mercadorias roubadas e confirmar o roubo.

Epaminondas deu-lhe um cargo mais proeminente, o de escanção de sua residência. O escanção, em tese, era o homem que servia a bebida ao dono da casa, mas, na prática, era um cargo de confiança. Okanbi desdobrou-se para nunca desapontar o principal da casa quanto à confiança nele depositada.

Desconfiado de que era roubado por um dos seus capitães, o comerciante fez Okanbi subir a bordo como simples empregado. Começava uma parte difícil da vida deste homem que já alcançava os vinte anos. O trabalho a bordo era pesado, massacrante, de sol a sol, sem descanso. As velas deviam ser manuseadas continuamente. A travessia do mar Vermelho, com suas ondas encrespadas, era um tormento para estômagos menos acostumados. A chegada ao porto de Aden foi deslumbrante. Eles entraram numa vasta baía onde, do lado direito de quem entra, mais ao fundo, aparecia um vulcão cujas paredes subiam a cerca de setecentos metros. O navio atracou ao largo, tendo jogado pesada âncora. Okanbi foi avisado de que o mar vivia coalhado de tubarões e que eles deviam ir até a terra numa minúscula embarcação. Ele não achou a ideia interessante, mas acompanhou a tripulação. Havia uma pequena aldeia ao pé do vulcão que dava acesso a um caminho íngreme pelo qual se chegava ao interior do vulcão.

Ele visitou a cidade dentro da cratera do vulcão extinto e viu os poços construídos na época da rainha de Sabá para armazenar a água da chuva. Visitou o mercado árabe e tentou entender aquela língua estranha, mas após algumas tentativas desistiu e comprou algumas coisas.

No terceiro dia, eles carregaram o navio com especiarias e toneladas de mirra. Após levantarem âncora e rumarem de volta para o porto de Adulis, ele se esgueirou entre as caixas e caixotes, tentando contá-las. Com um número aproximado na mente, ele continuou seu trabalho de içar velas e carregar tonéis de água para o consumo da equipagem.

Quando viram a costa africana, o capitão deu uma guinada em direção à terra. O navio navegou beirando a região costeira por uns dois dias, até que o capitão fundeou a nau numa enseada. Algum tempo depois, apareceram três botes pequenos vindos da praia e a tripulação teve que descarregar diversas caixas e, pelo menos, uma tonelada de mirra. Os pequenos botes fizeram várias viagens, e eles ficaram naquele lugar por dois dias, enquanto a operação se processava.

Após descarregar o que era necessário, o capitão recebeu sua paga, dividiu uma parte com a tripulação e, chamou Okanbi.

– Esta é a sua paga. Fique calado que, a cada viagem que fizermos, você ganhará mais.

Okanbi sorriu como quem concorda e, depois disso, foi contar seu dinheiro. Viu que era mais do que Epaminondas pagava aos tripulantes por viagem. Aliás, correspondia a cinco viagens, e ele concluiu que, neste caso, o roubo valia a pena e não era a toa que todos estavam mancomunados. Ele pensou muito a respeito do assunto. Não era um homem de denunciar as pessoas: aceitara a incumbência até porque não tivera outra opção. Não achava que denunciando o roubo iria resolver o problema. No fundo, outro capitão e outra tripulação só iriam continuar os desvios de mercadoria que os anteriores estavam fazendo e a situação iria permanecer inalterada.

Refletindo seriamente sobre o assunto, Okanbi pensou sobre a solução. Concluiu que o correto seria aprimorar os controles e desenvolver uma forma de assegurar que o capitão e a tripulação continuassem leais ao proprietário. Ao chegar, ele perguntou uma série de coisas a Epaminondas e descobriu que ele praticamente multiplicava por dez os valores pagos. O preço pago por uma tonelada de mirra tornava-se dez vezes maior quando era revendida para os navios e, por sua vez, os preços alcançavam dez vezes mais nos mercados europeus e asiáticos. Entre a compra original e a venda final, os preços chegavam a mil vezes, em alguns casos.

Após contar o ocorrido, Okanbi expôs com clareza suas ideias a Epaminondas e explicou que, se mandasse o capitão embora, apenas ia trocar de problema. Assim, ele sugeriu melhorar os controles, com alguém de confiança em Aden, e dar uma participação nos lucros ao capitão e à tripulação. Epaminondas recebeu muito mal as sugestões de Okanbi.

– Como? Eu vou dar participação a um bando de ladrões? Isto seria oficializar o roubo!

Com uma expressão severa no rosto, Okanbi respondeu-lhe com um tom de voz metálico. Epaminondas chegou a sentir medo do gigante.

– Roubo é o preço que você pratica. Compra por um e vende por dez. Não é à toa que a tripulação o rouba e continuarão a roubá-lo, já que, enquanto eles ganham uma miséria, você se locupleta.

– Mas você precisa entender que eu investi em navios, na compra de mercadorias e tenho enormes riscos. Meus navios podem afundar e serem atacados por piratas.

– Tudo isso conta a seu favor, mas você pode dispensar uma pequena parte do seu lucro para não ser roubado. Na realidade, o roubo lhe tira mais do que você imagina. Por exemplo, observei que ficamos três dias à toa em Aden, e pegamos uma rota mais longa só para poder desembarcar mercadorias numa enseada perto de Adulis. Se o capitão ganhasse uma participação, nem ele, nem a equipagem iam querer ficar ao léu e tomariam o caminho mais rápido para casa. Ganharíamos uma semana por viagem, o que lhe permitiria fazer seis viagens a mais a cada ano.

– É mesmo? – respondeu Epaminondas atônito.

– Sem dúvida. Seis viagens a mais por ano apenas nessa rota iriam representar um aumento de cinquenta por cento nos lucros com esta embarcação.

O homem parou, colocou a mão no queixo, coçou sua barba bem cuidada e, finalmente, após um angustioso silêncio, perguntou-lhe:

– Se eu lhe pagasse bem, você aceitaria comandar meus capitães e organizar tudo?

– Sim, desde que minhas ordens não sejam desautorizadas por ninguém, nem mesmo por você. Eu discutirei tudo com você antes e, depois que estivermos acordados, colocarei em prática. Mas, quando um capitão vier procurá-lo, você deverá enviá-lo a mim, dizendo que quem manda é Okanbi.

– Concordo. Temos um acordo – respondeu Epaminondas, notando que estava perante um homem de forte autoridade.

As próximas horas foram dedicadas a discutir valores, percentuais, formas de controle e de incentivos, assim como punições.

Nos dias que se seguiram Epaminondas reuniu-se com os seus capitães e apresentou Okanbi. O capitão que o havia levado na viagem chegou a sentir um frio de medo na barriga, mas logo viu que o gigante não o tinha denunciado; ninguém o estava ameaçando de prisão ou coisa pior. Okanbi conversou com os capitães e as tripulações e dirimiu dúvidas. Ao saberem que fora tripulante, os homens ficaram mais tranquilos;

para eles uma coisa é ser um teórico e outra é conhecer o ofício. Okanbi era, portanto, um deles.

Ele, todavia, não ficou só nisso e contratou cinco homens de armas que o ajudariam a guardar o depósito principal. Aproveitando-se deles e de seu conhecimento da área, ele se deslocou a cavalo até a enseada onde vira descarregar a mercadoria roubada. Descobriu os três botes e tocou fogo neles. Um dos pescadores do local ficou furioso, dizendo que os barcos pertenciam a determinada pessoa, e que ele ganhava uns trocados para cuidar deles. Okanbi não ficou surpreso ao saber de quem se tratava.

No outro dia, já de volta a Adulis, ele pegou um dos cavalos e deslocou-se até Aksum, indo para determinada casa próxima à residência do proprietário dos navios. Ele pediu para falar com o principal da casa e, após longa espera, foi atendido.

O homem, ainda jovem, apareceu ricamente trajado, com diversos colares de ouro, assim como joias nos dedos e pulseiras. Vinha acompanhado de três núbios de envergadura, armados com cimitarras árabes na cintura. Okanbi olhou-o e disse-lhe que trabalhava para Epaminondas, que fora até a enseada e tocara fogo nos três barcos que ele possuía e que faziam as transferências de mercadorias roubadas. O homem ficou lívido e sua vontade foi de mandar os três beleguins matá-lo. Okanbi disse-lhe que seu tempo de furto havia cessado e que não deveria roubar mais o próprio pai; o interceptador das mercadorias roubadas não era nada menos do que o próprio filho de Epaminondas. O jovem tentou explicar que o pai era um usurário e que nunca lhe dera oportunidade.

– Mestre Teodoro, não é de meu feitio julgar os homens. Não estou aqui para repreendê-lo, nem para entender seus motivos. O caráter de seu pai também não me interessa e muito menos o seu. Só me cabe adverti-lo de que não poderei tolerar roubos de quem quer que seja. Assim também não irei admitir que os meus capitães sejam seduzidos por novas propostas.

– E se isso acontecer, o que você poderá fazer? Denunciar-me ao meu pai? Quem irá acreditar em sua palavra? – respondeu de forma arrogante o filho de Epaminondas.

– Seu pai não sabe que seu filho predileto o rouba e nunca o saberá da minha boca. Prefiro muito mais que Epaminondas, meu patrão, chore a morte de seu primogênito, do que venha a saber que ele não passa de um ladrãozinho barato e metido a astuto.

A Casa Eterna

O jovem entendeu perfeitamente a ameaça. Ele não era um guerreiro, sendo muito mais um menino mimado e ladino, que se aproveitara do comércio paterno para auferir riqueza ilícita. Ele podia mandar seus asseclas contra Okanbi, que estava desarmado, mas achou imprudente matá-lo em sua casa. Além de ser covarde e traiçoeiro, não queria que o gigante quebrasse seus vasos raros, seus móveis egípcios e outras peças de arte, o que inevitavelmente iria acontecer, se houvesse uma luta naquela sala. Ele engoliu o orgulho e meneou a cabeça em assentimento.

Okanbi saiu da casa com certeza de que aquela pústula iria tentar matá-lo no caminho para Adulis, mas estava preparado. Sabia, pois tinha se informado bem antes de ir falar com Teodoro, o filho de Epaminondas, que ele era um pusilânime, traiçoeiro e capaz de qualquer coisa, inclusive de matar seu próprio pai. Ele entrara na casa de Teodoro, desarmado, mas na volta teria seus cinco leais guardas com ele.

No outro dia, ele tomou o caminho para Adulis, mas seus cinco guardas vinham mais atrás. Num determinado lugar, uma flecha cruzou velozmente o ar e acertou em cheio o dorso do seu cavalo, que, com a dor e a surpresa, empinou, derrubando Okanbi. Ele caiu pesadamente no chão, mas sobrepujando a dor que sentiu nas costas, levantou-se e correu para se abrigar atrás de uma árvore. Novamente duas flechas quase o acertaram, uma passando de raspão pelo seu corpanzil, e outra indo cravar-se na árvore em que ele se abrigara. Naquele momento, os três asseclas de Teodoro saíram de seu esconderijo e com as cimitarras na mão avançaram rapidamente para liquidá-lo. Okanbi sacou de sua espada e esperou o momento certo para atacá-los.

Aquele movimento fora imprevisto pelos atacantes; eles achavam que uma das flechas havia atingido Okanbi e que ele estava atrás da árvore, agonizando. Com a surpresa do ataque, um dos beleguins de Teodoro recebeu uma pancada extremamente forte com a espada em sua cabeça e arriou-se, desfalecido. Quando os outros dois iam atacá-lo, seus cinco guardas, que vinham mais atrás e que haviam acompanhado o ataque, chegaram a galope para ajudá-lo. O combate foi rápido e os atacantes mortos. Okanbi mandou enterrá-los, retirou suas espadas e mandou dois de seus guardas voltarem até Aksum, que ficava a pequena distância, para entregar a Teodoro as armas dos seus três atacantes mortos, com a seguinte mensagem:

– Que essas armas nunca sejam usadas novamente contra Okanbi e Epaminondas.

Como ele havia ficado com a mais bela das cimitarras de um dos atacantes, mandou complementar a mensagem, com os seguintes dizeres:

– Okanbi ficou com uma das cimitarras e caso mestre Teodoro tente algo novamente, ele há de sentir o aço de sua arma em sua garganta.

O jovem principal da casa recebeu os dois guardas de Okanbi desconfiado e escutou as palavras com o rosto congestionado de medo, raiva e impotência. Depois disso, ele nunca mais tentou nada contra o gigante de Ifé, usando sua mal adquirida riqueza para multiplicá-la em negociatas, até que um dos seus sócios, que ele havia enganado numa das suas falcatruas, resolveu matá-lo e, sem muito esforço, fê-lo numa noite negra através de um sicário bem pago. Quando Okanbi soube do fato, concluiu que a justiça não precisa ser feita pelas próprias mãos, pois existe uma justiça superior, que muitas vezes parece tardar, mas é infalível.

Okanbi levou seis meses para ajustar o seu esquema, mas, depois desse prazo, os lucros auferidos aumentaram enormemente. No entanto, o gérmen da destruição desse próspero comércio estava crescendo e, em alguns anos, cairia sobre os aksumitas, levando-os à ruína. Sua civilização iria desaparecer, só reaparecendo mil anos depois com a atual Etiópia. Três fatos estavam em andamento para destruir Aksum: a expansão do cristianismo, o império persa dos sassânidas e a expansão do islamismo.

A expansão do cristianismo em toda a Europa, assim como naquela região, havia mudado os hábitos de sepultamento. Antes da chegada da religião do Cristo, muitos povos cremavam seus mortos, e assim usavam a mirra para que o cheiro da carne queimada não tomasse conta do ambiente. Queimado junto com o cadáver, o perfume suavizava o cheiro nauseabundo da carne humana ao ser devorada pelo fogo. Já o cristianismo, assim como o judaísmo e, em alguns anos daquela época, o islamismo, acreditavam na ressurreição do corpo e da alma, no terrível dia do julgamento final. Portanto, o corpo não devia ser cremado, e sim sepulto do modo que morrera, e, consequentemente, a mirra passou a não ser mais necessária.

Aksum e Adulis estavam tomadas pelo cristianismo e as lutas políticas entre as várias facções enchiam os salões, pois havia os monofisistas, os arianistas e os nestorianos. Cada um discutia a essência de Jesus e as tergiversações eram intermináveis. Okanbi escutara falar num homem, um deus que viera à Terra para salvar a humanidade, mas aquelas discussões não o haviam motivado. Ele perguntara a si mesmo, se aquele salvador viera para salvar a humanidade, por que razão não conseguira o resultado a que se propusera? Os homens continuavam tão vis quanto antes e sua morte na cruz, ainda que o tivesse comovido, só o alertou para o fato de que sua missão redentora havia fracassado.

Alguns padres cristãos tentaram ensinar-lhe que Jesus era o Cristo, mas, para ele, que acreditava na religião animista-fetichista dos africanos, tal figura não passava de um orixanlá. Ora, sua religião estava cheia de orixanlás e seu próprio irmão, Ogun – ele não sabia que era filho de Abalaju –, e seu pai Odudua já estavam em vias de serem considerados orixás. Os padres falaram-lhe de homens que se tornaram santos por terem abraçado a fé, mas todos tiveram morte terrível. Aquilo foi determinante para o afastamento de Okanbi da fé cristã: quem, em sã consciência, quer ter uma morte terrível? Ele não tinha vocação suicida e a morte lhe parecia uma coisa terrível, especialmente na sua idade, agora que ele beirava os vinte e dois anos.

Epaminondas passou a ver em Okanbi um homem de grande inteligência e de liderança acima do normal. Em pouco tempo, ele começou a alardear os predicados excepcionais de Okanbi, até que o filho do velho Khaleb, que também se chamava Khaleb, mandou chamá-lo, sem saber que ele era neto de Olunwi e que seu pai havia mandado persegui-lo para matá-lo.

Os dois encontraram-se numa sessão plenária do palácio, quando os nobres iam discutir um assunto que os incomodava: o poder que a cidade de Meca passara a ter sobre a região.

Ouvindo atentamente as questões colocadas em pauta, Okanbi ficou em silêncio durante a reunião. Meca tornara-se insuportável e Abraha, o rei do Yemen, já um homem velho, sem vigor, pedira reforços ao jovem Khaleb. Ele viu uma excelente oportunidade de retomar o predomínio aksumita na região, que havia sido perdido logo após a guerra contra Dunowas. Os aksumitas haviam resolvido criar um poderoso exército com uma cavalaria forte e, inclusive, com alguns elefantes que serviriam como posto elevado para os arqueiros. Mais de vinte e cinco mil homens seriam levados em barcos até o Golfo de Aden, desembarcariam, unir-se-iam a mais cinco mil yemenitas, iriam juntos por terra até Meca, que ficava mais ao norte, e lá destruiriam as principais tribos, entre elas a coraixita, de onde surgiria o profeta Maomé.

No final da reunião, quando todos foram se retirando, o rei Khaleb chamou Epaminondas e junto com ele veio Okanbi. O rei tinha um problema: saber quem comandaria a parte de provisões, armamentos e logística. Ele tinha estabelecido que o comandante-em-chefe da expedição seria o seu principal general de nome Abkarib. Ele sabia que o seu comandante era um guerreiro experiente, mas não se preocupava com os aspectos aparentemente comezinhos da alimentação do exército. Como quase sempre as incursões guerreiras eram perto de Aksum, a tropa alimentava-se do que encontrava no campo. A situação agora era diferente, pois atravessar o mar Vermelho, cruzar os desertos árabes e estacionar por meses a fio em Meca e redondezas exigiam um sério planejamento. Tendo ouvido falar maravilhas de Okanbi, ele decidiu conversar com o gigantesco negro manchado e ver se era possível aproveitá-lo.

Khaleb, Abkarib, Epaminondas e um enviado de Abraha, um homem chamado Rashid, ouviram Okanbi expor de improviso um plano geral de aprovisionamento para a campanha. Com espantosa facilidade, dissertou sobre o número de navios necessários, os cavalos, a quantidade de alimentos para homens e animais, o número de cozinheiros e pastores que seriam necessários para alimentar o exército.

Os demais homens concluíram que ele devia ser o chefe logístico do empreendimento, e Okanbi não teve o que argumentar; não se sentia à vontade numa expedição guerreira. Khaleb pareceu notar seu desconforto e perguntou-lhe o que ele achava dessa guerra, e Okanbi respondeu-lhe:

— Não gosto de guerras. Acho que tudo pode ser resolvido com conversações civilizadas. Toda guerra, por mais que a deusa da vitória pareça sorrir, tem um componente imprevisível e eu abomino o que não posso controlar.

Fez-se um silêncio incômodo entre os homens. Okanbi tinha razão: a guerra é imprevisível e, mesmo quando o inimigo parece estar inferiorizado, fatos e circunstâncias não previstas podem levar o mais forte à derrota.

Rashid, o enviado de Abraha, revidou, após ter pensado um pouco.

— Com vinte e cinco mil homens na região, não há a menor possibilidade de sermos derrotados. Com o apoio de Aksum, meu senhor Abraha será vitorioso.

Khaleb sorriu; as palavras de estímulo de Rashid tinham varrido as advertências de Okanbi para longe da mente do monarca. Vitória era só o que lhe interessava. A reunião terminou com todos eufóricos e com Okanbi preocupado com algo de indefinível que lhe oprimia o peito.

As semanas que se seguiram foram preenchidas com muito trabalho. Okanbi convocou sua flotilha de navios, encheu-os de mantimentos, gado vivo para ser abatido à medida da necessidade e armas. Outros navios foram se somando até que uma larga frota estava a postos. Finalmente, os homens subiram a bordo e eles singraram do porto de Adulis para o golfo de Aden.

Em Aden, o desembarque levou dias, já que não havia ancoradouro, obrigando os homens, animais e víveres a serem desembarcados em pequenos botes. O maior problema foi desembarcar os oitenta elefantes que Aksum mandara com arqueiros especializados em acertar um homem a mais de oitenta metros com arcos potentes.

Os elefantes tiveram que ser empurrados na água e levados a nado num mar infestado de tubarões, mas que, por sorte, não atacaram nenhum dos paquidermes. Quando aportaram à praia, os animais foram lavados para que não desidratassem, sob o sol inclemente e com a pele cheia de sal marinho.

Após dois meses da reunião que declarara guerra a Meca, os homens partiram lentamente, serpenteando pelo deserto em direção a ela. O calor não os incomodava e, após algumas semanas, sempre indo de oásis em oásis, o poderoso exército de Aksum aproximou-se de Meca.

Os olheiros da cidade ficaram em polvorosa e partiram para avisar os seus cidadãos de que eles estavam perdidos; quem não fugisse seria trucidado por um exército cujo fim a vista não alcançava de tão enorme que era. Exageros à parte, as forças de defesa de Meca e seus aliados não chegavam a cinco mil homens, portanto, mesmo que fossem bons guerreiros, numa luta aberta não teriam a menor chance de vencer o exército aksumita.

Do lado dos aksumitas, as coisas não estavam tão bem quanto os homens de Meca podiam supor. Alguns dias depois da partida do exército aksumita, começaram a aparecer alguns homens doentes. Eles começaram a manifestar febre elevada, calafrios, dores lombares, dores de cabeça fortíssimas e vômitos. Esta doença, de que os homens ignoravam a procedência, espalhou-se de modo alarmante, a ponto de quase todo o exército estar completamente atacado. Faltando poucos quilômetros para atingirem Meca, o exército aksumita parou, sendo que a maioria dos homens já estavam na segunda fase da doença.

Começaram a aparecer na pele dos doentes manchas vermelhas que evoluíram rapidamente para a formação de vesículas, e destas, o surgimento de pústulas negras. Era a temida varíola que atacara os homens aksumitas. A febre alta afetava o sistema nervoso central e, após terríveis convulsões, faleciam. As complicações começaram a surgir de forma inevitável, e houve casos de infeções nos olhos, levando à cegueira. Outros foram atacados nos pulmões e morriam asfixiados, enquanto alguns expiravam de complicações generalizadas.

Em menos de seis dias, dos vinte e cinco mil homens do exército, somente seis mil não haviam sido atingidos, e dos dezenove mil atingidos, quinze mil morreram. A maioria dos seis mil que permaneceram incólumes, fugiu.

Os árabes viram o exército aksumita parado no deserto e pensaram em atacar, mas um dos vigias que conseguira chegar extremamente perto viu que os homens estavam gravemente doentes, e que fogueiras enormes estavam sendo acesas para queimar os mortos. Ele retornou e contou sua versão, e um dos homens, que era um feiticeiro, explicou a doença como sendo um ataque de aves saídas do inferno com pedras incandescentes e que haviam sido jogadas sobre o exército inimigo. De qualquer modo, ninguém quis se aproximar e muito menos atacá-los.

No décimo dia, após o aparecimento da doença, o que sobrou do exército aksumita retornou a Aden, doente, devastado e arrastando-se. Nesse período tenebroso, os chefes do exército viram tudo acontecer, mas ficaram impotentes. O chefe geral Abkarib contraíra a doença e morrera. O comando ficara com Rashid; nem ele nem Okanbi haviam contraído a doença. No entanto, piores surpresas aguardavam os aksumitas.

Enquanto eles marchavam no deserto para atacar Meca, os persas, avisados de que os navios aksumitas estavam ancorados no golfo de Aden, mandaram sua própria frota atacá-los. Eles levaram duas semanas para chegar até o local, e nada podia ter sido mais propício aos atacantes; os marinheiros e soldados navais aksumitas estavam repousando na cidade de Aden, enquanto a frota estava ancorada na grande baía. Os navios persas atacaram os navios que só tinham poucos homens e afundaram-nos sem grande embargo. A vitória persa fora arrasadora; somente dois navios aksumitas conseguiram levantar âncora e fugir, indo para o mar aberto, onde a frota persa nem sequer os perseguiu; tinham trabalho a mancheias com os demais navios atracados na baía de Aden.

Quando a tropa chegou ao Aden, com poucos milhares cobertos de chagas e pústulas, os habitantes horrorizados fugiram ao contato dos doentes. Neste momento, Okanbi soube do pior: eles não tinham mais navios, nem de guerra, nem mercantes. A derrota fora completa. Sem nenhuma luta, sem nenhum combate, os aksumitas haviam levado um duríssimo golpe que os levaria à ruína. Nada mais havia a fazer em Aden e Okanbi decidiu partir. Não havia navios, mas alguns pequenos barcos pesqueiros locais, que estavam ao largo na hora do ataque persa, estavam disponíveis.

Rashid, Okanbi e mais dois graduados conseguiram um bote pequeno e fizeram a travessia do mar Vermelho. Fora um verdadeiro perigo, mas ficar em Aden também representava a morte, pois avaliavam que os persas e os árabes de Meca podiam atacá-los a qualquer momento. De fato existia a possibilidade, mas nenhum dos dois inimigos concatenou um ataque a Aden. Neste interegno, a fome e a desordem havia se instaurado na cidade e muitos guerreiros atacavam a população civil atrás de comida e riquezas.

O grupo de Okanbi alcançou o lado africano e teve que ir a pé até Adulis e de lá até Aksum. Okanbi estava profundamente modificado com toda aquela aventura. Ele vira cenas tão chocantes de doença e morte, que só queria voltar à sua terra natal. Ifé, mesmo sendo um vilarejo de interior em relação a Aksum, era pelo menos calma e tranquila. Era hora de retornar. Okanbi despediu-se de todos e partiu, agora mais maduro e homem feito. Não trazia riquezas, apenas sua vontade tenaz e a sua inseparável cimitarra. Uma nova etapa da vida de Okanbi estava para acontecer.

56

Nunca quatro meses demoraram tanto a passar, mas Okanbi finalmente retornou a Ifé. Chegara magro e cansado. Seu aspecto sujo o tornava irreconhecível, mas, em sua mente, ele se via como um vitorioso. Assim que chegou, soube da morte de Ogun e de Odudua e foi procurar a casa de seu amigo Abiodun.

Comovidos pelo reencontro, Abiodun e Okanbi abraçaram-se e choraram um nos braços do outro. Assim que se acalmaram, Okanbi soube que o amigo casara e tivera filhos no período que estivera fora. Após externarem sua alegria por se reverem com boa saúde e serem apresentados à esposa e filhos, Okanbi contou-lhe as suas aventuras e, principalmente, suas desventuras. Ele fez questão de minimizar a beleza de Aksum, nivelando-a a Ifé; sabia que o sonho de Abiodun de ver a cidade de seu pai provavelmente não havia morrido com o seu casamento.

Após inteirar-se do desastre do exército de Aksum contra Meca, Abiodun contou-lhe as notícias do reino. Eram, por um lado, alvissareiras, pois Ifé continuava a prosperar; e, por outro lado, ruins, já que Olabisi, o *oni* que governava a cidade, estava cercado de péssimos conselheiros e sobrecarregava o povo de impostos e taxas. Eles eram cobrados na forma de contribuição para a festa semanal que se fazia para Obatalá. Ora, a semana ioruba tinha quatro dias e, portanto, de dezesseis em dezesseis dias havia uma festa para o grande orixá, o que minava as riquezas dos pobres.

Mais acachapante para o povo era a festa anual para Obatalá, que começava no primeiro dia após o primeiro quarto de lua e durava nove dias. O povo era obrigado a doar para a casa sagrada de Ifé uma quantidade enorme de cabras, além de inhame, frutas e outras guloseimas. A quantidade de cabras ia engrossar o enorme rebanho de Olabisi e de seus sacerdotes; o que se matava na festa não eram cabras, mas sim um ser humano.

Ao saber de tal prática, Okanbi ficou indignado: como se permitia que se matasse um ser humano? Abiodun explicou-lhe que fora um preceito novo introduzido por Olabisi, lembrando os costumes dos igbôs, que decepavam a cabeça dos inimigos. Como a festa era para Obatalá e também para louvar a vitória de Odudua sobre Oxalá Adjagemo, Olabisi havia desenvolvido essa cerimônia, que era uma reprodução da luta de Obatalá e Odudua contra Babaigbô.

Abiodun disse-lhe que normalmente quem era sacrificado era um inimigo de Olabisi, mesmo que ele não participasse diretamente desse evento. Seu sacerdote o matava com fortes pancadas de *eru*, um cassetete de ferro, na cabeça e, depois de morto, sua cabeça era separada do corpo e oferecida ao orixá. Nesse ponto da narrativa, Okanbi tomou-se de uma indignação tão veemente que seu furor lembrava a fúria de Ogun. Ele gesticulou e esbravejou como se fosse um possesso e, após externar sua ira e sua indignação, caiu prostrado ao chão como se o esforço houvesse sido demasiado para ele. Abiodun quis acalmá-lo, mas já não havia necessidade; a fúria havia passado como uma tempestade de verão, e Okanbi, já senhor de si, comentou com sua voz grave e sonora:

– Esta ignomínia há de ter um fim, ou eu não me chamo Okanbi, filho de Odudua.

– Meu irmão, pense bem no que vai fazer. Não se arrisque. Olabisi não morre de amores por você e para que ele o mande matar basta uma ordem. Ele tem a nobreza de Ifé na mão; para os nobres, não há taxas e oferendas.

– Pois, então, eu serei a próxima vítima desse sacrifício hediondo. Veremos se sou protegido dos orixás ou se meu destino é o de um homem comum.

Com a expressão contrafeita, Abiodun estava amargurado por ter contado tudo a Okanbi. Já se sentia responsável pela morte do amigo; sabia que Olabisi não era um homem bondoso e não teria condescendência com alguém que ele reputasse como perigoso. Mas nenhuma palavra de Abiodun foi capaz de demover Okanbi de seu objetivo.

Com passos firmes e a cabeça altaneira, Okanbi saiu da casa de Abiodun, acompanhado por ele, e dirigiu-se ao palácio de Olabisi. Os guardas não criaram nenhum obstáculo à entrada deles e Okanbi aproveitou o fato de estar havendo uma cerimônia pública na qual Olabisi estava organizando a festa anual de Obatalá, que seria dentro de uma lua.

Com o cenho franzido, Olabisi viu quando aquele homenzarrão adentrou seu salão de recepção e assustou-se com o rosto de Okanbi. Ele parecia estar bufando e exalava ódio como se fosse suor, já que sua entrada nada teve de discreto; parecia possuído de uma ira mal contida, e foi logo esbravejando.

– Vejo que a malta de assassinos está reunida para deliberar mais uma morte.

Um silêncio sepulcral caiu sobre os homens presentes.

– Pois eu pouparei vocês de selecionarem uma vítima. Eu mesmo serei a próxima oferenda a Obatalá.

Um olhar incrédulo estampou-se na face de todos os presentes.

– E lhes digo mais. Demonstrarei de forma patente, neste dia, que eu sou filho de Odudua e que, se ele estivesse vivo, seria contra esta ignomínia que só pode ter saído da cabeça de um rei doente, ambicioso e, sobretudo, covarde. Não entendo como você, sendo filho de quem é, consegue ser tão diferente de nosso amado pai. Ele, que era a cabaça da vida para todos os seus súditos, foi substituído por um tirano que só pensa em se locupletar e, ainda por cima, matar seus desafetos com a desculpa de estar louvando Oxalá. Vergonha o cubra, Olabisi.

Contrariado com tamanha desfeita, Olabisi pensou em reagir aos insultos, mas sabia que não era páreo num combate singular contra aquele homem gigantesco. Seus guardas também não queriam meter-se com o homenzarrão.

– No dia marcado, eu comparecerei e estarei presente para ser executado pelo *eru*. Até lá estarei distante deste lugar de pessoas covardes que aceitam que um rei canalha faça deles o que bem entende. Agora, se eu tiver que ser sacrificado, quero que você, Olabisi, o faça e não delegue a ninguém tal tarefa. Vamos ver até onde vai sua coragem. Além disso, você não merece ser rei. Digo-lhe que se prepare para descer do trono por bem e permanecer vivo, pois, se resistir, você descerá do trono morto. Eu invoco a proteção de meu irmão Ogun para que me defenda dessa corja de ratos que governa Ifé.

Se havia algo que o povo simples temia era o poder dos *imolés* e dos ancestrais e essa ameaça caiu sobre eles como uma sentença de morte. Um silêncio sepulcral caíra sobre o ambiente enquanto que, com a cabeça erguida, Okanbi saía da sala sem que ninguém sequer levantasse os olhos para olhá-lo. Assim que transpôs a soleira da porta, um vozerio descontrolado se fez ouvir. Cada um dizia palavras sem sentido e o próprio Olabisi retirou-se, enraivecido e amedrontado.

Ciente de que não deveria ficar à mercê de assassinos pagos por Olabisi, Okanbi saiu de Ifé em direção a Okê Itaxe para encontrar-se com Teko. Abiodun retornou à sua casa para esperar o desenrolar dos acontecimentos. Olabisi, no entanto, no outro dia, mandou prender Abiodun com o pretexto de que, se Okanbi não cumprisse sua palavra, o amigo dele seria sacrificado em seu lugar.

Em Okê Itaxe, Teko estava a alguns meses de fazer a grande viagem para o *orun*. Estava doente, mas sua mente ainda era vigilante, e seu filho Dugbê era o novo *oni*. Os dois receberam-no bem, escutaram suas histórias sobre Aksum e Meca, contudo assustaram-se com a notícia de que ele se oferecera em sacrifício na festa de Obatalá. Quase sem poder enxergar, Teko pediu para Dugbê jogar as nozes de cola e ver o que o futuro lhe reservava.

Após preparar o local, Dugbê deitou as nozes de cola com todo o cuidado e ficou sobressaltado com o resultado do jogo adivinhatório. Havia morte, terror e muita luta no caminho de Okanbi, mas nada lhe dizia que ele iria morrer no dia marcado para a festa de Obatalá em Ifé. Cuidadosamente, relatou o jogo dizendo que um *odu* terrível havia aparecido e que ele estava com medo do significado. Não era possível que tamanha ruína se abatesse desta forma sobre alguém.

Neste instante, Teko lembrou-se de que Okanbi era guiado por *Obará*, e sugeriu que o filho Dugbê preparasse um banho especial, assim como Okanbi deveria passar os próximos dias recolhido em meditação, preparando-se para o dia marcado. E assim foi feito.

Enquanto Okanbi estava em Okê Itaxe, em isolamento, comendo pouco e tomando banhos com folhas sagradas, Ifé estava em polvorosa. A notícia de que Okanbi havia lançado um repto a Olabisi e que havia se oferecido em sacrifício tinha transtornado a vida dos pacatos cidadãos. A maioria achava que Okanbi sempre fora um rapaz tão pacato e simpático, portanto, algo de muito grave havia modificado a sua personalidade para que viesse a afrontar o rei. Por outro lado, as versões davam conta de que ele chamara o rei de covarde, de cretino e de achacador do povo e, nesse ponto, a maioria lhe dava razão.

57

O tempo de uma lua arrastou-se e, por fim, chegou o dia da festa de Obatalá. Os festejos prometiam ser maiores do que nos anos anteriores; Olabisi mandara dobrar tudo, e o povo estava revoltado com tamanha prepotência. Abiodun estava preso e fora muito maltratado, pois, com o pretexto de ser filho de Obameri, um antigo desafeto de Odudua, ele fora privado de comida. Ele estava praticamente morto; passara os trinta dias somente a água e, vez por outra, uma pasta rala de inhame pilado. Perdera peso e, nos últimos dias, estava quase sempre inconsciente, como se o organismo quisesse preservar a pouca energia que lhe restava.

Seguindo as orientações de Teko, Okanbi partiu de Okê Itaxe quando faltavam dois dias para seu suplício, já que pretendia chegar no momento azado. No caminho não parou para nada, a não ser dormir de noite e alimentar-se frugalmente; ele também havia perdido peso.

A cerimônia iniciou-se com a matança de várias cabras impecavelmente brancas e cuja carne, após ser cozida e preparada, foi distribuída aos presentes para uma perfeita comunhão com os *imolés* e *eborás*. Tudo isto foi feito no bairro de Idetá-Ilê, que já fora uma aldeia independente, mas agora fazia parte de Ifé. O simbolismo era óbvio, representando o tempo que Oxalá Adjagemo havia passado no exílio. Depois do sacrifício das cabras, lavaram as imagens de Obatalá e de sua mulher Yemowo com várias ervas sagradas, que foram riscadas com traços de giz branco. Havia uma nítida confusão entre Owerê, o último grande obatalá, com Adjagemo, o último dos oxalás. Mas a confusão fora feita de forma propositada, exatamente para fundir as duas versões, dos egbas e dos igbôs, numa única.

Durante o ritual os tambores *igbins* tocavam uma espécie de marcha lenta e malemolente, que seria conhecido como o ritmo ijexá. Os sacerdotes de Obalalê, guardião de Obatalá, e Obalaxé, guardião de Alaxé, foram tomados por entidades espirituais que dançaram por longo tempo ao ritmo do ijexá.

No outro dia, os dois, Obalalê e Obalaxé, foram levados até Idetá-Oko, onde também foram lavados com as mesmas ervas e depois seus negros corpos riscados com giz branco, em homenagem aos orixás *funfun*. A volta a Idetá-Oko era uma alusão ao retorno de Oxalá Adjagemo ao seu trono naquela cidade. No final do dia, foram feitas oferendas a Obatalá, constando de caracóis, porcos-da-guiné, peixes e nozes de cola, todos em número de dezesseis, além de limo da costa.

Todos partiram para um bosque sagrado, onde pararam na frente de uma árvore *isin* – a que é adorada – na qual enrolaram um pano branco. Era chegada a grande hora: o sacrifício humano. Abiodun foi arrastado desacordado para ser executado. Astutamente, Olabisi não apareceu no local; não queria correr o risco de ser desmascarado pela chegada de Okanbi. Se ele fosse, ele teria que matar o homenzarrão pessoalmente conforme o repto lançado por Okanbi, e ele não teria coragem para tal.

Devidamente instruído por Dugbê, Okanbi deveria vir pelo caminho do sul, o que o obrigara a dar uma volta maior. Ele traria uma cabra branca e passaria pelo centro de Ifé, alardeando sua passagem. Dugbê havia sido tácito: o *ifá* exigia que ele propagasse ao máximo sua passagem. Dessa forma, Okanbi obedeceu e entrou em Ifé, berrando:

– Eu sou Okanbi, filho de Odudua, irmão de Ogun. Estou indo para o sacrifício de Obatalá.

À medida que ele ia caminhando, vários homens e mulheres jovens iam engrossando o cortejo que vinha atrás dele, e, quanto mais ele gritava, mais gente se juntava aos demais.

Quando Okanbi entrou no bosque sagrado, atrás dele estavam mais de duas mil pessoas. Vinham todos os insatisfeitos, os pobres que não tinham dinheiro, os que não tinham posses para comprarem uma noiva e as moças que amavam rapazes, mas cujos pais as haviam destinado a outros de maior riqueza.

Sempre arrastando sua cabra branca, Okanbi chegou ao lugar do sacrifício e viu seu amigo Abiodun caído num canto, desacordado e magro. Ele logo entendeu a ignomínia que Olabisi queria fazer. Procurou manter-se calmo e disse com sua voz alta e forte:

– Eu sou Okanbi e estou aqui para o sacrifício a Obatalá. Soltem Abiodun, pois ele é inocente e seu sangue não será vertido nesta tarde.

Os guardas do rei soltaram Abiodun e rapidamente sua família e alguns amigos levaram-no embora.

Okanbi olhou para o sacerdote que deveria praticar o sacrifício e lhe disse, de forma altaneira:

– Onde está Olabisi? Não é ele que deveria me matar?

– O *oni* está recolhido em orações. A tarefa de matá-lo cabe a mim.

– Então, venha me matar se você for homem.

O desafio surtiu um efeito devastador no homem já maduro, magro e ele encolheu-se, cheio de medo. Não era isso que estava previsto, pensou o velho. Esse homenzarrão malhado de negro e branco, seguido por uma multidão, não irá botar a cabeça voluntariamente na forquilha para ser morto. O velho ainda tentou, com uma voz sumida, discutir o assunto:

– Mas o senhor se ofereceu para ser morto.

– E estou aqui. Não faltei ao meu compromisso. Se Obatalá deseja minha morte, que ele então me amarre as mãos, me derrube no chão e providencie minha morte.

– Eu pensei que você fosse se oferecer em sacrifício.

– Sou por acaso uma galinha para oferecer meu pescoço para ser cortado? Se você quer sangue, então pegue esta cabra e ofereça a Obatalá no lugar do sangue de um homem.

Okanbi entregou a cabra, que, obediente, foi com o velho, que, cheio de dúvidas, a colocou amarrada na forquilha e, com o ferro apropriado, matou-a. Nesse instante, uma chuva suave começou a cair, mostrando que Obatalá aceitara o sacrifício.

Subindo num ponto mais alto para ser visto, Okanbi falou alto para que todos ouvissem.

– Deste dia em diante não haverá mais matanças de seres humanos, amigos ou inimigos. A cabra ofertada ao grande orixá substituirá o homem e sua carne não poderá ser comida, pois seria o mesmo que comer a carne de um homem, o que é um grave crime, passível de morte.

Okanbi observou que as pessoas estavam a seu favor e ele prosseguiu em seu discurso inflamado:

– Irei conversar com Olabisi e reduziremos essas comemorações despropositadas para o grande Obatalá. No *orun*, ele não precisa de tanta festa, pois o que o orixá quer é que sejamos seres humanos dignos.

Assim falando, Okanbi, seguido de um séquito ainda maior, dirigiu-se ao palácio de Olabisi, e nenhum dos guardas teve sequer o intuito de lhe barrar a passagem. Era visível que eles o temiam e receavam a multidão que se arrastava atrás dele, demonstrando por palavras de ordem que eles apoiavam o filho mais novo de Odudua.

Acompanhado de uma dúzia de homens, Okanbi entrou no palácio. O rei apareceu no seu salão e já estava inteirado da situação, sabendo que havia sido enganado por quem tacitamente havia se oferecido em sacrifício, mas que, se comparecera, não se entregara pacificamente para ser morto. Pelo contrário, viera acompanhado de enorme séquito, o que impediria a ação de seus guardas.

Antes que Olabisi pudesse dizer qualquer coisa, Okanbi aproveitou-se daquele momento de força e deu-lhe ordens peremptórias:

– A partir de hoje, a festa de Obatalá não terá nove dias, e sim cinco. Começará e terminará no dia marcado na semana para Obatalá. Nenhum homem será morto e, em seu lugar, será oferecida uma cabra.

Meneando a cabeça em assentimento, Olabisi pareceu aquiescer e, quando pensou em lhe responder, Okanbi deu-lhe o golpe de misericórdia:

– A partir de hoje, não haverá festas semanais nem o povo terá obrigação de dar cabras, inhame, porcos-de-guiné e caracóis. Isso será obrigação do *oni*, pois se ele é o que é, deve tudo à vontade de Obatalá.

Mesmo sem demonstrá-lo, Olabisi ficou furioso, pois Okanbi havia tocado em seu ponto fraco: o dinheiro. Ele estaria perdendo uma importante fonte de renda. Mas Okanbi era um homem sagaz e sabia que um rei não pode deixar de ter riqueza, já que ele era quem providenciava as melhorias necessárias para o reino.

– Olabisi, você é indigno de ser Odudua. Deixe este cargo agora mesmo ou será morto.

Ora, Olabisi sabia que a nobreza estava ao seu lado. Já a populaça podia ser reprimida à custa de açoites e golpes de espada. Com o apoio dos ricos e poderosos, ele nada tinha a temer. Não ficara de braços cruzados; havia construído alianças durante aquele mês e não estava disposto a ceder o poder às custas de palavras.

– Sua boca é tão grande quanto o seu corpo, mas sua inteligência é tão pequena quanto seu pênis. Se você pensa que, só porque se diz filho de Odudua, eu vou descer de meu cargo e ajoelhar aos seus pés, posso lhe assegurar que você está enganado. Eu também sou filho de Odudua e sou mais velho do que você. Quando você ainda estava na barriga de sua mãe, eu já lutava ao lado de meu irmão Ogun. Por quem me toma? Vou deixá-lo viver porque não sou um homem sanguinário, mas não o quero mais no meu palácio. Se vocês insistir em voltar aqui para perturbar meu governo, darei ordens aos meus guardas para matá-lo.

Nesta hora, Okanbi notou a movimentação de mais de vinte homens fortes e bem armados. A sala ficou repleta de guerreiros e não era louco de lutar contra todos. Por outro lado, os homens que o acompanhavam não demonstravam nenhum apetite em lutar com ele. Pelo contrário, com a entrada dos guardas, os seus acompanhantes começaram a sair da sala como se fossem cachorros com o rabo entre as pernas.

– Muito bem, Olabisi, você decretou seu destino. Veremos, no final, a quem os orixás hão de propiciar a vitória.

Deu as costas e saiu de modo altaneiro, mas, interiormente, estava acachapado. Como poderia ajudar seu povo?

58

Ao ser confrontado pelos guardas de Olabisi, Okanbi saiu do palácio. Comportou-se como um vencedor e o séquito acompanhou-o calado, vendo nele um grande homem. Ele dirigiu-se à casa de Abiodun e encontrou-o acordado, muito fraco, mas fora de perigo. Resolveu instalar-se na casa dele para protegê-lo e ajudá-lo. Nos dias que se seguiram, Okanbi agiu como se fosse o serviçal do amigo: deu-lhe comida na boca e comprou víveres para a casa dele. Enquanto se recuperava, cuidou de sua única esposa e dos dois filhos. Como ele não tinha posses, o que comprava era a crédito, dado por vários pequenos negociantes que, depois, receberiam de volta.

Esta história ignominiosa não iria parar aí. Olabisi estava envergonhado por ter sido humilhado em público e secretamente passou a tramar a morte de Okanbi. Como já era um homem velho, beirando os setenta anos, não tinha como assassinar pessoalmente o jovem, que agora estava com vinte e cinco anos. Tinha medo, por outro lado, de encomendar o crime a alguém; já não confiava em ninguém. Passava os dias remoendo em sua mente uma forma de matar Okanbi. Os filhos de Olabisi, por sua vez, se não gostavam de Okanbi, apreciavam menos ainda o pai; era sovina e não dividia sua riqueza com eles. Eles também queriam a morte de Okanbi por ter insultado seu pai e, por consequência, a eles, mas sabiam que a situação poderia complicar-se com o povo, pois, após este incidente, Okanbi estava sendo guindado a líder das minorias espoliadas de Ifé.

Durante os dias em que Olabisi remoeu seu ódio, os menos favorecidos começaram a procurar Okanbi. Eles levaram-lhe suas queixas, suas dificuldades e o jovem líder escutou-os com atenção. Qual seria a resposta que ele deveria dar? Ele próprio não sabia.

Finalmente, após quase dois meses de indecisão, Olabisi, seguindo as orientações do mesmo sacerdote que fora humilhado por Okanbi no dia do sacrifício para Obatalá, decidiu-se: mandaria vir um assassino da terra dos nupês para matar seu desafeto. Mandou um dos seus filhos até o território dos nupês, ou tapas, como alguns os chamavam, para contratar um guerreiro poderoso que deveria assassinar Okanbi, de preferência, à traição.

Os nupês haviam se formado de uma dissidência da aldeia de Okê Itaxe. Tsoedé, filho de Obamakin, havia partido com um grande grupo de guerreiros, mulheres e gado daquele lugar, formando uma nova tribo. Os nupês adoravam Tsoedé, que havia encontrado um local aprazível e fizera alianças com vários pequenos clãs da região. Além de ser um bom rei, era um homem de grande caráter e extremamente precavido. Em sua previdência, ele treinara os seus homens na arte da guerra. Ele fora ordenança do grande Ogun, quando em vida, tendo aprendido que um bom exército afasta os inimigos e impede que os gananciosos voltem seus olhos cobiçosos para o seu reino. Portanto, os nupês estavam acostumados a obedecer a seus chefes e eram capazes de ótimas manobras no campo de batalha. Isto fizera a fama dos nupês e, aproveitando-se do fato de que eram aliados dos ifés, Olabisi achou que encontraria um bom guerreiro para assassinar seu desafeto.

Aburrimako, o filho de Olabisi destacado para esta missão, foi discretamente até o palácio de Tsoedé e foi recebido em audiência particular. O rei já era um homem maduro e escutou sua proposta de enviar seu melhor homem para matar Okanbi. Tsoedé engoliu em seco, pois se lembrava daquele menino bonito de que todos gostavam e que alguns, mais íntimos, diziam ser filho de Abalaju. Ora, Ogun era o seu ídolo e ele jamais mancharia sua mão com o sangue de um descendente de seu grande amigo e mestre. Mas como era um homem escolado, vivido no poder, demonstrou toda a sua raiva contra Okanbi, dizendo para o filho de Olabisi que realmente era um absurdo que um menino afrontasse um rei. Onde iriam parar se todos resolvessem afrontar os reis? Seria o caos!

O filho de Olabisi ficou feliz com os arranjos. Sim, Tsoedé mandaria não um, mas três dos seus melhores guerreiros matar Okanbi e sumirem com o corpo. Além disso, daria ordens para matar Abiodun e sua família, e também faria seus corpos desaparecer. Tsoedé terminou sua maquinação diabólica, dizendo que fariam tudo de modo discreto, dando a impressão de que Okanbi e seus amigos haviam fugido durante a noite. O filho de Olabisi ainda perguntou como fariam para tirar três cadáveres de adultos e de duas crianças sem chamar a atenção, e Tsoedé falou laconicamente que o faria numa carroça, levando inclusive os pertences da família de Abiodun para dar a impressão de fuga precipitada. Aburimako, o filho de Olabisi saiu satisfeito do encontro, saboreando antecipadamente a vitória.

Assim que o mensageiro saiu de sua presença, Tsoedé chamou seus ministros de confiança e reportou-lhes o encontro que tivera a portas fechadas. Ao ser questionado por um dos ministros se ele ia cumprir o acordo, ele deu uma sonora gargalhada e respondeu:

– Em parte sim. Okanbi e seus amigos vão sumir de Ifé. Só que eu jamais mataria o filho de meu príncipe Ogun. Por quem me tomam? Por Olabisi, aquele velho canalha? Sou Tsoedé, um homem de palavra, mas sou arguto. Se eu recusasse, estaria arranjando um perigoso inimigo;

Olabisi tem um exército maior do que o nosso. Além disso, Olabisi iria encontrar algum igbô disposto a ganhar alguns colares de sementes coloridas para matar Okanbi. Desse modo, eu fico bem com Olabisi e protejo o filho de meu mestre.

Os ministros respiraram aliviados. Matar o irmão do orixá Ogun seria se indispor com todos os *eborás* e *imolés*. Seria lançar uma maldição eterna sobre os nupês. Mas como fariam isto sem despertar a suspeita de Olabisi? Afinal de contas, Ifé era uma grande cidade, e não seria fácil tirá-los de dentro da metrópole africana sem serem vistos.

– Ora, eu não quero tirá-los de modo muito discreto. Quero que eles sejam vistos partindo da cidade, vivos, mas sós. Depois direi que eles foram mortos no campo por um grupo de guerreiros nupês e enviarei provas de suas mortes, cobrando, então, o régio presente que me ofereceram.

– E como pretende fazer isto?

Meneando a cabeça em dúvida, Tsoedé demonstrava que não havia delineado um plano completo. Pensara em mandar alguém avisar Okanbi de todo o complô e fazê-lo sair da cidade. Depois ele traria o homenzarrão até a sua grande aldeia chamada de Empé, onde o esconderia. Após sua chegada, ele estudaria, em conjunto com Okanbi, uma forma de enviá-lo em segurança para algum lugar distante e seguro, longe dos espiões de Olabisi.

– O plano é bom, mestre Tsoedé, mas quem irá falar com ele? E será que ele acreditará?

Por alguns instantes, Tsoedé ficou pensativo até que seu rosto se iluminou como se tivesse uma revelação:

– Onira. Enviarei minha filha Onira.

Absolutamente ninguém discordou de Tsoedé, não porque ele fosse o *oni* de Empé, mas porque ninguém duvidou de que ela fosse a pessoa mais adequada para cumprir esta grave missão. Todos sabiam que Onira era uma mulher de vinte anos, com uma altura considerável, um metro e oitenta e dois centímetros, uma personalidade extremamente poderosa e com um atributo que suplantava qualquer homem de sua época: a inteligência. Os caçadores só aceitavam uma mulher em suas aventuras: Onira. Além de atirar com arco e flecha como qualquer homem, era a única capaz de perseguir um antílope ferido por quilômetros, assim como enfrentar qualquer homem numa luta corporal. Mas todos sabiam que ela não gostava de mulheres, nem para conversar nem para atividades sexuais. Neste aspecto, ela gostava de homens viris, mas a maioria não conseguia acompanhá-la em seus arroubos e na sua volúpia, e coitado do homem que não conseguisse satisfazê-la; ela demonstrava claramente que ele não correspondera às suas expectativas. Assim, ela se tornara uma mulher de que os homens tinham medo.

Logo após tomar tal decisão, Onira foi chamada e adentrou a sala com seu porte elegante. O pai adorava-a; era um dos filhos que falava com ele de igual para igual. Aliás, Onira também tinha pelo pai uma afeição extraordinária, sendo uma das poucas pessoas que ela respeitava. Ela cumprimentou todos com elegância, especialmente os mais velhos. Eles retribuíram com sorrisos, pois ela podia ter um espírito indômito, mas era gentil e carinhosa com os mais velhos, com os mais fracos e os doentes. O que ela não tolerava era o caráter frouxo, a pusilanimidade e, especialmente, a falsidade.

O pai explicou-lhe todos os detalhes que eram necessários à sua missão. Ela perguntou algumas coisas para dirimir dúvidas e Tsoedé respondeu-lhe, abrindo seu coração a ela. Aliás, não poderia ser de outra forma, pois a mulher era sagaz como uma raposa e algo mal explicado era-lhe intolerável. No final da explanação de sua missão, que já a estava deixando excitada pelo sabor de aventura, ela perguntou ao pai:

– Só tenho uma dúvida: se esse tal de Okanbi não acreditar na minha história. Qual será a comprovação que eu lhe darei de que não estou armando uma emboscada?

Sorrindo, Tsoedé já havia pensado nessa possibilidade e levantou-se de seu assento, atravessou a sala, apanhou uma adaga que estava pendurada na parede e entregou-lhe, dizendo:

– Se Okanbi duvidar de sua história, diga-lhe que esta adaga foi fabricada por Alagbedé e ele saberá que estamos falando a verdade. Mas diga-lhe que foi o próprio Alagbedé que me deu tal regalo na batalha de Idetá-Ilê, quando eu fui ferido no ombro por uma flecha que lhe era destinada. Se ele for de fato o irmão de Ogun, saberá que falamos a verdade.

– E se ele não reconhecer a adaga e a sua história? Que devo fazer?

– Mate-o – respondeu, enquanto fitava o olhar surpreso de Onira. – Isto mesmo. Mate-o. Não é filho de Odudua, o mui santo. Nesse caso, ele será um bastardo qualquer e não merece sequer viver.

Para dar apoio à sua filha, Tsoedé deixou que ela escolhesse três cavaleiros que iriam acompanhá-la. Como ela teria que ser o mais discreta possível, ela foi montada sobre uma grande carroça, manejando os bois, enquanto os três homens foram a cavalo. Dois eram seus primos e o outro era seu irmão Omoteji, um dos poucos homens que ela respeitava, seja pela lisura de caráter, seja pela imponente força.

Eles aproveitaram uma das muitas festas religiosas que Ifé patrocinava para entrarem na cidade junto com os milhares de peregrinos que iam oferecer seus presentes e sacrifícios para os duzentos e um *eborás* de pedra existentes na cidade. Não tiveram dificuldade de encontrar a casa de Abiodun e Onira procurou Okanbi.

O homenzarrão recebeu-a, pensando que era mais uma das várias pessoas que o procuravam para contar-lhe as suas desgraças, como se ele fosse uma espécie de confessor e de deus que pudesse resolver seus problemas. Ele foi simpático e agradou-se de sua figura grande, majestosa, mesmo que não fosse obesa. Ela pediu para falar com ele a sós e ele a atendeu.

Vendo-se protegida dos olhares e ouvidos alheios, ela contou tudo em detalhe. Falou que o rei Olabisi queria matá-lo, que contratou pessoas em Empé para fazê-lo e que Tsoedé, o rei dos nupês, dissera que o faria, apenas para protegê-lo. Contudo, ele devia partir com ela, levando Abiodun e sua família, para Empé, onde ficaria protegido. Mas, para que Olabisi não o perseguisse mais, eles deviam providenciar algo que atestasse sua morte.

Com o rosto sério, Okanbi escutou tudo e não teve desconfiança da moça, mas, quando viu os três homenzarrões que a acompanhavam, ficou preocupado. Achava que poderia dar cabo de dois, mas o terceiro acabaria por matá-lo. Além de estar ainda enfraquecido, Abiodun não era páreo para nenhum deles. Ele parou e sua expressão de preocupação foi captada por Onira, que lhe disse:

— Sei que você está em dúvida, mas meu pai disse que esta adaga foi presente de Alagbedé, quando ele foi salvo de certeira flechada na batalha de Idetá-Ilê.

Okanbi conhecia as histórias de seu irmão e esta era uma das histórias mais conhecidas. Isso não provava nada.

— Você vai me perdoar a dúvida, pois essa história é muito conhecida. Mas meu coração me diz que você está falando a verdade. Porém, quero que você se sujeite a certas exigências.

— Diga.

— Mande seus cavaleiros andarem à frente de nossa carroça de tal forma que não me ataquem. Além disso, terão que me entregar todas as suas armas. Para finalizar, você deverá ficar perto de mim, o tempo todo, inclusive de noite, quando dormirmos nos acampamentos da estrada, e a adaga ficará comigo.

Enquanto ela pensava, ele olhava para os três gigantes que os observavam a certa distância. Eles não podiam ouvi-los, mas, pela expressão tensa dos dois, deduziam que a conversa não estava indo a contento.

— E o que nos impede de matá-lo quando chegarmos a Empé?

Abrindo o seu mais belo sorriso, Okanbi olhou para aquela mulher determinada e respondeu-lhe:

— Se você é filha de Tsoedé, sabe que seu pai jamais me mataria. Ele e Ogun são dois iguais. Com ele, estarei seguro como se estivesse no palácio de meu pai Odudua.

Isto fez com que Onira se decidisse. Ela atenderia as exigências de Okanbi, mas impôs uma condição: que eles mantivessem as lanças para se defenderem de algum ataque de animais ferozes, especialmente de leões. Okanbi concordou. Após tudo estabelecido, planejado e decidido, resolveram sair de madrugada, após a grande festa, quando todos estariam muito cansados das festividades e não os veriam sair.

Tudo correu a contento, inclusive com os homens saindo e sendo vistos por uma das sentinelas da cidade, que depois testemunharia que Okanbi saiu furtivamente da cidade. Para seus seguidores, isso representava uma enorme decepção: o líder os abandonara. Para os seus detratores, isso era um delicioso motivo de conversa: no final, o homenzarrão não passava de um poltrão. Para Olabisi, era a confirmação de que ele foi morto, pois a sentinela confirmou que viu três gigantescos nupês, vestidos com suas indefectíveis roupas marrons, saindo à sua frente, provavelmente para emboscá-lo.

O caminho para Empé foi rápido e nada de excepcional aconteceu. A entrada de Okanbi, Abiodun e família, acompanhados de Onira e seus três gigantescos acompanhantes, foi emocionante, pois Tsoedé recebeu-os como se fossem membros de sua própria família. Olhou para Okanbi e deu-lhe um vigoroso abraço, beijando-o em ambas as faces, enquanto o homenzarrão, após ter recebido tal deferência, beijou suas mãos e devolveu-lhe a adaga, agradecendo tudo que fizera por ele. Contudo, Tsoedé era um homem precavido. Procurou pelos pertences de Okanbi, retirou-lhe a espada e disse para seu filho Omoteji:

– Vá até Ifé. Fale com Olabisi e peça que faça o pagamento das vinte vacas para você. Seja convincente. Não se esqueça de que foi você mesmo que matou Okanbi com uma estocada no estômago. Se ele pedir provas, basta mostrar a espada, pois uma espada igual a esta deve ser rara.

– De fato. Trata-se de uma cimitarra árabe, presente de um grego ao qual prestei alguns serviços.

Okanbi não quis entrar em detalhes de como conseguira aquela bela arma, e Tsoedé segurou o sabre oriental em sua mão, sentiu a empunhadura, fez alguns movimentos com ela e comentou:

– Magnífico! Pena ter que dar uma peça tão bela e valiosa para um crápula como Olabisi.

– Por pouco tempo! – exclamou Okanbi.

Tsoedé olhou-o e viu no seu olhar que Okanbi não era um homem qualquer. Ele não negava sua filiação paterna.

Dois dias depois, Omoteji deslocou-se para Ifé com seus dois amigos e foi recebido por Aburimako, o filho mais velho de Olabisi. Explicou que eles mataram Okanbi e Abiodun e que pretendiam vender a mulher e os filhos para os tuaregues de Gao. Como prova, deu a cimitarra de Okanbi e o homem ficou feliz com os resultados. Algumas horas depois, Omoteji levava as vinte vacas para Empé; não passou pela mente de Aburimako duvidar da história contada pelo filho de Tsoedé e ficou radiante com o desfecho favorável da empreitada.

Em Empé, Okanbi fez boa amizade com Omoteji, que era um homem calado, sério, pouco dado a expansões risonhas. Porém, era um bom ouvinte e gostava do falante Okanbi, que neste ponto puxara ao seu pai biológico Ogun – mesmo que ainda não soubesse que era filho natural de Abalaju. Gostava de uma boa prosa e pela sua simpatia era capaz de manter a sua assistência atenta por várias horas, enquanto falava de Aksum, de Adulis, de Aden e da terrível varíola que destruíra o exército aksumita.

Na aldeia bastante grande de Empé, que contava com seis mil pessoas, passou a dedicar-se ao seu pequeno rebanho de vinte vacas; Tsoedé havia lhe dado o prêmio que Olabisi havia mandado pela sua morte. Abiodun ajudava-o e eles moravam juntos. Esta proximidade era perigosa; a esposa do seu amigo oferecia-se escandalosamente para ele. Okanbi fazia-se de desentendido e ria, sempre brincando, quando a dengosa mulher se aproximava dele na ausência de Abiodun. Até que a mulher agarrou-o e ele teve que se desvencilhar dela. Ela ofendeu-se, perguntando se ele não gostava de mulher, e Okanbi respondeu-lhe com gentileza que a achava linda, mas que ela era a esposa de Abiodun e que qualquer coisa entre eles era impossível; do contrário, jamais poderia olhar seu amigo de frente novamente. Resolveu que partiria da casa de Abiodun com uma desculpa qualquer.

Naquele dia, ele conversou com Omoteji sobre seu problema com a esposa de Abiodun e o amigo disse-lhe que ele iria tentar uma solução junto ao pai. Tsoedé gostou da atitude do rapaz e permitiu que ele fosse morar no palácio. Ela não era nenhuma construção pomposa como existiam em Aksum e Meroé, mas era uma casa bastante grande para abrigar mais um hóspede. Com a desculpa de que Tsoedé o havia convidado para morar no palácio, Okanbi mudou-se e livrou-se do perigoso assédio da mulher de Abiodun.

Se na casa de Abiodun ele estava sob a mira da esposa do amigo, agora no palácio ele não ficou livre do assédio feminino. Havia várias concubinas de Tsoedé que haviam sido presenteadas ao monarca e que ele havia possuído poucas vezes. O *oni* já era um homem mais velho, beirando os sessenta anos e, nos últimos meses, estava se deliciando no leito de uma moça de quatorze anos de beleza estonteante. As demais concubinas viram-se livres para assediá-lo, e ele viu que havia pulado da panela para dentro da fogueira.

A solução veio junto com o problema; se no palácio ele tinha que tomar maior cuidado para fugir do assédio das concubinas de Tsoedé relegadas a segundo plano, por outro lado ele aproximou-se mais de Onira. A moça passou a observá-lo mais de perto e viu quando, por várias vezes, ele afastou gentilmente as pretendentes ao seu leito. Será que ele não gostava de mulher? Ou será que ele tinha caráter bastante para não se misturar com a mulher dos outros?

Ora, a curiosidade feminina é perigosa e levou Onira a interessar-se por Okanbi. Se no início sua pele manchada era motivo de curiosidade, com o decorrer do tempo, passou a ter certo atrativo. E, acima de tudo, se havia alguém charmoso, essa pessoa era Okanbi; espirituoso fazia a mulher rir de suas opiniões e de suas histórias. Nada mais cativa a mulher do que o bom humor. Elas querem viver ao lado de alguém com quem elas se sintam bem e o bom humor relaxa, retira as barreiras naturais e deixa as pessoas mais à vontade.

Sempre atendendo aos convites da moça, Okanbi passou a sair com Onira para caçadas e cada um se surpreendeu com as aptidões do outro. Ele descobriu que a mulher era um arqueiro de mancheia, capaz de acertar o alvo a cinquenta metros, além de ser uma incansável corredora, considerando seu volumoso corpo, mesmo que não fosse obesa. Ela viu que ele era não só um homem interessante, mas um atleta inato, capaz de saltar obstáculos, atirar flechas a distâncias consideráveis, arremessar lanças e pedras com excelente precisão, além de bom nadador.

Um dia, após uma manhã quente de caçada, os dois afastaram-se do grupo principal correndo atrás de uma gazela. Foram derrotados pelo animal, que, mais lépido, fugiu pela savana, escondendo-se nos arbustos. Chegaram à beira de um regato que fazia uma piscina natural, e Onira convidou Okanbi para se refrescarem na água. Os dois entraram de roupa e banharam-se tranquilamente. Onira tirou a roupa, escondida pela água, e convidou Okanbi a fazer o mesmo. Ele retirou sua túnica marrom e saiu da água para esticá-la à beira do regato. Na saída da água, a moça jogou a sua própria roupa para que ele a esticasse sobre alguns galhos.

Ao sair da água, Okanbi estava completamente nu. Ela o olhou com interesse. Ora, Okanbi tinha um pênis avantajado e de duas cores devido ao vitiligo. Onira olhou-o e riu abertamente. O seu riso franco foi escutado por Okanbi, que lhe perguntou sorrindo de que ela estava rindo. Ela, sem maiores embaraços, disse:

– Eu nunca vi um *okó* (pênis) de duas cores.

A resposta o desconcertou: jamais imaginara que Onira fosse capaz de comentar sobre seu problema de pele. O olhar debochado dela o deixou magoado. Ele baixou o rosto, envergonhado. Nesse momento, a moça viu que fora rude e resolveu consertar seu erro, aproximando-se dele, que já tinha entrado na água, escondendo sua nudez. Ela abraçou-o e disse-lhe que ele era lindo. Enquanto fazia isto, ela passou sua mão pelo seu corpo até alcançar o baixo-ventre.

As palavras gentis e o tom doce foram deixando Okanbi menos acabrunhado e, à medida que ela o acariciava, ele foi ficando excitado. Ora, o desfecho não podia ter sido mais natural: eles se amaram loucamente dentro do riacho. Na primeira penetração, Onira sentiu dores fortes em seu sexo, não só devido ao tamanho do membro de Okanbi, mas também porque não mantinha relações sexuais há vários meses. Se por um lado aquilo a incomodou, por outro a satisfez, porque um pouco de dor na relação até que é tolerável desde que haja amor, e havia muito; os dois descobriram que as várias semanas de amizade, de risos e de companheirismo haviam se traduzido numa paixão irrefreável.

Passaram a tarde fazendo amor. Esqueceram o tempo e depois de cinco relações inteiramente satisfatórias, Onira lembrou a Okanbi que deviam voltar, porque o sol já declinava rapidamente e a savana à noite era um perigo. Eles retornaram à aldeia a tempo de ver os últimos raios do astro-rei iluminar a terra. Okanbi desejava continuar a fazer amor com Onira, mas a moça estava um pouco machucada e pediu que deixassem para o outro dia.

Os dias que se seguiram foram repletos de sensualidade; os dois foram descobrindo o corpo um do outro. Não era, entretanto, uma paixão lúbrica, em que só se procura a satisfação dos sentidos. Havia mais, pois o amor instalara-se de modo irreversível a ponto de não poderem ficar um longe do outro, de se procurarem com os olhos quando estavam afastados e, com a força do pensamento, quando se distanciavam em excesso e a vista já não os alcançava. Ora, tal paixão, tal amor tresloucado, sem nenhum cuidado de se esconder, logo foi notado pelos demais e Tsoedé foi avisado do mesmo.

A reação do rei não podia ter sido melhor. Onira era sua megera domada pela brandura viril de Okanbi. Que melhor casamento poderia existir? Assim, ele mandou avisar o moço de vinte e seis anos que suas pretensões casadoiras seriam bem recebidas. Omoteji foi o mensageiro e, com sua proverbial maneira direta de falar, disse-lhe de chofre:

– Meu pai mandou você se casar com Onira.

Okanbi riu e abraçou o futuro cunhado, exclamando:

– Nunca uma ordem me foi tão doce!

O casamento não se deu com a pompa necessária; era preciso não chamar muito a atenção sobre a figura do noivo. Mas Onira, sabendo que seu marido era muito assediado pelas mulheres, pediu e conseguiu do pai que fosse construída uma casa bem próxima ao palácio. O casal foi morar na nova residência e, poucos dias após, descobriu-se que Onira estava grávida, o que completou a felicidade do casal.

Mas Ifé não lhe saía da mente. Algo lhe dizia que aquele trono devia ser ocupado por ele. Muito tempo se passara até que, alguns meses antes do nascimento do seu filho, um mensageiro de Ifé trouxe notícias que o despertaram para o seu destino.

59

Morrera Olabisi e seu filho Aburimako assumiu o trono de Ifé. Sua subida ao trono foi sangrenta. Desconfiado de seus irmãos, mandou matá-los todos, inclusive um de doze anos que mal entrara na puberdade. Das suas irmãs e cunhados ele também se desfez: não as matou, mas exilou-as. Seus ministros, que faziam parte de seu grupo seleto de amizades, também se aproveitaram da ocasião para se desfazer de inimigos, especialmente de antigos ministros.

Durante três meses, Ifé viveu dias negros e, se já existiam descontentes, agora o número subira ainda mais. Os seus ministros informaram-no de que o povo estava assustado e podia haver um grande êxodo, o que seria péssimo para os negócios. As cidades vizinhas, sabendo que estava havendo perseguições, não estavam mais mandando mercadorias para serem trocadas no grande mercado, que fizera a riqueza e fama de Ifé e, como consequência, a arrecadação caíra a níveis intoleráveis.

Um dos ministros teve a ideia de reviver um grande torneio, que, de tempos em tempos, se fazia há quase mil anos. Houve casos em que se passaram cinquenta anos sem nenhum torneio, enquanto, sob certos reis de Okeorá, houve jogos anuais. Uma única coisa não mudara: o mais valoroso dos competidores ganharia o famoso *oxé* – o machado duplo. Ninguém sabia o que representava, mas lembravam-se de que o vencedor do torneio ganhava o machado e, cada vez que havia um novo torneio, um *oxé* era feito.

Aburimako gostou da ideia e, como era um homem prepotente, cheio de mania de grandeza, resolveu que faria o maior dos jogos jamais havido na região. Em Ifé, nunca haviam existido tais jogos, porque ninguém nunca falara de tal costume com Olunwi, mas, provavelmente, se tivessem falado, ele o teria feito; gostava dos jogos e das competições.

Além disso, seria um bom negócio; Aburimako queria que viessem milhares de pessoas não só para assistir aos jogos, mas também para gastar o que pudessem na cidade. Muito espertamente, preparou os jogos com um planejamento digno dos melhores organizadores de evento. Este monarca ouvia os conselhos, mas, os bons alvitres, ele os encampava como sendo seus. Um deles foi dado por um dos seus ministros, que, achando que poderia não vir ninguém por não existir o hábito de esportes e de torneios esportivos, sugeriu fazer-se um grande evento religioso para Ogun. Ninguém mais louvado do que este orixá em toda a vasta região.

Durante vários meses, os mensageiros foram, de cidade em cidade, avisando não só sobre o grande torneio, mas também sobre as cerimônias religiosas que seriam realizadas em louvor ao grande orixá. Aburimako teve a ideia de fazer um grande sepultamento do orixá e sobre o seu túmulo colocariam um grande monólito, uma pedra sagrada. Os melhores artesãos ficaram de providenciar a grande pedra, que seria erguida na frente da multidão, no entanto, o sepultamento seria apenas *pro forma*, pois o corpo do grande herói já havia sido devorado pelos vermes em Irê.

O mensageiro de Ifé avisou à aldeia de Empé e Okanbi interessou-se pela competição. Havia, no entanto, dois problemas que o preocupavam. O primeiro é que ele estava levando uma vida um pouco sedentária desde que se casara com Onira e estava longe de sua melhor forma física. Ele estava com trinta e um anos e, neste período, adquirira peso, apresentando uma leve barriga, alguns tecidos adiposos e uma certa morosidade. O segundo problema é que ele não poderia ir a Ifé e correr o risco de ser reconhecido. Para todos os efeitos, ele estava morto e, se fosse descoberto, podia gerar um estado de guerra entre a tribo dos nupês e os homens leais ao rei Aburimako.

O primeiro problema ele solucionou de forma empírica. Foi ao campo e deu uma rápida corrida. Logo notou que ficou bufando, com falta de ar e suando em profusão. Pensou em desistir, mas uma força comandante, poderosa e invisível levou-o a correr novamente, e novamente, e novamente. E, no outro dia, ele repetiu o feito, ainda que seus músculos estivessem doloridos. E ele passou a fazer isso diariamente.

Cada dia, ele acrescentava mais alguma atividade. Numa hora, ele carregava pedras num saco, procurando, de cada vez, adicionar mais algumas; noutra hora, ele corria distâncias cada vez maiores. Para descansar, exercitava-se no arremesso da lança, assim como no arco e flecha. O rio Níger ficava a alguns quilômetros de sua aldeia e ele corria até lá, nadava até a outra margem, depois retornava nadando, e corria o mais rápido possível até sua casa.

Esta atividade insana prolongou-se durante quase três meses. Por outro lado, ele mudara a alimentação, procurando comer mais carne e menos inhame. Não dispensava, todavia, os legumes e o arroz-de-guiné, assim como o milhete. Perdeu cerca de vinte quilos e ficou com um corpo invejável.

Os demais homens da aldeia, que pretendiam competir nos jogos de Ifé riam-se dele. Para eles, ele era um homem velho, pois para quem tem dezoito anos um homem de trinta e um pode ser considerado ancião. Eles não acompanhavam os seus progressos e achavam que a prática jamais poderia devolver a juventude.

O segundo grande problema era como entrar e sair de Ifé sem ser notado. Um homenzarrão daquele tamanho e ainda por cima cheio de manchas no corpo não poderia passar despercebido. Não foi muito difícil resolver esta situação. Ele conseguiu que as filhas do *ajé* da tribo costurassem em palha-da-costa um capacete que escondia completamente o seu rosto. Mesmo tendo experimentado três modelos, cada um deles sendo o aprimoramento do anterior, ele não conseguiu evitar que aquilo o abafasse terrivelmente. Nos dias de calor, após uma corrida, ele ficaria completamente abafado, tendo que retirar a máscara para poder respirar. Ele imaginou que, se nas competições fizesse calor, com o sol a pino, ele não conseguiria completar as provas, pois, além da máscara, ele tinha que se cobrir completamente para que ninguém reparasse em suas manchas de pele. Mas dominado por um sentimento irracional de querer ganhar as competições custasse o que custasse, ele afastou qualquer ideia de derrotismo de sua mente. Continuou a preparar-se ainda mais, observando que, a cada dia, ele se tornava mais elástico, mais forte, mais rápido, mais resistente e, mentalmente, mais poderoso.

No dia marcado, um grande contingente de homens deslocou-se de Empé e dos pequenos vilarejos para Ifé. A viagem de dois dias foi bem-sucedida e a cidade santa, como já era considerada, estava repleta de pessoas. Okanbi afastou-se de seu grupo e, antes de adentrar a cidade, colocou a máscara e entrou em Ifé. Os guardas perguntaram-lhe quem era e o que queria e ele respondeu que era um devoto de Ogun e que viera para os grandes jogos em homenagem ao herói. Deixaram-no passar, achando que era algum fanático que usava a máscara como forma de louvor a Ogun.

A festa teve início com sacrifícios de galos, cachorros e um cavalo para Ogun. Depois disso, à noite, houve cantoria e muita comida e vinho de palma. Okanbi teve que encontrar um lugar quieto e reservado para comer; tinha que retirar a máscara. No outro dia começariam as competições, por isso ele não bebeu vinho, tendo comido apenas um pernil de carneiro.

No outro dia, mais de dois mil guerreiros tinham que rodear o bosque sagrado de Olokun. Em Ifé, Olokun era a rainha do mar, esposa de Odudua, pois Asessu fora convertida na deusa dos oceanos, e sua morte no rio fora transformada numa bela lenda de que ela mergulhara no rio para ir até os oceanos assumir seu reinado sobre todas as águas salgadas.

O bosque de Olokun ficava num morro ao norte de Ifé e o percurso tinha cerca de quatro quilômetros, com altos e baixos a serem vencidos. Haviam determinado que seriam dadas quatro voltas. A cada volta, os homens que completassem o percurso tinham que agarrar um búzio. Era uma prova e tanto; dezesseis quilômetros, por um terreno muito irregular.

O grande grupo de homens partiu assim que uma trompa deu a largada. Okanbi não conseguira ficar no pelotão da frente, mas a maioria havia bebido demais na véspera e ele, no meio da primeira volta, já liderava o pelotão da frente. Na corrida, muitos homens iam ficando pelo caminho e, dos dois mil, apenas quatrocentos cumpriram as quatro voltas. Okanbi chegou a mais de duzentos metros à frente dos demais e foi ovacionado por todos. Ele chegou tão inteiro que os juízes conferiram duas vezes os quatro búzios que ele tinha nas mãos para comprovar que ele havia feito as quatro voltas originais.

De tarde, a prova era mais fácil; tratava-se de arco e flecha. A primeira prova era de distância, ganhando quem mandasse a flecha mais longe, e a segunda era de precisão. Na prova de mandar a flecha mais longe, os homens eram divididos em grupos de dezesseis, que atiravam as flechas juntos. O que alcançasse a maior distância ficava e os demais iam embora. Quando todos tivessem enviado suas setas, só ficavam os vencedores da primeira rodada, que competiam novamente em grupos de dezesseis, até ficar o último grupo. A prova terminou com a vitória de Okanbi. Novamente sua figura marcante chamou a atenção. Quem era este mascarado que já ganhara duas provas seguidas?

No segundo dia, o arremesso de setas ao alvo foi um fracasso para Okanbi; fazia um calor sufocante. Ele acabou eliminado na última rodada, mas ficou em segundo lugar; seus olhos ardiam e lacrimejavam. Isto não fora só provocado pelo suor, mas também porque, inadvertidamente, ele coçara-os e a palha da costa entrou e arranhou um dos seus olhos. A agonia de um dos olhos, logo aquele com que ele mirava, desconcertou-o e ele perdeu a última rodada. Todavia, ter chegado ao final já foi motivo de sucesso; as pessoas lembravam-se do mascarado que ganhara duas provas seguidas na véspera.

De tarde, havia uma prova de luta e nada foi mais fácil para o gigante. As provas eram eliminatórias e cada guerreiro lutava de mãos vazias com o outro. Não havia regras; valia tudo. O guerreiro tinha que desistir ou desmaiar. Como não havia uma regra para a desistência, houve um caso de estrangulamento até a morte, o que empanou um pouco o brilho da competição. Já Okanbi vencia todos os seus adversários com potentes socos de sua mão, que mais parecia um martelo. Um dos adversários levou mais tempo para se levantar e Okanbi foi ajudá-lo, realmente preocupado. Essa atitude valeu-lhe uma verdadeira ovação dos presentes. Na última luta, após ter lutado doze vezes, Okanbi, bafejado pela sorte, acertou um direto na ponta do queixo de um guerreiro igbô e a queda do infeliz foi motivo de júbilo da imensa plateia.

Devia haver mais de cinco mil pessoas apinhadas para vê-lo lutar, sendo que alguns subiram em árvores e casas para assistir ao combate. Aburimako, que assistiu a todas essas lutas e competições, também passou a incentivar o mascarado. Existia um pouco de mistério em sua máscara; era semelhante, muito parecida mesmo, com o capacete que Ogun usara em Ará, uma aldeia de Igbôs, que ele destruíra com um rápido movimento de cavalaria. Nessa aldeia inimiga, Ogun fez questão de matar o *Alará* pessoalmente, porque esse homem trucidara o seu mensageiro de paz, decepando-lhe a cabeça, os braços, as pernas, além do membro sexual, e enviou de volta apenas o tronco amarrado em seu cavalo. Como Okanbi era quase tão alto quanto seu pai biológico, Ogun, embora fosse mais forte, já que o orixá era mais longilíneo, todos começaram a dizer que Ogun estava participando da competição. Agora só faltava o último e terceiro dia de provas com o arremesso de pedras a distância e a luta de espadas.

O dia nasceu com um sol forte e Okanbi ficou preocupado. A prova de arremessos de pedra era complicada, e somente os melhores haviam sido escolhidos. Dos dois mil participantes, somente oitenta haviam permanecido. Cada um recebeu uma sacola com dezesseis pedras, e a prova consistia em ser o mais rápido em tirar as pedras do saco e arremessá-las além de uma linha marcada a mais de trinta metros. Não adiantava ser o mais rápido a lançá-las e terminar primeiro, se as pedras não ultrapassassem a linha demarcada.

Ninguém havia treinado para essa prova, nem mesmo Okanbi, portanto, todos estavam no mesmo pé de igualdade. Iniciaram as eliminatórias e uma coisa que facilitou o arremesso de Okanbi era o tamanho de sua mão e a força que tinha. As pedras eram mais ou menos esféricas e cabiam bem em sua mão. Pesavam perto de meio quilo, o que exigia um esforço considerável para lançá-las a mais de trinta metros.

Okanbi saiu-se excepcionalmente bem e avançou até a final, em que quatro competidores, todos de grande envergadura, haviam conseguido chegar. Finalmente, ele venceu a prova por uma pequena margem. Todavia, o mascarado mostrava sinais de fadiga. Na realidade, se não fosse hora de parar para comerem, Okanbi não teria forças para a última prova: a espada.

Deixaram passar o calor do meio-dia e os oitenta homens enfrentaram-se num combate perigoso. Alguns vieram com armaduras de ráfia para suavizar os golpes, mas a maioria veio de peito nu. Okanbi passou com dificuldade pelo seu oponente, não porque não soubesse esgrimir, mas porque o homem era extremamente veloz, manejando a espada com grande habilidade. Finalmente, o que fez Okanbi ganhar foi sua resistência superior, porque nenhum dos dois contendores conseguia dar um golpe decisivo. A luta durara mais de dez minutos, o que exauriu Okanbi, especialmente porque debaixo da máscara e totalmente envolto em sua túnica, ele suava profusamente.

As demais eliminatórias foram mais fáceis, mas o peso da idade começou a agir sobre ele. O calor, a tensão e a falta de líquido estavam-no levando a um estado de exaustão física e mental. Quando ele chegou à última luta, observou que seu oponente era um jovem de, no máximo, vinte anos, forte como um touro, embora mais baixo do que ele. O homem suava em bica e, por isso, estava apenas com uma pequena tanga a cingir-lhe os quadris. Podiam ver-se os músculos estriados e longilíneos que cobriam seu corpo. Seu olhar era determinado. Não estava nem um pouco amedrontado e Okanbi sabia que esgrimir não era o seu forte. Ele dava pancadas duras, mas faltava-lhe o trejeito dos inatos, daqueles que já nascem com o dom de manejar a espada. Já o seu adversário tinha tal traquejo; Okanbi vira no último combate a rapidez e a forma como massacrara o oponente. Além disso, ele era cruel; seus golpes eram sempre dados com a intenção de ferir e matar.

Com um espírito pessimista, Okanbi entrou para o último combate, e os primeiros golpes que ele conseguiu aparar demonstravam que o seu oponente venceria. Ele sabia que esta prova era decisiva. De nada adiantavam as outras, a festa era para Ogun e esta prova era a do seu *axé*, de sua arma, e, portanto, o grande vencedor seria quem ganhasse este duelo, e ambos sabiam disso. Okanbi sentiu que suas forças o abandonavam e que o capacete o estava atrapalhando; mais uma vez o suor entrava nos seus olhos, fazendo-os arder horrivelmente. Mais uma meia dúzia de golpes e estaria derrotado, e agora corria o risco de ser gravemente ferido ou até morto; o adversário sentia que iria ganhar e atacava-o ainda mais furiosamente.

Subitamente, uma força o invadiu. Era como se fosse um forte vento que levantou suas energias, que lhe deu um estremecimento estranho e ele, com novo vigor, respondeu aos ataques do seu adversário. Desta feita, ele passou a esgrimir como nunca o fizera antes. Seus golpes tinham uma destreza de que nem ele sabia ser possuidor. Com vários ataques extraordinários, ele desarmou o oponente, ferindo-o sem gravidade no pulso e impossibilitando-o de continuar a pugna. Para surpresa geral, Okanbi vencera.

A ovação foi ensurdecedora. Os presentes tinham-no incentivado, mas quando viram o seu oponente em nítida vantagem, tiveram medo de que ele fosse perecer sob o grande vigor do ataque. Sua reação fantástica, no último instante, fora motivo de júbilo. Até mesmo o *oni* estava entusiasmado com a reação daquele gigante. Chegara a hora de entregar o almejado prêmio: o machado duplo. Aburimako mandou que viesse até o palanque oficial onde ele estava sentado, rodeado de suas mulheres e seus ministros, além de filhos e convidados ilustres. Ele receberia o troféu que havia sido confeccionado para essa ocasião. Era uma beleza, mas um pouco pesado, só servindo como mostra de sua inequívoca vitória, mas nunca como arma.

Ainda bufando sob o calor intenso que sentia, Okanbi respirava com enorme dificuldade e suava profusamente debaixo da túnica curta. O guarda chamou-o para receber o machado e ele dirigiu-se para o palanque, com passos pesados, e subiu os três lances de escada até onde estava Aburimako. O *oni* disse algumas palavras e lhe entregou o machado. Era de ferro trabalhado e pesava perto de quinze quilos, além de ser grande, com um cabo de mais de cinquenta centímetros de madeira artisticamente trabalhada. Okanbi segurou-o nas mãos e escutou as últimas palavras de Aburimako.

– Valoroso guerreiro, tire sua máscara e revele-nos quem é para louvarmos os seus ancestrais que lhe deram a vida e a sua força.

Com cuidado para não ferir o rosto, pois a máscara ficava absolutamente colada à sua cabeça, Okanbi retirou lentamente a máscara. Parecia que o tempo parara e um pesado silêncio desabara sobre todos. Nem mesmo as aves do céu voavam e todas as atenções estavam voltadas para ele e, aos poucos, a máscara foi revelando as indefectíveis feições de Okanbi.

Assim que ela saiu e todos puderam ver quem era, um *oh*! tomou conta da plateia. Aburimako estava perplexo. Ele não estava morto, afinal de contas? E agora o que devia fazer? Ficar calado. Não poderia mandar matá-lo na frente de todos. Assim como Aburimako ficou estarrecido, as pessoas que haviam chegado a uma distância mínima para vê-lo começaram a murmurar o seu nome. Em poucos segundos, seu nome começou a ser ovacionado.

– Okanbi voltou. Ele não estava morto.

– Okanbi voltou para nos ajudar. Ele é nossa esperança, ele é nossa salvação. Ele cumpriu com sua palavra. Ele é Oranmyan.

– Oranmyan é o nosso *oni*.

A partir daquele momento, Okanbi seria conhecido como Oranmyan, a contração de O*ron mi yon* – minha palavra foi realizada.

Os gritos não tinham uma ordem unida, mas nessa hora a revolta contra Aburimako encontrou na figura de Oranmyan o seu líder, a sua esperança. Todo ódio represado contra Olabisi e, agora, contra Aburimako estava a ponto de explodir e bastaria uma ordem de Oranmyan ou o grito mais forte de alguém e o povo atacaria o palanque e mataria todos os que estivessem ali, incluindo as crianças e os velhos.

Neste instante, Oranmyan viu a sua espada na cinta de Aburimako e aproveitando que o rei estava abismado e assustado com a intensa balbúrdia que estava acontecendo, aproximou-se do rei. Sem violência, ele a retirou, com a bainha e a cinta, dizendo, com um sorriso nos lábios:

– Creio que isto me pertence.

De tão aturdido que estava, Aburimako nem chegou a sentir que Oranmyan lhe retirara a cimitarra da cintura. Oranmyan sentiu que bastaria um movimento e ele poderia matar Aburimako, mas a força comandante não desejava a morte deste homem. Cada coisa viria a seu tempo. Então, possuído dessa mesma força, ele elevou a voz, dizendo:

— Povo de minha terra, eu sou Oranmyan, filho de Odudua. Desejo paz para todos e nenhum sangue deve correr nesta festa em louvor ao meu irmão Ogun, para não atrair sua maldição. Convido todos a irmos ao bosque santo louvarmos o grande orixá.

Deste modo, ele apaziguou a turba que parecia querer ficar infrene e, nessas horas não se sabe do que ela é capaz. Ele salvara a vida de Aburimako e de todos os presentes, além da pequena guarda que o *oni* destacara; jamais imaginara a possibilidade de vir a ser linchado em praça pública. Com estas palavras, o imenso cortejo foi se dirigindo para o norte da cidade para o bosque sagrado de Olokun, mãe de Ogun, que ficava a poucas centenas de metros do palanque de Aburimako. Assim que o *oni* viu o povo encaminhar-se para tal área, saiu apressadamente com toda a sua comitiva para o interior do seu palácio e mandou reforçar a guarda.

Oranmyan parou na frente do monólito de Ogun, em Okê Mogun, e prostrou-se. Após se levantar, ele bradou para todos escutarem:

— Descontentes de Ifé, reúnam suas famílias e seus pertences e eu os levarei para uma nova terra, onde poderão viver em paz, longe da tirania que se instalou na nossa amada *Ilê Nfé*.

A maioria que estava ali viera de outros lugares e o discurso não era para eles, porém mais da metade dos que eram de Ifé eram homens que não tiveram oportunidade de prosperar e o discurso calou fundo.

— Aos que desejarem partir comigo, informo que sairei amanhã, com os primeiros raios do sol. Vocês não têm muito tempo para se decidirem, mas façam-no já para não se arrependerem amanhã.

As pessoas estavam atônitas. Que reviravolta! Que fatos inesperados! Vieram para os jogos e, subitamente, viam-se na expectativa de mudarem de vida.

— Grande homem, para onde você pretende nos levar?

A resposta saiu imediata, como se tivesse sido longamente planejada. Era Okanbi falando ou algum espírito manifestando-se através de sua boca? Seria o espírito de Ogun que voltara para liderar seu oprimido povo para a liberdade?

— Eu os levarei para as bandas do rio Osé, além de Ogotun.

Ninguém conhecia bem a região; se conhecessem teriam medo das tribos igbôs ali existentes. Até mesmo Okanbi surpreendeu-se com a resposta que dera. Todavia, a firmeza da resposta de Oranmyan deu-lhes a certeza de que essa era a hora de partir.

Oranmyan passou a responder às dúvidas bem prosaicas dos que tinham interesse em partir. Eram perguntas de respostas óbvias, tais como se deviam levar toda a família, o gado e seus pertences ou se deviam ir somente os homens e depois virem buscar as mulheres. Não, ele respondia, todos deviam ir com toda a família e seus objetos e riquezas.

Durante mais de uma hora, as pessoas foram-se aproximando, fazendo perguntas e discutindo os eventuais problemas entre si. Oranmyan passou a planejar aquilo que não fora sequer pensado. Durante anos, ele imaginara uma situação completamente diferente; acreditava que poderia destronar Olabisi e, depois, Aburimako, e fazer um governo de justiça e fraternidade.

Todavia, mesmo que tal ideia pudesse parecer estapafúrdia e extemporânea, Okanbi havia sido intuído sobre a possibilidade de se instalar além do rio Siluko. Já havia estado em tal local e vira que era propício para a implantação de uma aldeia bem protegida. Enquanto estivera em Empé, tivera a oportunidade de discutir o assunto com Tsoedé e ele confirmara que o local podia abrigar um grupo de dissidentes de Ifé. Portanto, ao ver que para tomar o poder em Ifé teria que gerar uma guerra civil, ele preferiu formar sua própria cidade com os descontentes de Ifé. Sem que ele soubesse, os espíritos de Odudua e Ogun o haviam conduzido, protegido e intuído sobre este novo passo em sua existência.

À medida que as pessoas foram embora, Oranmyan ficou apenas com seus trinta amigos que haviam vindo de Empé e as perguntas choveram novamente sobre ele. Para onde os levaria? Para aquele território que eles haviam investigado alguns anos antes? Como atravessariam os rios? Como viveriam até chegar lá? Quem iria com ele? E sua mulher Onira, quem a avisaria?

Após definir tudo isto, Oranmyan foi apossado de um sono avassalador e dormiu agarrado com a sua cimitarra, que ele recuperara, e o *oxé* – o machado duplo – que conquistara. Estava tão exausto que dormiu como uma pedra.

Quando o sol se levantou, uma balbúrdia despertou Oranmyan. Lá estavam os descontentes que desejavam partir. Nessa hora, ele sentiu medo. O que fizera? O que prometera? Não tinha como retroceder. Após comer algo, tomaram o caminho sudeste em direção a Ogotun. Somente um dos seus amigos nupês iria com ele, pois daquele grupo que fora naquela incursão ao território igbô, só tinham vindo três, sendo que os outros dois não quiseram acompanhá-lo numa aventura que tinha tudo para dar errado. Oranmyan pediu para avisar à sua mulher de que voltaria numa lua.

Um dos amigos nupês que retornou a Empé levou o *oxé* e entregou a Onira, contando-lhe os feitos do marido e dando-lhe seu recado. Ela recebeu o machado duplo e desdenhou dele: o que era um *oxé* para uma mulher que se sentia abandonada? Ela colocou-o num lugar qualquer da casa, deixando-o esquecido.

Com certeza, o espírito de Ogun liderou espiritualmente essa caravana de seis mil pessoas, entre homens, mulheres e crianças, pois tudo correu a contento. Quase não havia velhos, com exceção de umas trinta mulheres, mães de imigrantes, que não tinham nada que as prendesse em Ifé.

Aburimako foi avisado pelos seus espiões, com atraso de dois dias, de que Oranmyan levara muitos habitantes da cidade. Ninguém sabia precisar quantos, mas como a cidade tinha perto de sessenta mil pessoas, as seis mil que partiram não representaram muita coisa, especialmente porque eram quase todos miseráveis, desprovidos de riqueza material. Aburimako teve uma reação diferente da que teria, normalmente, um tirano. Um déspota pensaria não naqueles que partiram, mas principalmente nos que ficaram. Sua autoridade não podia ser contestada. Desse modo, ele mandaria sua cavalaria atacar e dizimar os fugitivos, trazer alguns como exemplo para os demais da cidade e os mataria numa cerimônia pública, demonstrando patentemente qual é o fim de qualquer insídia. Mas Aburimako temia Oranmyan e saber que ele estava longe era motivo de júbilo, como se fosse uma tempestade terrível que passara, o que alegra a quem conseguiu sobreviver à sua fúria. Que leve aqueles idiotas, que morram atravessando os rios, que os igbôs cortem suas cabeças e as espetem no topo de suas lanças, foi o que Aburimako desejou para todos os fugitivos e, num rasgo de raiva impotente, levantou-se de sua cadeira e retirou-se para o interior do palácio. Ele transferira seu problema para os rios da região e para os igbôs.

A distância de Ifé a Ogotun era pouco menos de cinquenta quilômetros, que foram cobertos em três dias de andança normal. Os que partiram não tinham quase gado bovino, mas conseguiram juntar algumas cabeças de cabras e carneiros. A maioria era jovem e tomara a resolução de partir sob o efeito do impacto emocional. Como a viagem foi tranquila, eles não desistiram de seu intento. A travessia do rio foi feita por uma barcaça que existia, e tomou vários dias.

Em Ogotun, Oranmyan visitou sua mãe. Não se viam há quase vinte anos. Desde os doze anos de idade que Lakanje partira sorrateiramente do palácio de Odudua, deixando o adolescente aos cuidados de Olunwi. Não era intenção de Oranmyan visitar Ogotun, mas era o caminho mais plausível devido às barcaças que faziam a travessia do Siluko.

Em Ogotun, ele perguntou por Lakanje e lhe deram a direção de sua casa. Ao chegar à porta, viu um homem sentado, afiando uma enxada e perguntou-lhe se ele conhecia Lakanje. O homem olhou-o com certa desconfiança e lhe respondeu:

– Quem quer falar com ela?
– Eu sou filho dela.

A resposta deixou o homem desconcertado, mas logo se recuperou e deu um grito, chamando pela esposa. Em instantes, a mulher apareceu na porta e viu aquele homenzarrão com a pele manchada. Desagradou-se visivelmente de sua figura. O marido lhe disse que era seu filho e ela fez cara de espanto:

– Pensei que você tivesse morrido!
– Não. Estou vivo.

O homenzarrão abraçou-a e, na sua emoção, nem sequer sentiu que ela se deixou abraçar, mas não retribuíra o amplexo. Após esta manifestação de carinho, eles entraram na casa e colocaram as suas vidas em dia. Serviram um vinho de palma a Oranmyan e foi nesta hora que ele sentiu que a recepção estava indo de fria a glacial. Como não era homem de ficar em dúvida e viera com muitas, decidiu que seria o momento azado para dirimi-las.

– Muita gente me tem dito que sou realmente filho de Ogun e não de Odudua. Qual é a verdade?

Com uma expressão de desgosto, Lakanje começou a sua longa história e contou-lhe tudo desde o início. Todavia, quando relatou o ato de amor entre ela e Abalaju, não disse que se entregara a Ogun num misto de medo e de desejo por conhecer intimamente tal herói. Contou-lhe uma versão deturpada, dizendo que Ogun a possuíra à força, por mais que ela não quisesse.

– Então Ogun é meu pai?
– Não, seu pai verdadeiro é Odudua, pois foi ele que o criou.

– Mas por que você fugiu e me deixou com ele?

Durante mais alguns minutos, Lakanje contou-lhe a sua versão dos fatos, ou seja, que ela era desprezada no palácio de Odudua, tanto pelas mulheres como pelos homens. Contou-lhe da morte de Asessu, de como as pessoas passaram a tratá-la, imaginando que ela era a preferida de Olunwi, mesmo que o ancião jamais a tivesse tocado. Um dia ela conheceu um chefe guerreiro de Ifé e os dois se apaixonaram e resolveram fugir. Todavia, aquele chefe jamais poderia partir sem antes falar com Odudua.

– E? – perguntou Oranmyan, vendo que sua mãe fizera uma pausa excessivamente longa.

– E nada. Ele foi falar com Olunwi, que mandou me chamar. Perguntou-me se gostava dele e se pretendia levar você comigo. Disse-lhe que sim, mas Odudua disse-me que você era o filho que ele mais amava e que, agora que sua vista estava falhando, ele precisava de você. Disse-me que eu era livre para partir e até me dava uma carroça de presentes, mas que deveria deixá-lo com ele.

– Entendo.

Baixando os olhos, Lakanje nada mais falou. Oranmyan descobrira o que desejava e nada mais tinha a fazer lá. Era visível que sua presença constrangia sua mãe e ele lhe deu um beijo na mão, disse-lhe palavras de elogio e saiu da casa. Assim que a brisa fresca lhe bateu no rosto, ele sentiu que era um homem afortunado: tinha dois pais e ambos eram grandes orixás.

A caravana partiu de Ogotun em direção ao rio Osé. Três homens de Ogotun partiram com ele, pois disseram que havia um local mais ao norte, onde o Osé não passava de um riacho e que poderia ser vadeado com facilidade. Até o ponto final de sua viagem, eles levaram mais cinco dias e ficaram felizes com o local que Oranmyan havia escolhido. A água era abundante, e havia uma planície excelente para agricultura e pecuária. A tribo de igbôs mais próxima ficava a mais de dez quilômetros, o que era uma tranquilidade para todos, pois dificilmente seriam atacados por eles. A savana era entremeada com pequenas florestas que permitiam a atividade extrativistas de madeira.

Oranmyan articulou a construção da aldeia, deixou alguns homens no comando e resolveu visitar a aldeia igbô. Ele colocara isso na sua mente; achava que as duas aldeias deviam ser amigas e que a paz era fundamental para que a nova aldeia prosperasse.

Os igbôs o receberam bem e sua simpatia os cativou. Ele falou com o *oba* da aldeia, dizendo que um grupo de pessoas havia se instalado a certa distância e que todos queriam viver em paz. O *oba* ficou tão feliz com a ideia que mandou matar um homem em louvor aos antigos deuses para comemorar a chegada dos forasteiros. Foi neste instante que Oranmyan entendeu as intuições que lhe chegavam às catadupas e que ele repudiara sem sequer se dar o trabalho de analisá-las. Ele viu que os igbôs eram extremamente primitivos e que parte de sua cultura haveria de ser absorvida pelos habitantes da nova aldeia. Agora era tarde e ele retornou fazendo inúmeras considerações sobre o perigo da cultura igbô, especialmente no que tangia à degolação de cabeças, aos sacrifícios humanos e a outras abominações.

A chegada de Oranmyan à aldeia foi festejada e as construções já estavam em estado adiantado. Ele pensou em partir, mas seguindo sua intuição, ele resolveu ficar para montar uma força militar atuante. Ele sabia que para se manter a paz, era preciso preparar-se para a guerra. Selecionou cerca de mil homens, construiu forjas e, mesmo não sendo guerreiro, deu valor às armas. Preparou-os para a guerra, ensinando-os a combater, a atirar com arco e flecha, assim como a montar nos cavalos e manobrar rapidamente no campo de batalha.

Por outro lado, os homens que haviam imigrado eram pobres e precisavam de hematita para tocar a única forja, assim como de implementos agrícolas, novas cabeças dos vários tipos de rebanhos e, principalmente, de mulheres. Sem elas, além de existirem vários problemas de ordem prática, também a população não cresceria à velocidade necessária. Nesse ponto, os homens resolveram seu problema de um modo que Oranmyan não gostou, mas quando descobriu já era tarde.

Haviam se passado vários meses e, a cada dia, ele prometia a si mesmo que partiria na próxima semana, mas Benin, pois este era o nome da cidade, tinha tantos problemas de ordem particular que ele ia se demorando cada vez mais. Quando conseguiu bastante inhame, resolveu que o trocaria na cidade de Irê, onde seu irmão Onirê, como era chamado, reinava. Ele sabia que seria bem recebido, como de fato o foi e fez excelentes negócios, trocando suas mercadorias e ainda ganhando de presente diversos implementos agrícolas, carroças e cavalos novos.

Enquanto Oranmyan estava fora, os homens, sob o comando de um dos seus braços direitos, atacou a aldeia igbô, matou os homens e trouxe cerca de oitocentas mulheres. Quando Oranmyan voltou e descobriu o ocorrido, ficou revoltado e alertou-os para o fato de que tinham cometido uma ignomínia intolerável. Partiu no dia seguinte, sozinho, montado no seu cavalo, após ter ficado dois anos e meio afastado de sua esposa. Terminara sua missão na cidade de Benin.

60

Mesmo que estivesse excitado com seu retorno a Empé, a viagem não teve novidades e Oranmyan chegou em poucos dias. Dirigiu-se à sua casa e adentrou o lar com o coração aos pulos. Onira estava com uma criança nua de pouco menos de dois anos no colo, atravessado na sua lateral, enquanto cozinhava num tosco fogão. Ele a chamou e o rosto de Onira iluminou-se com um sorriso ao vê-lo, para logo em seguida fechar os cenhos numa visível impressão de raiva. Ele abraçou-a e perguntou se aquele era seu filho.

– Sim, é Onigbori.

Ele tentou beijá-la, mas ela virou o rosto e ele lhe perguntou:

– O que foi, minha mulher? Você não está feliz por me ver?

– E por que deveria estar? Você desaparece por mais de dois anos e aparece como se estivesse fora por alguns dias! Vocês homens são todos iguais, umas crianças, completamente irresponsáveis. Enquanto você estava-se divertindo, fazendo sabe-se lá o quê, eu estive aqui sozinha. Tive que parir e cuidar de Onigbori sozinha, enquanto você provavelmente estava frequentando o leito de alguma outra mulher.

Oranmyan quis dizer que não era verdade, mas a mulher não deixou. Para complicar a situação, a criança, assustada com as vociferações maternas e a presença de um estranho, desandou a chorar.

– Veja o que você fez. Assustou a criança. Realmente você é um estafermo, que não faz nada direito.

De nada adiantava discutir; ele conhecia bem sua mulher e sabia que suas explosões eram violentas, mas logo se acalmaria e voltaria ao normal. Respirou fundo e manteve o sorriso amarelo, um pouco abobado, enquanto a mulher despejava sua raiva contida pela sua ausência de dois anos.

Após vê-la acalmar-se, saiu e foi visitar os amigos. Soube que Tsoedé morrera e seu filho agora reinava. Como ele se dava bem com ele, foi visitá-lo e ficaram algumas horas colocando em dia as novidades.

Quando Oranmyan voltou para casa, encontrou uma Onira mais calma e surpreendentemente meiga. Com um sorriso maroto nos lábios, ela o levou para cama e o amou sofregamente, como se soubesse que não o teria por muito mais tempo. Onira era assim: um vulcão em ebulição que, depois de ter vomitado toda a sua lava, voltava a ser uma tranquila montanha. Muitos a definiriam, no futuro, como sendo um mar revolto que, após a tempestade, volta a ser plácido, mas sempre à espera da próxima tormenta para mostrar sua fúria.

Os dias passaram-se calmamente e tudo parecia ter voltado ao normal. Ele preocupava-se com a aldeia de Benin, pois não tinha confiança no homem que deixara no comando. Mal sabia ele que eles haviam descoberto que tinham uma força militar poderosa e que poderiam vencer qualquer das aldeias igbôs da região. Após terem destruído a primeira, eles não se contentaram com as oitocentas mulheres que aprisionaram, além do gado. Resolveram que iriam fazer reides similares em outras aldeias da região e, de forma meticulosa, planejaram os ataques. Tal atitude não poderia ficar impune e, após o terceiro ataque, as aldeias da região uniram-se contra Benin e caminharam para atacá-la. Houve um combate feroz no qual os habitantes de Benin venceram, mas com um custo de vidas muito elevado. Quando a batalha, que foi travada perto de Benin, terminou, eles contaram trezentos homens mortos ou gravemente feridos, enquanto o mal equipado e desorganizado exército igbô contava mais de dois mil mortos. Podia dar a impressão de uma grande vitória, mas, na realidade, se a guerra continuasse com outras batalhas similares, no final, os benins seriam eliminados pelos igbôs. Nessa hora, tendo perdido o principal comandante militar na batalha, e com medo de que novas forças igbôs fossem mobilizadas contra eles, enviaram um mensageiro a Empé à procura de Oranmyan.

Como a reação de Onira era imprevisível, o gigante imaginou que ela iria repreendê-lo por partir novamente, mas estranhamente, nessa hora, ela adotou uma posição racional. Ao saber da extensão do problema, ela foi a primeira a incentivá-lo a partir. No entanto, Oranmyan não era um néscio que iria aventurar-se sozinho em terras estranhas, achando que somente sua força pessoal ou a de suas palavras iria trazer a paz. Conversou longamente com Fagbemi e obteve uma força militar de peso, com setecentos cavaleiros e dois mil guerreiros a pé. Ele não pretendia atacar os igbôs, mas precisava de uma posição de força para obrigá-los a pedir a paz.

Oranmyan chegou a Benin na véspera de um novo confronto. Dessa vez, os igbôs vinham mais bem armados, mais disciplinados e sob o comando de um guerreiro de Ifé. Esse homem era um igbô que morava em Idetá-Ilê, perto da casa de Adjagemo. Havia anos que os igbôs estavam submissos aos ifés, mas ele jamais deixara de sonhar com a vitória final do seu povo. Ao saber que os igbôs estavam sendo destruídos sistematicamente pela aldeia de Benin, ele foi até uma das aldeias e conseguiu convencer os igbôs a mobilizarem-se numa guerra santa. Com isso, ele pretendia varrer Benin do mapa, unir mais e mais igbôs e atacar as principais aldeias da região, que eram fiéis a Ifé, e destruí-las. Tendo destruído a base econômica de Ifé, ele a cercaria, impedindo que recebesse alimentos. Quando Ifé estivesse enfraquecida, ele pretendia queimá-la até o chão.

Seu plano era simples, mas exigia muito mais esforço do que se pode imaginar. A maior dificuldade era unir aldeias que se odiavam há séculos, mas ele soube usar o respeito ao grande orixá, Oxalá, único elo de ligação entre elas. Apresentando-se, pois, como sucessor do último Oxalá, dizendo-se sobrinho de Adjagemo, o que era verdade, ele conseguiu um feito raro: unir as tribos igbôs da margem ocidental do rio Níger. Treinou-os, ensinou-os a montar a cavalo, levou armas de ferro de qualidade superior e juntou um exército de três mil homens, dispostos a uma terrível vingança. Ele esperava ganhar a batalha de Benin e, com isso, unir as tribos esparsas da margem oriental. Se ele conseguisse isto, poderia ajuntar um exército de vinte mil homens, o que, para época e para o local, seria uma força colossal, um verdadeiro rolo compressor, e Ifé cairia em meses.

Os combates entre os igbôs e as tropas nupês e de Benin, sob o comando de Oranmyan, duraram meses; a cada vitória das forças coligadas, os igbôs pareciam multiplicar-se e novo exército se formava. Não houve uma batalha decisiva; quando a situação durante os combates ficava muito difícil, os igbôs recuavam e entravam nas florestas que beiravam o grande delta do rio Níger, e Oranmyan tinha receio de persegui-los num terreno tão pouco propício e desconhecido.

Finalmente, após oito meses de combates, escaramuças e de muito sangue, Oranmyan posicionou suas tropas de tal forma que o chefe dos igbôs achou que poderia finalmente vencer. Lançou-se impetuosamente ao ataque para ser barrado por uma parede de arqueiros escondidos entre o capim baixo da savana. Quando viu que seu ataque não iria surtir o efeito desejado, ele fez o movimento que sempre fazia: retirar-se para as florestas. Só que tudo havia sido previsto por Oranmyan. Desta vez, ele cortou a retirada dos igbôs com uma carga de cavalaria que estivera escondida num bosque vizinho, esperando o momento oportuno.

Os igbôs foram presos entre duas forças: os arqueiros que despejavam flechas mortíferas e a cavalaria que cortara sua retirada. Eles lutaram como demônios, mas foram vencidos pela manobra militar de Oranmyan. O mais importante desta batalha é que o líder dos igbôs foi morto por uma flecha e, ao se verem acéfalos, renderam-se ou fugiram pelo rio, largando armas, cavalos e armaduras. Oranmyan viu que devia transformar a vitória militar num triunfo político. Poupou os igbôs, negociou uma paz entre as tribos e ajuntou todos sob a influência de Benin, mas substituiu os comandantes de Benin por pessoas mais velhas e menos belicosas do que os anteriores. Selou a paz com vários casamentos entre os benins e os igbôs, assim como instituiu o comércio entre eles.

Se a vitória militar levara oito meses, consolidar a paz e estabelecer as bases para um próspero relacionamento entre Benin e os igbôs levou cinco anos. Neste período, ele trouxe a família dos guerreiros nupês que ficaram para fiscalizar os acordos feitos, assim como a sua própria família. Mas quando foi até Empé para trazer Onira, a mulher recusou-se a ir a Benin. Ela não brigou nem fez escândalo, mas disse-lhe que seu destino era ser um andarilho, porém, ela tinha que cuidar do seu filho naquele lugar, entre os seus. Ele que fosse para Benin e administrasse a paz até que ela se tornasse duradoura.

Oranmyan, no entanto, fez valer sua autoridade e disse à mulher que seu lugar era ao seu lado e que o menino também precisava de um pai. Neste momento, ela quis redarguir, mas ele manteve-se firme e, mesmo contrariada, a família partiu com Oranmyan. Ele retornou rapidamente a Benin; tinha receio da aliança incipiente que costurara. Era como um recém-nascido que precisava ser cuidado, senão morreria na primeira oportunidade. Em Benin, ele tomou uma igbô como esposa numa dessas alianças com um dos reis de importância na região, de um grupo de tribos chamados edos. A fusão dos edos – um ramo dos igbôs – e os benins, trouxe a paz almejada por Oranmyan.

A mulher, chamada Ibisotó, achou-o extremamente atraente exatamente por ter a pele manchada. Esta mulher deu-lhe três filhos, um em seguida ao outro, o que o fez sentir-se extremamente bem: um menino que foi chamado de Eweka, e mais duas meninas lindas, as quais muitos anos depois se casaram com príncipes da região, gerando extensa descendência.

Desde a mais tenra idade, Eweka demonstrava que seria um excepcional rei; tinha uma majestade toda própria. Aos oito anos, aprenderia a manejar o arco e flecha, mas se destacaria na esgrima. Era também avantajado como todos os filhos de Oranmyan, mas esguio. Tornar-se-ia rei de Benin aos dezoito anos, e poucos lugares puderam ter um rei mais justo, leal e preocupado com seus súditos. Ele ampliou sua influência sobre os territórios vizinhos e sua descendência igbô sempre o ajudou a conversar e ser aceito com os demais igbôs da região. A mistura dos igbôs locais, com os ifés e muitos nupês que vieram com Oranmyan formou um povo chamado de edo – os ifés o chamariam de bini – , mas que manteve a língua ioruba e muitos costumes igbôs e ifés. Eweka adotou o título de *ogiso* – rei dos céus – para sua linhagem.

Onira e Ibisotó se deram muito bem. Estranhamente, a primeira esposa do gigante gostou do jeito meigo e tranquilo da igbô, e não tiveram dificuldades de relacionamento. Onira amava o marido e, como fora acostumada desde pequena que os homens eram polígamos, não criou dificuldades para a bela Ibisotó. Na realidade, Oranmyan é que soubera conduzir o assunto; colocou a situação como uma necessidade política e Onira, mais amadurecida, achou que seria bom que ele tivesse uma esposa igbô e pudesse, dessa forma, selar um pacto entre os antigos habitantes da região e os recém-chegados.

Tudo parecia correr bem, todavia, os orixás tinham outros planos para Oranmyan, pois, como filho de dois pais, ele herdara as características de ambos. Por influência de Ogun, teria sempre que guerrear; e, por inspiração de Odudua, teria que ser o pacificador, a cabaça da vida.

61

No final do sexto ano, Oranmyan recebeu um mensageiro que veio de Ifé. Ele apresentou-se como sendo um dos conselheiros de Aburimako, o *oni* de Ifé, e pediu para parlamentar com Oranmyan. No meio da conversa, ele disse que o *oni* de Ifé desejava conversar com ele, e pediu que fosse até a cidade santa. Oranmyan não desejava encontrar-se com Aburimako e respondeu que não iria a Ifé por nada deste mundo. O homem partiu sem revelar o motivo pelo qual Aburimako tanto desejava conversar com ele.

Dois meses depois, uma comitiva foi avistada pelas sentinelas de Benin, e avisaram Oranmyan do fato. Ela era constituída de guerreiros a cavalo, mas também vinham mulheres e crianças, portanto, não era um exército de guerra; tal força militar não viria com poucos guerreiros e mulheres e crianças. Oranmyan mandou um grupo de soldados perguntar o que queriam e, ao retornar, disseram-lhe que Aburimako em pessoa estava vindo para conferenciar com ele. Se Oranmyan não ia a Ifé, Ifé ia a Oranmyan. Qual seria o assunto, perguntou-se Oranmyan, preocupado, pois não confiava no *oni* de Ifé.

Assim que Aburimako adentrou Benin, Oranmyan mandou que o levasse ao salão de reuniões, uma casa separada, quadrada, com um teto alto. Os guerreiros locais cercaram a comitiva do rei de Ifé para ver se ele estava armado, mas sua segurança pessoal era mínima. Era óbvio que ele viera em paz.

Mesmo desconfiado de algum ato traiçoeiro, Oranmyan recebeu Aburimako e surpreendeu-se com o aspecto cadavérico do *oni*. Aburimako sempre fora um pouco adiposo, mas agora perdera peso e, se ainda tinha um aspecto imponente, era devido ao seu tamanho e sua estrutura óssea larga. Entrara no salão com certa dificuldade, quase arrastando os dois pés. Oranmyan estranhou que um homem de cinquenta e poucos anos se comportasse como se fosse muito mais velho.

Os dois líderes sentaram-se e Aburimako pediu, em voz baixa e fraca, que a audiência fosse particular e Oranmyan, que estava com sua famosa cimitarra na cinta, fez um gesto altivo e todos se retiraram. Aburimako estava visivelmente ofegante e Oranmyan perguntou-lhe se ele queria algo. Ele falou num arranco que gostaria de beber água. Oranmyan gritou por um serviçal que estava distante e deu-lhe instrução para que trouxesse água e acepipes, mas Aburimako disse-lhe que só a água seria suficiente. Trouxeram-lhe água e serviram-no. Ele bebeu e esticou-se na cadeira, respirou fundo e olhou para Oranmyan.

Começaram a conversar sobre assuntos familiares, com Aburimako perguntando mais do que falando. Oranmyan respondia-lhe de modo agradável. Era visível que o homem estava muito doente. Após dois minutos de prosa, Aburimako entrou no assunto.

Durante alguns minutos, ele historiou a sua situação com uma sinceridade que desarmou o espírito prevenido de Oranmyan. Disse-lhe que era um péssimo governante, que seguira os conselhos de Olabisi, seu pai. Extorquira o povo, perseguira inimigos, mas conseguira uma única coisa boa: fazer de Ifé um grande mercado, onde se trocavam mercadorias de toda a região. No entanto, pagara, ou melhor, retificando a sua própria frase, estava pagando um preço elevado. Ele teve nos últimos anos três revoltas populares que foram aplacadas à custa de muito sangue. Seus ministros e seus filhos fizeram um complô para assassiná-lo e quase o conseguiram. Ele foi salvo no último instante pela sua guarda. O que o deixara mais arrasado era o fato de que os seus filhos – seus amados filhos, aqueles meninos que ele segurara no colo – , queriam matá-lo e ele foi obrigado a executá-los em público. Aquilo o acachapara definitivamente. Passou a ter ódio do poder, mas como se livrar dele, se era a única coisa que o mantinha vivo? Para complicar, descobriu que duas de suas mulheres, que lhe juravam fidelidade e amor eterno, o traíam descaradamente com homens mais jovens. Ele também mandou executá-las; não ficaria bem um rei ser traído pelas suas mulheres e elas saírem impunes.

Horrorizado com a quantidade de execuções e mortes, Oranmyan escutava o rosário de lamúrias de Aburimako sem interrompê-lo. Ele disse que agora tudo piorara terrivelmente. Oranmyan perguntou-se que mais poderia ter acontecido de trágico àquele homem. Ele não se fez de rogado e contou-lhe que seus demais filhos e filhas, assim como algumas de suas mulheres, fugiram de seu palácio e se homiziaram em reinos distantes. A maioria das suas mulheres voltou para a casa paterna, onde encontraram refúgio seguro. Ele não tinha como buscá-las a não ser que fizesse guerra contra vários reinos e tribos simultaneamente. Se elas fugiram, problema delas, mas o que o deixara preocupado é que ele não tinha mais herdeiros adultos. Somente seu filho Adjabô permanecera, mas era um menino de seis anos e não poderia governar antes da maioridade. Para complicar, Aburimako contou que consultara os *babalaôs* e eles informaram que seus inimigos lhe haviam feito um feitiço. Nada do que ele comia parava no seu estômago. Ele evacuava sangue e tudo o que comia ardia ou o enjoava a ponto de vomitar.

Finalmente, Aburimako disse que mandara chamá-lo quando ainda estava relativamente bem, mas, como não viera e ele piorara muito, resolveu vir antes que fosse assassinado e o seu trono fosse tomado por algum usurpador. Oranmyan estava verdadeiramente condoído com a situação daquele homem. Realmente ele fizera por onde e estava colhendo as urtigas que plantara, mas era um ser humano vencido e doente e, como tal, merecia respeito.

Antes que Oranmyan perguntasse o que Aburimako desejava, ele lhe disse o motivo de sua visita:

– Conheço o seu caráter reto. Sei do excelente governo que você está fazendo aqui e reconheço que o povo o ama e o respeita. Em Ifé, você é muito considerado. Tenho uma proposta e peço-lhe que medite bem antes de responder.

Aproximando-se dele, Oranmyan aumentou sua atenção, enquanto Aburimako fazia um esforço enorme para expressar-se. A proposta era que Oranmyan fosse imediatamente para Ifé, levando quem desejasse e toda a sua guarda pessoal. Ele, Aburimako, afastar-se-ia do governo imediatamente, mas permaneceria no palácio, pois era sua casa. Oranmyan assumiria o governo da cidade como *oni*. Poderia fazer o que quisesse sem consultá-lo, pois o *ifá* havia lhe dito que a feitiçaria que haviam feito era irreversível e que ele iria morrer em breve. Todavia, deveria proteger o trono para seu único filho Adjabô. Deveria trazer o menino para perto dele, protegê-lo, ensiná-lo a governar e, no momento propício, entroná-lo.

Aburimako terminou a sua alocução, dizendo que, se por acaso ele não assumisse o trono, ele sabia que ele, Aburimako, não duraria mais do que algumas semanas, porque já existiam complôs para matá-lo. Oranmyan, que ficara calado todo o tempo, questionou-o:

– Quem me diz que não serei morto também? Aburimako respondeu-lhe com sinceridade.

– Não há garantias. Pode acontecer, mas você é mais jovem, mais arguto e com saúde para enfrentar os abutres que querem o trono. A única coisa que lhe peço é que não ceda o trono para nenhum dos meus filhos que fugiram. O verdadeiro *oni* deverá ser Adjabô.

Os dois ficaram em silêncio por longos cinco minutos; Aburimako pensava em sua vida e em como ele a tinha desperdiçado, ao tempo que Oranmyan avaliava todos os problemas. Ele estava para recusar quando sentiu a presença espiritual de um poderoso ancestral. Ele fechou os olhos e rezou:

– "Poderoso ancestral, seja você quem for, pela força e poder que você tem, dê-me seu conselho."

Ele ainda estava terminando a sua prece, quando lhe pareceu escutar a voz de um ancião, que docemente lhe dizia:

– Aceite a proposta de Aburimako e proteja meu trono.

Nessa hora, parecia a voz doce e forte de Olunwi, o Odudua. Contrariando todas as razões que lhe diziam para não se meter nesse vespeiro de problemas, ele olhou para Aburimako e respondeu-lhe:

– Aburimako, eu aceito sua proposta e respeitarei seus desejos.

Assim falando, ele tirou a cimitarra da cinta e beijou a ponta da arma, jurando por Ogun.

62

Seis dias depois da conversa que tivera com Aburimako, Oranmyan deslocou-se para Ifé. Nesse ínterim, ele organizou a cidade para que não sentisse sua falta, no entanto, estabeleceu que guerras e novas expedições exploratórias da região só poderiam ser feitas com sua aquiescência. Queria evitar novos confrontos com outras tribos igbôs, mais ao sul, com as quais ele jamais tivera tempo de fazer alianças.

A chegada a Ifé não foi digna de nota; chegaram quase ao anoitecer e ninguém os viu. Assim, foram direto ao palácio. No outro dia, Aburimako convocou uma grande assembleia para dentro de três dias, tempo suficiente para avisar todos os notáveis da cidade. No dia marcado, Aburimako apresentou Oranmyan como seu sucessor. Ele ficaria afastado por motivo de doença e tudo deveria ser tratado com Oranmyan.

As pessoas presentes escutaram caladas, num silêncio inquietante. Não dava para se saber se estavam felizes, apreensivas ou indiferentes. Quando Aburimako terminou de falar, levantou-se de seu trono, mais uma poltrona do que um sólio pomposo, e fez Oranmyan sentar-se nela. Depois disso, prosternou-se à sua frente e beijou-lhes as mãos. Oranmyan beijou-lhe as mãos de volta em sinal de respeito. Com muito esforço, Aburimako saiu da sala do trono sem olhar para ninguém; seu rosto estava crispado de dor pelo esforço físico e moral de ter-se prosternado à frente do seu sucessor. Começou uma procissão de pessoas que vieram tomar a bênção de Oranmyan, prosternando-se e beijando-lhe as mãos. Esta cerimônia durou duas horas, pois existiam mais de duzentas pessoas no salão.

A notícia espalhou-se com rapidez e, no outro dia, até as crianças sabiam que o novo *oni* era Oranmyan. Aburimako estava certo em relação a Oranmyan no que tangia ao seu caráter, mas errado em relação ao que o povo achava dele. Tinham-no em boa conta como forte guerreiro e vencedor dos jogos, mas viam-no como um ser estranho, digno de riso e mofa devido à sua pele manchada e ao seu dúbio nascimento, e, consequentemente, de pouco ou nenhum respeito. Acharam que Aburimako havia enlouquecido em colocar no poder um 'cabeça quente', como era rotulado.

Em poucos meses, Oranmyan viu que havia entrado num ninho de cobras. Se o povo o apoiava – diminuíra os impostos e ajudara os desvalidos com novas terras – os nobres passaram a conspirar abertamente contra ele. Para complicar sua situação, vários de seus irmãos – filhos de Odudua – estavam em conluio com os nobres de Ifé para derrubá-lo e colocarem um dos seus comparsas de volta ao poder.

Fez um levantamento e notou que teria que enfrentar seu tio Olowu, que havia se tornado rei da cidade de Egba, que podia arregimentar um exército de quatro mil homens. Seu tio Savé, que morrera recentemente, deixara no trono da cidade de Savé um filho que se intitulava Onisabé e esta cidade poderia reunir uns três mil homens bem armados. O pior era enfrentar a cavalaria de Orangun, da cidade de Ila, que copiara os moldes de Ogun. Além disso, outros filhos de Odudua podiam reunir um exército de oito mil homens somando gente de Ketu, Ajerô e outras cidades menores. No frigir dos ovos, ele teria que enfrentar por volta de dezessete mil homens e ele não tinha mais do que dois mil homens razoavelmente preparados. Em face do exposto, a guerra não lhe parecia uma opção viável.

Agora, totalmente ciente de que havia assumido um compromisso difícil de ser cumprido, Oranmyan procurou um *babalaô* que se tornara famoso em toda a região. Este homem havia estudado com o famoso Setilu e jogava búzios a que poucos podiam se igualar.

O jogo transcorreu bem, com os búzios respondendo às indagações de Oranmyan, quando, subitamente, no meio do jogo, Alihu, um homem de setenta anos, olhou espantado para o jogo. Fez várias jogadas e acabou contando-lhe o motivo de seu espanto.

– Você sabia que é acompanhado dos espíritos de Odudua e de Ogun?
– Tenho desconfiança desse fato.
– Pois tenha certeza. Ogun lhe diz que lhe deu forças e que esgrimiu por você no dia em que você ganhou o *oxé*, enquanto que Odudua diz que o tem ajudado a governar Ifé.
– Misericórdia! Sou um abençoado.
– De fato, mas Odudua manda lhe dizer que você terá que lutar contra seus tios e obrigá-los a se curvarem a você.
– Mas como farei isto? Guerreando? Isto me revolta a alma.
– Abalaju lhe diz que você deverá usar o *axé* do Ogun como forma de dobrar seus inimigos e Odudua confirma, dizendo que seu poder se fará não em Ifé, mas num vilarejo pequeno onde usará algo de grande importância.

Saiu da casa de Alihu remoendo as palavras do *babalaô*. O que ele queria dizer com "*axé* do Ogum"? Pensou logo nos filhos de Ogun que eram reis de várias aldeias e cidades. Será que fariam aliança com ele contra seus tios? Teria que visitá-los e sondar a disposição de cada um. Será que poderia contar com seu exército em Benin? Dificilmente, pensou, pois a cidade ainda era cercada de tribos igbôs que poderiam se aproveitar da ausência do exército e atacá-la. Será que seu cunhado, Omoteji, irmão de Onira, também enviaria seu exército? Todavia lembrou-se dos haussas, que também poderiam se aproveitar da ausência dos nupês e devastar Empé. Não, com exceção de dois ou três filhos de Ogun, ele teria que contar com ele mesmo. E como poderia contar com Ifé, se os nobres estavam contra ele? Sentiu uma raiva crescer e decidiu-se: venceria ou morreria, mas não deixaria seus inimigos crescerem e tomarem conta de seu reinado. Sua palavra para com Aburimako fora dada e precisava ser concretizada. Nem que fosse a última coisa que faria na vida, ele haveria de colocar Adjabô no trono de Ifé.

63

Após muito meditar, Oranmyan resolveu visitar Igiri, filho de Abalaju, que era seu meio-irmão. Conversaram longamente sobre a situação e Igiri demonstrou que ele tinha algo além do fato de ser um bravo guerreiro: astúcia.

– Se você for enfrentá-los em campo aberto, provavelmente será derrotado, mas, pelo que conheço de meus tios, cada um quer ser mais importante do que o outro. Deste modo, dificilmente irão se aliar contra você, pois cada um irá querer ser o *kakanfo*[13] do exército. Use este fato e divida-os ainda mais.

– É mais fácil falar do que fazer – redarguiu Oranmyan.

– Dê vantagens a um e tire as vantagens do outro.

E vendo que Oranmyan não entendera seu plano, Igiri prosseguiu:

– Todos os povos dessas cidades vão até Ifé para comercializar seus produtos. Você instituirá um imposto diferente para cada cidade. Todas as cidades que abrigam filhos de Aburimako terão que pagar mais caro. Quando eles reclamarem, você dirá o motivo.

– Será que isto vai funcionar?

– Se bem conheço as pessoas, em breve, irão pressionar nossos tios para que expulsem os filhos de Aburimako e voltem a ter os mesmos impostos do que as demais cidades.

– É uma boa ideia – respondeu Oranmyan, enquanto coçava o queixo.

– Outra coisa, meu irmão – prosseguiu Igiri, enquanto dava mais uma talagada no seu vinho de palma –, você deve falar com seu cunhado Omoteji para que não venda pedra de ferro para ninguém a não ser você. Assim, todos terão que comprar o ferro em Ifé.

– Por quê? – perguntou inicialmente Oranmyan, mas, subitamente, deu-se conta de que o ferro era o *axé* de Ogun. Será que fora a isto que o *babalaô* Alihu se referira? Sem o ferro, os ferreiros não poderão fabricar enxadas, facões, panelas, espadas, pontas de lança, escudos e assim por diante. Ao se dar conta de tal força, Oranmyan emendou num átimo. – Mas é claro, Igiri. Você tem razão. Sem o ferro dos nupês, eles ficarão em nossas mãos.

---
[13] Kakanfo – general, comandante do exército.

— Antes que você fique muito alegre, lembre-se de que a aldeia de Oyó[14] fornece um pouco de ferro para região. Você deve mandar uma força armada até lá e dominar a aldeia.

— Mas o *oni* não irá reagir? — perguntou Oranmyan.

— Faça um acordo com ele e case-se com uma de suas filhas ou netas, sei lá. Ou então, faça como nosso pai fazia quando era vivo: tome o que deseja usando a persuasão da espada.

Outro *axé* de Ogun: a espada. Era uma situação canhestra, pois Oranmyan não gostava de guerras, mas era isto ou se ver avassalado pelos tios. Ele fez cara de quem não gostava da situação, e Igiri deu uma gargalhada e lhe disse:

— Você pode ser filho de nosso pai, mas também é filho de nosso avô, Odudua. É visível que você não gosta de lutas. Mas não se amofine, se desejar, eu conduzo o seu exército junto com meus irmãos e filhos. Juntos, esmagaremos nossos inimigos, mas não se esqueça de que eu e meus irmãos queremos continuar pagando o mesmo preço que pagamos hoje pelo ferro.

— Desde que jure que não irão vender os produtos aos meus inimigos — respondeu Oranmyan.

Logo após dar uma sonora gargalhada, Igiri replicou:

— Você aprende rápido.

64

A conversa com Omoteji, rei dos nupês, foi fácil. Na realidade, os nupês vendiam pouco ferro e Oranmyan descobriu que Oyó, mesmo sendo pequena e pouco conhecida, fornecia quase todo o ferro que a região consumia.

Antes de atacar Oyó, Oranmyan mandou seus espiões e descobriu que o velho chefe de Oyó era roubado por todos. As jazidas de ferro eram exploradas por oito grupos de mineradores que nunca pagavam ao velho chefe a totalidade do que retiravam. O espião de Oranmyan soube que o ancião era mais propriamente um refém dos oito grupos do

---
[14] Trata-se da atual Old Oyó.

que o chefe da aldeia. Seus filhos haviam sido mortos em emboscadas, em caçadas ou em situações estranhas, por desconhecidos. Por mais que as pessoas dissessem que haviam sido assassinados pelos mineradores, ninguém tinham nem prova do fato nem força para expulsá-los.

De posse destes fatos, Oranmyan planejou sua estratégia e, com seiscentos cavaleiros, atacou os mineradores. Num combate rápido, matou-os e tomou conta das jazidas, colocando pessoas de sua inteira confiança para administrar o local. Após isto, dirigiu-se para a aldeia e, pacificamente, entrou e teve uma longa conversa com o ancião. Todavia, não esperava que o velho tivesse a reação que teve.

Assim que explicou ao chefe da aldeia que ele tomara as jazidas de ferro e que ele iria continuar como chefe da aldeia e receberia a justa paga, o ancião desandou a chorar baixinho. Arriou-se num banco. Oranmyan abraçou-o e lhe disse que nada temesse. Ele seria protegido por seus soldados e que o administrador colocado por ele, Oranmyan, o respeitaria e faria tudo o que fosse possível para que ele e sua família fossem bem tratados.

Após derramar as lágrimas amargas que ele represara por todos aqueles anos, o velho pediu para que ele e sua família fossem levados para Ifé. Não queria continuar naquele lugar onde seus filhos haviam sido assassinados e onde suas filhas sofreram abusos sexuais. Colocava-se à mercê de Oranmyan e dizia que os orixás o haviam atendido finalmente após todos aqueles anos de orações. Ele tinha certeza de que Ogun mandara seu dileto irmão – o velho não sabia que Ogun era seu pai – para protegê-lo. Oranmyan o abraçou como se ele fosse seu pai, beijou suas mãos e deu ordens aos seus homens para que ele fosse ajudado em tudo: voltaria com ele para Ifé.

Quando Oranmyan botou a sua nova política de impostos diferenciados para quem abrigava e quem não abrigava os filhos de Aburimako, houve uma verdadeira comoção entre os negociantes das cidades de Savé, de Ila, de Ketu e de Ijerô. Em menos de um mês, Oranmyan recebeu enviados destas cidades, que vieram argumentar sobre o assunto. Uns vinham com presentes e polidez, sendo recebidos com presentes e polidez por Oranmyan. Saíam felizes, mas não conseguiam obter favores quanto aos impostos. Já os que vinham cheios de palavras ásperas, saíam apressadamente após escutar um tonitruante Oranmyan dizer que ele é quem mandava na sua cidade.

Como previra Igiri, os *onis* de Savé, de Ila, de Ketu e de Ijerô não conseguiram se unir. Cada um tinha uma lenda especial para dizer que ele era o filho mais velho, ou o mais importante, ou o mais rico e, num determinado momento, quando finalmente conseguiram discutir o assunto com racionalidade e juntaram forças, Oranmyan, alertado por Igiri, simplesmente comprou os favores de Alaketu, o dono de Ketu, e ele, na última hora, desistiu da guerra e a aliança se desfez. Após este fato, nenhum deles quis renovar alianças entre si e partiram, individualmente, para a guerra.

Oranmyan não era homem de fazer as coisas pela metade; se tinha decidido colocar as cidades que se sublevaram contra ele sob uma severa restrição quanto ao uso do ferro, ele deveria impor isso também às demais cidades da região. Bastaria que uma cidade lhe desobedecesse, que ela poderia fornecer aos rebeldes todo o metal de que eles precisassem. Por outro lado, deveria montar uma estrutura de extração de hematita de Oyó, assim como protegê-la e sustentá-la. Era preciso, portanto, construir uma cidade com o máximo de habitantes possível e uma força militar forte e leal a ele.

A partir do oitavo ano do seu governo, ele armou um exército forte composto não só de sua rápida cavalaria, mas também de infantaria de grande mobilidade, e partiu para dominar toda a região que compreendia o lado sul do rio Níger. Sua atuação foi decisiva e muito poderosa. Todas as cidades da região sul do rio Níger foram rapidamente cercadas e tomadas. Os *onis* foram aprisionados e tiveram que jurar lealdade a Oranmyan e também a Ifé. Seu jugo, no entanto, foi suave, pois usava mais da ameaça de seu exército do que da força propriamente dita.

Oranmyan adotara esta atitude sob a imposição das circunstâncias, pois, se não fizesse isso, ele teria que lutar permanentemente contra as cidades maiores da região, já que todas queriam a hegemonia e esta passava por quem dominasse Oyó e o ferro. Para impedi-los de atacá-lo, ele reduziu seus exércitos a apenas uma força de polícia interna, de guarda palaciana e do mercado, mas ao retirar as forjas, as armas de ferro e submetê-los à sua ordem, ele castrou seus exércitos, cortando-lhes o suprimento de armas de ferro.

Porém, quanto aos demais artefatos de ferro para a cozinha e a agricultura, ele os deixou com uma liberdade relativa, desde que comprassem de Oyó, e, para tal, ele deslocou os seus artesãos, os ferreiros e os melhores artífices de cobre para aquela pequena aldeia.

No décimo ano de seu governo, Oyó alcançava os dez mil habitantes e notabilizava-se pelos seus artesãos, seus ourives e, principalmente, pelos seus ferreiros. Seu mercado tornara-se poderoso e muitos comerciantes de Ifé mudaram-se para Oyó, não só pela pujança de seus negócios, mas também pela paz e tranquilidade que a cidade oferecia. Por estar fora do aglomerado de cidades e aldeias, Oyó corria menos risco de revoltas populares e de ataques externos.

Oranmyan havia colocado vigias em todos os caminhos que levavam às várias cidades. Dessa forma, ele pretendia resguardar-se de uma incursão traiçoeira de qualquer das cidades que ele subjugara. Por outro lado, ele confiava... desconfiando, pois tinha espiões em todos os lugares. Um dos seus princípios era estabelecer as regras de convivência com os *onis* das várias cidades e aldeias e, ainda, avisá-los de que qualquer desvio deste acordo os sujeitava a graves punições. Ele falava a eles com sua voz grave, seu melhor sorriso e, quando os alertava, ele explicava o motivo: queria a paz.

De fato, Oranmyan era um homem liderado por dois espíritos: os seus dois pais. Quando se tratava de paz, de acordos, de administrar e de melhorar as condições de vida dos habitantes, a influência que ele recebia era do espírito de Odudua, mas quando ele precisava guerrear, a influência espiritual era de seu pai, Ogun. No íntimo, ele era um político, pois o que mais gostava era de negociar, podendo ficar horas discutindo um ponto, observando as implicações de cada acordo. Nesse ponto, ele era mais flexível do que Olunwi, seu avô Odudua, que era inflexível e que, a partir do momento em que colocava algo na cabeça, não havia argumento, pressão ou pessoa que pudesse demovê-lo. Oranmyan era tolerante e reconhecia que podia estar errado. Assim, quando se equivocava, era capaz de retroceder em sua decisão. Mas o que o revoltava era a falsidade e, nessa hora, sua intolerância era manifesta.

A cidade de Ejigbô, fundada por Oxaguiã, era comandada por Akinjolê, filho de um dos filhos de Ogirinian, que fora um dos últimos filhos de Odudua. Ogirinian nascera de uma mãe igbô, numa das muitas alianças que Odudua costurara com os *babaigbôs* para obter a paz na região de Ijexá. Akinjolê, portanto, era um primo de Oranmyan e não o levara a sério. Achava-se um guerreiro valoroso e, tendo sido criado sob a falsa superioridade de que era um Oxalá, com ascendentes divinos, os orixás *funfun*, achava-se imbatível. Aliou-se às cidades de Ogbomoxo, Ifon, Ilobu e começou a comprar artefatos de ferro vendidos por Oyó. Ele havia montado uma forja em seu próprio palácio, derreteu os artefatos e passou a fabricar armas. Com elas, armou um exército de quatro mil homens e dirigiu-se para Oyó com o intuito de arrasar a cidade, destruir as forjas, apossar-se de todo o ferro que pudesse e transformá-lo em armas. Com isso, esperava consolidar sua posição na região e arregimentar as demais cidades. Feito isso, atacaria Ifé e a arrasaria, pois, como todo descendente dos igbôs, abominava os estrangeiros vindos de Okeorá.

Os espiões de Oranmyan só detectaram o movimento contra Oyó na última hora, pois as armas haviam sido feitas dentro do palácio de Akinjolê. Até informá-lo de que os ijexás estavam em marcha contra Oyó, já era muito tarde. Ele viu que não chegaria a tempo de salvar a aldeia. Então, enviou um mensageiro a cavalo avisar que a cidade seria atacada e que deveriam resistir ao máximo. Ordenou que os ferreiros desmontassem suas forjas e que escondessem ou quebrassem seus foles, pois, sem tal equipamento, o fogo deveria ser alimentado manualmente, o que tornava o processo muito vagaroso e cansativo.

Em vez de perder tempo tentando defender Oyó, que estava muito distante, ele movimentou suas tropas contra as cidades rebeldes que ficavam a menos de cinquenta quilômetros de Ifé. Como ele previa, as cidades estavam sem proteção e ele as tomou quase sem luta. Mandou trazer todos os filhos e mulheres dos *babaigbôs*, os reis das cidades, e os prendeu. Tocou fogo nos palácios das cidades e na forja de Akinjolê.

Oyó resistiu quanto pôde, mas foi vencida. Akinjolê mandou tocar fogo na aldeia e prendeu os ferreiros. No entanto, eles haviam tocado fogo nos foles e não quiseram fazer armas para Akinjolê. Ele os ameaçou, mas eles resistiram de um modo muito inteligente: concordando com tudo o que Akinjolê queria. Eles foram para as forjas e sabotaram deliberadamente a fabricação de armas. Além de serem fabricadas de modo extremamente lento, as armas saíam quebradiças, ou em formatos inexequíveis, como, por exemplo, espadas pesando doze quilos, o que inviabilizava qualquer combate. Os ferreiros não agiram desta forma por amor a Oranmyan, mas porque o regente de Ifé dera ordem para fazer isto e quem não o fizesse seria amaldiçoado por Ogun, o deus dos ferreiros. Eles agiram desse modo por medo do grande orixá do ferro e, como ferreiros, este era o *imolé* que eles adoravam. Uma atitude inteligente, pois quem melhor do que Oranmyan para pedir a Ogun a maldição sobre os ferreiros, já que era o seu mais notável filho.

Akinjolê ficou furioso com a atitude dos ferreiros e, quando ia passar todos à espada, recebeu a notícia de que sua cidade fora tomada por Oranmyan, o seu palácio incendiado e suas mulheres e filhos aprisionados. O mensageiro era um ijexá que recebera de Oranmyan a missão de informar Akinjolê de sua atual situação.

Akinjolê saiu apressado da cidade em direção a Ejigbô. No caminho, conferenciando com seus aliados, concluiu que Oranmyan iria matar todos os seus parentes, ou, se eles se rendessem, seriam mortos. Deste modo, eles resolveram que iam enfrentá-lo até a morte no campo de batalha.

Oranmyan tinha previsto todas as possibilidades. Imaginara desde um humilde e cabisbaixo Akinjolê, que seria tratado com leniência, até um louco destemido que iria guerrear até a morte. Se viesse humilde, ele perderia o seu reinado, seria desterrado, mas receberia de volta sua família. Não viveria no fausto, mas sobreviveria entre os nupês, que o vigiariam de perto. Mas se viesse furioso, querendo a guerra, teria que derrotá-lo completamente, sem quartel. Ele não podia se dar ao luxo de ter um rei insidioso no poder, pois os demais reis poderiam revoltar-se, haveria guerra na região e, provavelmente, ele perderia.

A batalha deu-se perto da aldeia de Ilorin e Oranmyan aguardava-o numa posição vantajosa. Akinjolê teria que se lançar em campo aberto, contra as posições fortalecidas de Oranmyan e, como previra o *alakorô* de Ifé, ele não era nenhum gênio militar. O exército inimigo fez o movimento mais óbvio, um ataque frontal, e foi massacrado por flechas vindas de três lados. A carga de cavalaria e infantaria acabava morrendo na ponta das lanças do centro reforçado. Quando os remanescentes foram-se retirando para se regruparem novamente, Oranmyan lançou sua cavalaria pelos flancos e pela retaguarda, num ataque que surpreendeu Akinjolê.

Em menos de meia hora de acirrados combates, os ijexás haviam sido derrotados. Naquele dia, Oranmyan estava particularmente azedo e a ordem foi brutal: matar todos, inclusive Akinjolê. Os corpos dos ijexás encheram o campo à frente da aldeia de Ilorin e o exército de Oranmyan dividiu-se em dois. Uma parte foi para Oyó e a outra retornou para as cidades revoltosas. No lugar dos *onis* mortos, foram colocados *kakanfos* de Ifé, absolutamente leais a Oranmyan. Ele mandou para Gao todas as famílias dos *onis* derrotados, incluindo primos distantes, aparentados por afinidade e mulheres dos haréns, acompanhados de soldados, para serem vendidos aos tuaregues.

Para alardear o fato de que ninguém se revolta contra Oranmyan impunemente, ele fê-los desfilar amarrados pelas principais cidades da região até alcançarem Gao. Também destacou um dos seus mais severos *kakanfos* para verificar pessoalmente a venda dos prisioneiros, em Gao, pois não queria que parentes fossem vendidos juntos. Eles deviam ser separados, pois juntos teriam força para resistir e, até mesmo, retornar em busca de vingança, enquanto, separados, ficariam fracos e sucumbiriam ao exílio.

Um dia, Onira amanheceu com uma forte febre, dores de cabeça e sem disposição para nada. Oranmyan foi avisado e foi até o quarto de sua mulher. Conversaram e o líder mandou trazer um bom *babalaô* para deitar o *ifá* e prescrever um tratamento adequado. O homem fez seu jogo e detectou que haviam feito um feitiço contra Onira. No fim do dia, a mulher morreria de uma infecção gerada por uma forte virose. A família e o reino ficaram consternados e choraram a morte de Onira por vários dias.

65

O tempo escoou-se lentamente e Oyó foi reconstruída, prosperando ainda mais. Oranmyan resolveu fiscalizar pessoalmente a reconstrução e ampliação da cidade. Foi nessa época que muitos imigrantes vieram para Oyó, e não eram somente pessoas pobres, mas ricos negociantes, assim como membros da família de Oranmyan.

Nesse período, a paz tornou-se duradoura e as coisas iam bem. Já fazia doze anos que Oranmyan governava Ifé, quando ele decidiu diversas coisas. Primeiro, que ficaria reinando em Oyó, onde ele era *alafin*.[15] Para governar Benin, ele enviou Eweka, que já tinha dezoito anos e, naquela idade, o homem já era considerado adulto. Ele deslocou-se para aquela cidade e empossou o filho. Para consolidar a sua posição, ele arranjou três casamentos para ele. Um com uma moça da família de comerciantes importantes de Benin e duas lindas igbôs, filhas de *obas* da região.

---
[15] Alafin – dono (ala) do palácio (afin).

Após ter assistido às festividades, ele deslocou-se de volta para Ifé, onde empossou o filho do falecido Aburimako, Adjabô. Durante os últimos quatro anos, desde que o rapaz fizera doze anos, ele fazia-se sempre acompanhar dele e de seus dois filhos com Onira, além de Eweka. Para todos os lugares que ia, em todas as conferências e acordos, ele os levava, discutindo com eles e vendo suas reações. Pedia conselhos, mais para ensiná-los e testá-los do que por sua própria necessidade, mas ficou sempre satisfeito com Eweka e Adjabô.

Jurando lealdade a Oranmyan, Adjabô assumiu o trono e asseverou que jamais faria guerra contra ele e seus descendentes. A festa de posse de Adjabô foi uma grande surpresa para todos, pois a maioria achava que Oranmyan jamais deixaria o trono. As más línguas diziam que em breve iria aparecer uma história de que o jovem estava muito doente e, um belo dia, após ter preparado o espírito de todos, viria a notícia de que Adjabô morrera. Outros achavam que Oranmyan mandaria matar o jovem e, sem maiores explicações, assumiria o trono. Oranmyan jamais pensou em matar Adjabô, pois se tomou de amores pelo menino desde que ele viera morar com ele. Além do mais, se tornara amante de sua mãe e gerara uma filha nela. Onira e as demais mulheres sabiam do fato, mas já estavam acostumadas às conquistas amorosas de Oranmyan, que, por sinal, eram sempre muito discretas.

Os haussas, um povo aguerrido do norte, no entanto, durante o período de vida de Oranmyan, uniram-se e constituíram um forte exército, devidamente treinado e armado. Resolveram estender sua influência a seus vizinhos, os nupês. Esses, vendo que sua força era inferior, chamaram por Oranmyan, que constituiu um forte exército, com grande ênfase na cavalaria.

Oranmyan deslocou-se com suas forças armadas, unindo-se aos nupês, que haviam sido derrotados em várias frentes. Ele lançou um ataque em direção a Kano, a capital dos haussas. Os dois exércitos se enfrentaram e postaram-se frente a frente. Os haussas viram que teriam que travar uma grande batalha, na qual poderiam sair perdendo, já que a cavalaria ioruba era bem superior em número. O chefe dos haussas era um homem sábio e propôs uma trégua, logo aceita por Oranmyan. Discutiram por várias horas e fizeram um trato: os haussas não atacariam os nupês e os iorubas retornariam para sua terra.

No outro dia, quando os iorubas estavam levantando acampamento, eles foram atacados por um inimigo inimaginável: um exército de milhões de formigas. Esses insetos deslocam-se em agrupamentos colossais, atacando tudo o que encontram pela frente. Até mesmo animais de porte como leopardos e leões fogem, pois, se forem encurralados pelas formigas, eles acabam sendo devorados vivos. O exército ioruba teve que sair às pressas, pois os cavalos ficaram enlouquecidos de pavor. Seria motivo de riso se não tivessem acontecido alguns acidentes na fuga precipitada, com algumas quedas fatais das montarias e ferimentos graves. Pode-se dizer que a única derrota de Oranmyan foi para um exército de formigas.

Depois dessa aventura, Oranmyan mudou-se definitivamente para Oyó e ficou comandando a cidade por cinco anos. Nesse ponto de sua vida, ele tinha cinquenta e cinco anos e, numa tarde de verão, sentiu uma dor fortíssima no peito. Quase desmaiou e ficou em estado semiconsciente por vários minutos. Quando se recuperou, sentiu-se extremamente fraco. Qualquer esforço o levava a ficar arfante e a sentir dores agudas no braço esquerdo. Mandou chamar seu principal *babalaô* e o jogo de *ifá* não foi conclusivo.

Oranmyan ouvira falar de um jovem *babalaô* que se estabelecera em Ifé e era o principal conselheiro de Adjabô. Ele resolveu deslocar-se até lá e consultá-lo, já que falavam maravilhas do moço. Ele temia que seu estado fosse grave e que poderia vir a morrer. Com esta quase certeza em mente, ele tomou as últimas providências. Passou o governo da cidade para o seu filho mais velho, Onigbori, pediu a Adebiyi, seu outro filho, que ajudasse o irmão e solicitou uma escolta de homens para levá-lo à cidade sagrada, Ifé. Ele afirmara que nascera em Ifé e desejava morrer lá.

Adjabô recebeu-o com honras de *oni* e o instalou na melhor ala do palácio. No outro dia, um pouco mais refeito da viagem que fizera numa carroça, Adjabô mandou que o *babalaô* viesse para consultá-lo. Oranmyan viu quando um rapaz magro, esbelto, longilíneo, de estatura mediana entrou no salão onde ele estava repousando. O *babalaô* cumprimentou Adjabô e depois se dirigiu para onde estava Oranmyan, cumprimentou-o, dizendo ser uma honra atendê-lo.

O *babalaô* sentou-se em frente de Oranmyan e o líder dos iorubas estranhou que ele não tivesse trazido seus *obis*. Ele pareceu ler o pensamento de Oranmyan, pois lhe disse, em seguida, que ele não jogava nenhum dos conhecidos meios de adivinhação. Olhou-o fixamente por alguns segundos como se estivesse perscrutando-o detidamente e disse-lhe, após certo tempo.

– *Kabiyesi* Oranmyan, seu tempo de vida está chegando ao fim. Prepare seu enterro e dê as últimas ordens. Nada posso fazer, pois Olorun determinou o seu momento.

Levantou-se, disse algumas palavras de polidez, fez uma profunda reverência e partiu, sem nada cobrar ou pedir.

Algumas horas depois, Oranmyan chamou Adjabô e fez suas últimas recomendações. Ele queria que o mundo se lembrasse dele, não como um homem que nascera de dois pais, mas como um grande rei, filho de dois orixás: Odudua e Ogun. Pediu para ser enterrado em Ifé e que erigissem um monólito como ele vira em Meroé. Tais monólitos eram comuns nos túmulos de chefes, reis e ministros importantes. No Sudão e na Etiópia, na tumba de alguns chefes, que haviam matado vários adversários em combate, eles mandavam cravar uma espada para cada guerreiro adversário que eles haviam eliminado. Oranmyan quis mais, pois mandou cravar quantos cravos de ferro fosse possível no monólito, representando suas vitórias nos campos de batalha.

Aliás, os núbios que vieram de Aksum e Meroé trouxeram com eles forte influência egípcia. Os antigos egípcios costumavam erigir estátuas gigantescas de seus reis e deuses, em posição sentada, colocando-os na frente de templos, nos bosques e nas entradas das cidades. Os iorubas fizeram também centenas de estátuas de pedra representando deuses e heróis, distribuindo-as mormente pelos bosques, que eles consagravam aos deuses.

Dois dias depois, Oranmyan teve um ataque fulminante do coração, ceifando sua vida. O grande Oranmyan morrera. Seus filhos vieram de vários lugares, assim como os demais príncipes, e mesmo os seus inimigos. Ninguém queria indispor-se com ele, agora que fora para o orun, onde se tornaria ainda mais poderoso.

O monólito foi levantado e chamou-se Ôpa Oranmyan, mas, por ordem de Adjabô, foi erigida também uma grande pedra, intitulada de Assá Oranmyan, o escudo de Oranmyan. Sua famosa cimitarra ficaria para sempre em Ifé, onde, de tempos em tempos, seria substituída por outras à medida que o tempo se encarregava de oxidá-la. Oranmyan morreu para a vida física, mas entraria para o rol dos grandes orixás.

66

Alguns anos após a morte de Olunwi, aquele que todos chamavam de Odudua, quando seu espírito já se reconciliara com Asessu e com seus inimigos, ele foi levado por um guia espiritual até um local aprazível, no mundo superior do planeta. Lá, ele foi introduzido por um belo espírito que se apresentava como um homem negro.

– Olunwi, quero lhe apresentar Magver, mais conhecido como Adjalá – disse-lhe seu mentor.

Com uma expressão de espanto e de delícia, Olunwi prostrou-se no chão, como era costume dos iorubas quando encontravam com um orixá.

– Levante-se, meu doce amigo – ordenou-lhe fraternalmente Adjalá. – Conversemos sobre nosso passado.

Sentaram-se debaixo de belo caramanchão e trocaram impressões por várias horas. Foi neste instante que Olunwi descobriu que ele fora o cartaginês Elischa, que descobrira ferro em Okeorá. Descobriu também que, bem antes de ser Elischa, grande amigo de Adjalá, ele fora o impetuoso Nimrud, por volta dos anos 3.600 a.C. Como Nimrud, ele ajudara a implantar a primeira civilização na Terra, em Uruck, na Suméria, mesmo que de modo cruel, tendo sido um dos responsáveis pela introdução do terrível costume dos sacrifícios humanos. Confidenciaram-lhe também que seu dileto amigo e irmão Setilu, agora conhecido como Orunmilá, fora o tenebroso Asdrubaal que tanto mal fizera a Adjalá. E, finalmente, soube que Ogun fora seu dileto amigo dos tempos da Suméria conhecido como Urgar ou também chamado de Ninurta, além de ter sido o boiano Cathbad. Magver, alías, Oxalá, lhe revelou que Okanbi, o Oranmyan, fora Korc, o irmão de Cathbad. Não era à toa que todos estavam juntos há milênios, já que desde Ahtilantê (Atlântida), em Capela, eram alambaques terríveis, que somente agora haviam deixado para trás suas personalidades tenebrosas para se dedicar à construção interior.

Quando terminou a exposição de Adjalá – aliás, Magver, o grande hierofante da Terra –, eles receberam a visita de dois grandes espíritos: Mitraton e Mykael. Odudua sentiu-se imensamente feliz quando Mykael lhe disse:

– Há milênios, em Ahtilantê, eu lhes prometi, quando foram desterrados para a Terra, que aqueles que viessem tornar-se-iam profetas do Altíssimo, reis de nações e deuses. Vejo com imensa felicidade que você, Olunwi, será conhecido para sempre como Odudua, a cabaça da vida, e tornou-se um deus, um oxalá.

Coleção Completa da "Saga dos Capelinos"

Pesquisas históricas demonstram que, num curto período de 50 anos, surgiram, numa única região, invenções como o arado, a roda, as embarcações, e ciências, como a matemática, a astronomia, a navegação e a agricultura. Que fatos poderiam explicar tamanho progresso em tão pouco tempo?

Foto:
"A Saga dos Capelinos" reconhega a verdadeira história da humanidade.

H
HERESIS

Varuna renunciou a uma situação mais tranquila num planeta bem mais evoluído para auxiliar na transformação moral de milhares de espíritos que, endurecidos no mal, viriam a ser degredados para o nosso planeta.

A Queda dos Anjos narra, em detalhes, o banimento dos espíritos de Capela. Decaídos no mal, os espíritos são expatriados para um planeta distante e atrasado, a Terra, onde terão como missão auxiliar na evolução da humanidade.

Os sumérios, sob a influência de espíritos superiores, seguem para o Kemet (Egito) para fundar uma nova civilização. Um desses exilados é incumbido da tarefa de unir os diversos vilarejos e fundar um reino que dará início à era das dinastias egípcias.

O Kemet está em guerra, sul e norte combatem pelo poder. Nârmer se apresenta e torna-se o primeiro *ferâa* - que mais tarde, os gregos chamariam de faraó. É iniciada a primeira dinastia de umas das grandes civilizações da humanidade: a do Egito.

A renegada, abandonada e esquecida tradição esotérico-espiritual dos textos bíblicos é revelada pelos seus mais importantes personagens: Abrahão, Isaac, Jacó e José, o do Egito, que, repudiado pelo ciúmes de seus irmãos, reverteu a situação e tornou-se o primeiro-ministro do faraó.

Saiba por que Moisés, um grande iniciado nos rituais ocultos do antigo Egito, foi escolhido pelos espíritos superiores para liderar os hebreus pela jornada de transformação. Aprenda como, de simples escravos, eles se libertaram e se tornaram um dos maiores povos da antiguidade.

 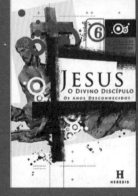 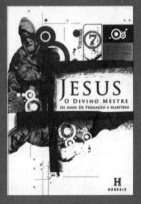

A maior parte da vida de Jesus não é revelada pelos textos bíblicos. Como eram realizados os milagres de Jesus? Ele os fazia desde criança? Onde realmente nasceu? Nazaré ou Belém?

Conheça a essência da mensagem apostólica de Jesus, como se processavam os milagres e como ele conseguia ressuscitar os mortos. Conheça sua doutrina, individual e social, que acabou por levá-lo à morte.

Esta edição foi impressa em novembro de 2016 pela Art Printer, São Paulo, SP, para o Instituto Lachâtre, sendo tiradas três mil cópias, todas em formato fechado 155x225mm e com mancha de 115x180mm. Os papéis utilizados foram o Off-set 75g/m² para o miolo e o Cartão Supremo Triplex 300g/m² para a capa. O texto foi composto em Baskerville 10,5/12,85, os títulos foram compostos Baskerville 24/28,8. A revisão textual é de Cristina da Costa Pereira e a programação visual da capa de Andrei Polessi.